北大社“十四五”普通高等教育本科规划教材

U0769980

微观计量经济学

金　江◎编著

北京大学出版社
PEKING UNIVERSITY PRESS

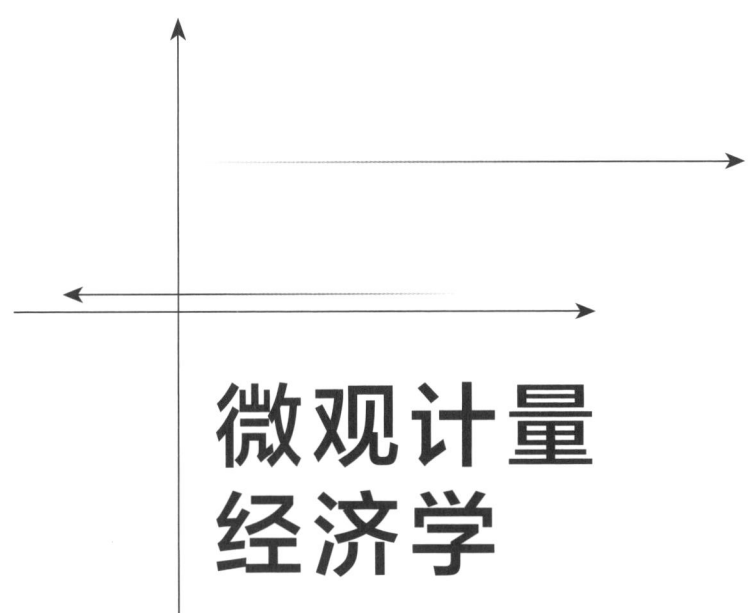

内 容 简 介

本书以横截面数据和面板数据为基础，全面介绍了微观计量经济学的理论模型和估计原理。本书包括：绪论、离散被解释变量模型、分位数回归模型、工具变量法、受限被解释变量模型、面板数据模型Ⅰ、面板数据模型Ⅱ、处理效应、匹配方法、局部平均处理效应、双重差分模型、事件分析法、合成控制法及断点回归设计等。

本书的撰写遵循以下原则：先对理论知识进行介绍，然后结合 Stata 软件和具体例子来介绍相应的估计命令及其运用。此外，本书在介绍基本理论时，还会结合具体问题给出一些例子，以便加深读者对相关知识点的理解。

本书可作为经济学、管理学及其他相关学科高年级本科生、硕士研究生及博士研究生的中高级计量经济学教材，也可作为相关领域的教师及研究人员了解定量分析方法的参考读物。

图书在版编目(CIP)数据

微观计量经济学 / 金江编著. --北京：北京大学出版社，2024.6
ISBN 978-7-301-35078-2

Ⅰ. ①微… Ⅱ. ①金… Ⅲ. ①微观经济学—计量经济学 Ⅳ. ①F016 ②F224.0

中国国家版本馆 CIP 数据核字(2024)第 106541 号

书　　名　微观计量经济学
　　　　　WEIGUAN JILIANG JINGJIXUE
著作责任者　金　江　编著
策 划 编 辑　李嫱婷
责 任 编 辑　耿　哲　李嫱婷
标 准 书 号　ISBN 978-7-301-35078-2
出 版 发 行　北京大学出版社
地　　址　北京市海淀区成府路 205 号　100871
网　　址　http://www.pup.cn　新浪微博：@北京大学出版社
电 子 邮 箱　编辑部 pup6@pup.cn　总编室 zpup@pup.cn
电　　话　邮购部 010-62752015　发行部 010-62750672　编辑部 010-62750667
印 刷 者　河北博文科技印务有限公司
经 销 者　新华书店
　　　　　787 毫米×1092 毫米　16 开本　12.25 印张　280 千字
　　　　　2024 年 6 月第 1 版　2024 年 6 月第 1 次印刷
定　　价　49.00 元

前　言

刚开始从事计量经济学的教学工作时，编者曾为寻找一本合适的中高级教材而烦恼。有些教材内容细致全面，但阅读起来略显晦涩；有些教材内容简洁明了，却又过于浅显。因此，在教学过程中编者常常会结合不同的教材，对各个知识点进行讲解。在没有指定教材的课堂上，学生的学习多少有些不方便，后来编者想：为什么不自己编撰一本教材呢？这就是编写本书的缘起。从有这个念头开始，至今可能有 10 年的时间了。在这 10 年间，编者断断续续地完成了部分章节的编写，直至最近才总算全部完成。

计量经济学最近 30 年的发展表明，运用微观数据来进行实证分析是一个重要的应用领域。因此，本书也以对微观数据的分析为基础，既包括理论知识的介绍，也包括采用 Stata 软件开展实证分析的应用指导。总之，本书力图以简洁的语言和通俗易懂的例子，直观地介绍计量经济学的方法，以增进读者对相关知识的理解和掌握。

本书共包含 14 章，除第 1 章绪论外，主要涉及三部分内容：一是横截面模型，这涉及本书第 2 章到第 5 章的内容，包括离散被解释变量模型、分位数回归模型、工具变量法以及受限被解释变量模型；二是面板数据模型，对应第 6 章和第 7 章，其中第 6 章主要介绍线性面板数据模型的估计和应用，第 7 章则主要介绍非线性面板数据模型的估计和应用；三是因果推断分析方法，对应第 8 章到第 14 章的内容，主要是对匹配方法、双重差分模型、事件分析法、合成控制法以及断点回归等方法进行介绍。本书的撰写大致遵循以下原则：先对理论知识进行介绍，然后结合 Stata 软件和具体例子来介绍相应的估计命令及其运用。

本书计划作为高年级本科生、硕士研究生和博士研究生的中高级计量经济学教材，因此编者假定本书的读者对计量经济学的基本分析框架已有初步的了解，并且学习过高等数学、线性代数、概率论及统计学等课程。

在写作过程中，叶馨蕊、高雅雯和胡文倩为本书进行了细致的校对工作，北京大学出版社的编辑提供了宝贵的修改意见，编者所在单位也对本书的编写给予了大力支持，在此一并表示感谢。

本书的部分章节曾以讲义形式在课堂上使用，并且很幸运地得到了一些积极反馈。总的来说，本书是以现有的计量经济学内容框架为基础，结合编者的理解编写而成的，既然是结合编者自己的理解所建立的逻辑体系，那么难免会有局限性，错误亦在所难免，故请各位读者批评指正。

编　者

2024 年 3 月于广州

目　录

第 1 章　绪　论

在计量分析中，微观数据（microdata）与宏观数据（macrodata）相对应，它包括横截面数据、面板数据以及时间序列数据等不同数据类型，但本书的讨论主要围绕横截面数据和面板数据展开。作为全书第 1 章，本章将从微观数据的特征出发，在介绍计量经济学经典分析框架的基础上，对最大似然、广义矩等估计方法进行介绍。

1.1　什么是微观数据

就概念而言，微观数据是指在个体层面上收集的数据，涉及个体、家庭、企业、产品等经济主体的详细信息。从数据的精细（granularity）程度看，微观数据通常包括个体的特征、行为、决策以及各种经济活动的细节。微观数据不仅在计量经济学这一领域，在企业市场分析、政府政策评价等其他社会科学研究领域，也都扮演着至关重要的角色。

相比其他数据，微观数据的优势体现在以下几个方面：首先，微观数据提供了关于研究对象更为详细的信息，允许我们深入了解主体的特征；其次，微观数据直接反映了个体之间存在的不同特征，允许我们考察不同变量和不同影响在个体层面的变化，并据此对个体间的差异进行分析；最后，随着因果推断的兴起，微观数据除了可以帮助我们对经济理论进行验证，还可以帮助我们分析各类政策的实施效果以及对企业市场绩效进行评估等。

抽样调查是获取微观数据的重要方式。例如，政府以及相关研究机构为了了解社会经济运转情况，或是出于特定的研究目的，会间或性地编制一系列问题，采用调查问卷的方式收集个体、家庭以及企业层面的数据。在中国，一些高校及研究机构所主持的调查项目已经成为我们获取微观数据的主要渠道，如中国家庭追踪调查（CFPS）、中国家庭收入调查（CHIP）、中国健康与养老追踪调查（CHARLS）等。实验性方法也是获取微观数据的重要途径。比如，在进行项目评价的过程中，一些研究者会采取随机控制试验（randomized controlled trial）的方法获取研究数据。再如，在研究同伴效应（peer effect）的时候，一些研究者选择某些学校的某些班级，通过随机排座的方法获取所需的研究数据。除此之外，政府官方机构以及相关组织也是我们获取微观数据的一个渠道，而随着网络爬虫技术的发展，网络也成为获取微观数据的不可忽视的渠道之一。

尽管微观数据能够为我们提供详细的信息，促进实证研究的深化，但是，微观数据的应用也面临收集成本高、数据不完整等问题，在应用过程中我们有必要根据研究目的将微观数据与其他类型的数据相结合，以获得更准确的结论和更全面的见解。

1.2 计量经济学的经典分析框架

计量经济学的经典分析框架建立在一系列假设之上。假定一般化的模型为

$$y_i = \beta_0 + \beta_1 x_{1i} + \cdots + \beta_k x_{ki} + \mu_i \tag{1-1}$$

其中，$\beta_0, \beta_1, \cdots, \beta_k$ 表示待估参数；y_i 和 x_{ki} 分别表示被解释变量和第 k 个解释变量；μ_i 为随机误差项；$k = 1, 2, \cdots, K$；$i = 1, 2, \cdots, N$。相应的假设如下。

假设 1： 线性于参数。这意味着解释变量对被解释变量的影响效应为常数。

假设 2： 估计样本是通过随机抽样的方法得到的。

假设 3： 零条件均值假定，即 $E\left(\mu_i \middle| x_{1i}, x_{2i}, \cdots, x_{ki}\right) = 0$，在满足该假设的情形下我们也说 x_{ki} 是外生的（exogenous）。

假设 4： 解释变量不存在完全共线性。

假设 5： 模型的随机误差项不存在异方差问题，即 $\mathrm{Var}\left(\mu_i \middle| x_{1i}, x_{2i}, \cdots, x_{ki}\right) = \sigma^2$，其中 σ^2 为随机误差项的方差。

假设 6： 随机误差项服从正态分布。

我们可以将方程（1-1）写成矩阵形式，有

$$\boldsymbol{Y} = \boldsymbol{X\beta} + \boldsymbol{\mu} \tag{1-2}$$

其中，被解释变量为 $\boldsymbol{Y} = (y_1, y_2, \cdots, y_n)'$，解释变量为 $\boldsymbol{X} = (1, x_{1i}, x_{2i}, \cdots, x_{ki})'$，系数向量为 $\boldsymbol{\beta} = (\beta_0, \beta_1, \cdots, \beta_k)'$，$\boldsymbol{\mu} = (\mu_1, \mu_2, \cdots, \mu_n)'$。我们可以根据方程（1-2）推导出最小二乘情形下 $\boldsymbol{\beta}$ 的参数估计值 $\hat{\boldsymbol{\beta}}$。

方程（1-2）的残差平方和可写为 $(\boldsymbol{Y} - \boldsymbol{X}\hat{\boldsymbol{\beta}})'(\boldsymbol{Y} - \boldsymbol{X}\hat{\boldsymbol{\beta}})$，其对 $\hat{\boldsymbol{\beta}}$ 的导数为：

$$\begin{aligned}
&\frac{\partial(\boldsymbol{Y} - \boldsymbol{X}\hat{\boldsymbol{\beta}})'(\boldsymbol{Y} - \boldsymbol{X}\hat{\boldsymbol{\beta}})}{\partial\hat{\boldsymbol{\beta}}} \\
&= \frac{\partial(\boldsymbol{Y'Y} - \hat{\boldsymbol{\beta}}'\boldsymbol{X'Y} - \boldsymbol{Y'X}\hat{\boldsymbol{\beta}} + \hat{\boldsymbol{\beta}}'\boldsymbol{X'X}\hat{\boldsymbol{\beta}})}{\partial\hat{\boldsymbol{\beta}}} \\
&= \frac{\partial(\boldsymbol{Y'Y} - 2\boldsymbol{Y'X}\hat{\boldsymbol{\beta}} + \hat{\boldsymbol{\beta}}'\boldsymbol{X'X}\hat{\boldsymbol{\beta}})}{\partial\hat{\boldsymbol{\beta}}} \qquad [\text{因}\hat{\boldsymbol{\beta}}'\boldsymbol{X'Y} = (\hat{\boldsymbol{\beta}}'\boldsymbol{X'Y})' = \boldsymbol{Y'X}\hat{\boldsymbol{\beta}}] \\
&= \frac{\partial(-2\boldsymbol{Y'X}\hat{\boldsymbol{\beta}} + \hat{\boldsymbol{\beta}}'\boldsymbol{X'X}\hat{\boldsymbol{\beta}})}{\partial\hat{\boldsymbol{\beta}}} \qquad \left[\text{因}\frac{\partial\boldsymbol{Y'Y}}{\partial\hat{\boldsymbol{\beta}}} = 0\right] \\
&= -2\boldsymbol{X'Y} + 2\boldsymbol{X'X}\hat{\boldsymbol{\beta}} \qquad \left[\text{因}\frac{\partial(\boldsymbol{Y'X}\hat{\boldsymbol{\beta}})}{\partial\hat{\boldsymbol{\beta}}} = \boldsymbol{X'Y}, \frac{\partial(\hat{\boldsymbol{\beta}}'\boldsymbol{X'X}\hat{\boldsymbol{\beta}})}{\partial\hat{\boldsymbol{\beta}}} = 2\boldsymbol{X'X}\hat{\boldsymbol{\beta}}\right]
\end{aligned}$$

根据最小化残差平方和的一阶条件，有 $-2\boldsymbol{X'Y} + 2\boldsymbol{X'X}\hat{\boldsymbol{\beta}} = 0$，由此得到 $\boldsymbol{\beta}$ 的最小二乘

估计量 $\hat{\boldsymbol{\beta}}_{\text{OLS}}=(\boldsymbol{X}'\boldsymbol{X})^{-1}\boldsymbol{X}'\boldsymbol{Y}$。根据高斯-马尔科夫定理，$\hat{\boldsymbol{\beta}}_{\text{OLS}}$ 是 $\boldsymbol{\beta}$ 的最佳线性无偏估计量。

1.3　广义最小二乘法

如果随机误差项不满足同方差假设，其方差-协方差矩阵 $\boldsymbol{\Omega}$ 形式[①]如下。

$$\boldsymbol{\Omega}=\text{Cov}(\boldsymbol{\mu},\boldsymbol{\mu}')=E(\boldsymbol{\mu}\boldsymbol{\mu}')=\begin{pmatrix}\sigma_1^2 & \cdots & 0\\ \vdots & \ddots & \vdots\\ 0 & \cdots & \sigma_n^2\end{pmatrix} \tag{1-3}$$

在矩阵 $\boldsymbol{\Omega}$ 中，对角线上的元素对应随机误差项的方差，非对角线上的元素对应随机误差项之间的协方差，异方差使得 $\sigma_1^2\neq\sigma_2^2\neq\cdots\neq\sigma_n^2$。令 $\boldsymbol{\Omega}=\sigma^2\boldsymbol{D}$，$\boldsymbol{D}=\boldsymbol{W}\boldsymbol{W}'$，用 $\boldsymbol{W}^{-1}$ 左乘方程（1-2），有

$$\boldsymbol{W}^{-1}\boldsymbol{Y}=\boldsymbol{W}^{-1}\boldsymbol{X}\boldsymbol{\beta}+\boldsymbol{W}^{-1}\boldsymbol{\mu} \tag{1-4}$$

令 $\tilde{\boldsymbol{Y}}=\boldsymbol{W}^{-1}\boldsymbol{Y}$，$\tilde{\boldsymbol{X}}=\boldsymbol{W}^{-1}\boldsymbol{X}$，$\tilde{\boldsymbol{\mu}}=\boldsymbol{W}^{-1}\boldsymbol{\mu}$，则方程（1-4）可写为

$$\tilde{\boldsymbol{Y}}=\tilde{\boldsymbol{X}}\boldsymbol{\beta}+\tilde{\boldsymbol{\mu}} \tag{1-5}$$

对于方程（1-5）中的随机误差项 $\tilde{\boldsymbol{\mu}}$ 而言，有

$$\begin{aligned}&\text{Cov}(\tilde{\boldsymbol{\mu}},\tilde{\boldsymbol{\mu}}')=\text{Cov}[\boldsymbol{W}^{-1}\boldsymbol{\mu},\boldsymbol{\mu}'(\boldsymbol{W}^{-1})']\\&=E[\boldsymbol{W}^{-1}\boldsymbol{\mu}\boldsymbol{\mu}'(\boldsymbol{W}^{-1})']=\boldsymbol{W}^{-1}E[\boldsymbol{\mu}\boldsymbol{\mu}'](\boldsymbol{W}^{-1})'\\&=\boldsymbol{W}^{-1}\boldsymbol{\Omega}(\boldsymbol{W}^{-1})'=\boldsymbol{W}^{-1}(\sigma^2\boldsymbol{W}\boldsymbol{W}')(\boldsymbol{W}^{-1})'\\&=\sigma^2\boldsymbol{W}^{-1}(\boldsymbol{W}\boldsymbol{W}')(\boldsymbol{W}^{-1})'\\&=\sigma^2\boldsymbol{I}\end{aligned}$$

这意味着在方程（1-5）中的随机误差项不存在异方差问题，我们可以直接对其进行普通最小二乘（ordinary least square，OLS）估计，相应的估计量为 $\hat{\boldsymbol{\beta}}=(\tilde{\boldsymbol{X}}'\tilde{\boldsymbol{X}})^{-1}\tilde{\boldsymbol{X}}'\tilde{\boldsymbol{Y}}$，将 $\tilde{\boldsymbol{Y}}$ 和 $\tilde{\boldsymbol{X}}$ 代入其中，则得到广义最小二乘（generalized least square，GLS）估计量 $\hat{\boldsymbol{\beta}}_{\text{GLS}}$，即

$$\begin{aligned}\hat{\boldsymbol{\beta}}_{\text{GLS}}&=(\tilde{\boldsymbol{X}}'\tilde{\boldsymbol{X}})^{-1}\tilde{\boldsymbol{X}}'\tilde{\boldsymbol{Y}}=\left[(\boldsymbol{W}^{-1}\boldsymbol{X})'(\boldsymbol{W}^{-1}\boldsymbol{X})\right]^{-1}(\boldsymbol{W}^{-1}\boldsymbol{X})'(\boldsymbol{W}^{-1}\boldsymbol{Y})\\&=\left[\boldsymbol{X}'(\boldsymbol{W}^{-1})'\boldsymbol{W}^{-1}\boldsymbol{X}\right]^{-1}\boldsymbol{X}'(\boldsymbol{W}^{-1})'(\boldsymbol{W}^{-1}\boldsymbol{Y})\\&=(\boldsymbol{X}'\boldsymbol{D}^{-1}\boldsymbol{X})^{-1}\boldsymbol{X}'\boldsymbol{D}^{-1}\boldsymbol{Y}\end{aligned}$$

① 我们没有考虑随机误差项可能存在的序列相关问题。

可以证明，估计量 $\hat{\boldsymbol{\beta}}_{\text{GLS}}$ 是一个最佳线性无偏估计量。在上述推导过程中，我们假定随机误差项的方差-协方差矩阵已知，但现实中我们更多面临的是方差-协方差矩阵未知的情形，此时需要先对该矩阵进行估计，再使用 GLS 估计相应参数，这种方法被称为可行的广义最小二乘法（feasible GLS，FGLS）。假定矩阵 $\boldsymbol{D}$ 的估计值为 $\hat{\boldsymbol{D}}$，则 $\hat{\boldsymbol{\beta}}_{\text{GLS}}=(\boldsymbol{X}'\hat{\boldsymbol{D}}^{-1}\boldsymbol{X})^{-1}\boldsymbol{X}'\hat{\boldsymbol{D}}^{-1}\boldsymbol{Y}$。

1.4 最大似然估计

假定从某一总体抽样得到一个包含 n 个观测值的样本，如果已经知道总体的参数，由概率密度函数就可以计算某个观测值被抽取的概率；如果只知道总体服从某种分布，但其分布参数未知，则可以以该样本为基础得到总体参数的估计值。这便是最大似然估计（maximum likelihood estimate，MLE），其基本原理是：不同的总体产生不同的样本，某一特定样本更有可能来自某个特定的总体而不是其他总体。假定随机样本 $x=\{x_1,x_2,\cdots,x_n\}$ 所包含的随机变量是独立同分布的，且 $x_i(i=1,2,\cdots,n)$ 的概率密度函数为 $f=f(x_i|\theta)$，其中 θ 为参数。若参数 θ 未知，则在得到一个包含 n 个观测值的样本 x 后，我们可以以该样本为基础对 θ 进行估计，估计的原则是最大化 x_i 所对应的联合概率。

在给定样本和概率密度函数的情形下，样本数据的联合密度函数为

$$F=f\left(x_1|\theta\right)f\left(x_2|\theta\right)\cdots f\left(x_n|\theta\right)=\prod_{i=1}^{n}f\left(x_i|\theta\right) \tag{1-6}$$

式（1-6）即所谓的似然函数（likelihood function）。由于我们的目的是在给定样本 x 的情况下对参数 θ 进行估计，为了区别于给定参数求概率的情形，我们将似然函数写为

$$L\left(\theta|x_i\right)=\prod_{i=1}^{n}f\left(x_i|\theta\right) \tag{1-7}$$

在最大化式（1-7）的情况下，我们就能得到 θ 的最大似然估计值。为了求解方便，将式（1-7）转换为对数似然函数

$$\ln L\left(\theta|x_i\right)=\sum_{i=1}^{n}\ln f\left(x_i|\theta\right) \tag{1-8}$$

相应的最大化一阶条件为 $\dfrac{\partial L\left(\theta|x_i\right)}{\partial\theta}=0$。

例 1-1：线性回归模型的最大似然估计。在模型 $\boldsymbol{Y}=\boldsymbol{X\beta}+\boldsymbol{\mu}$ 中，若 μ_i 服从正态分布，即 $\mu_i \sim N(0,\sigma^2)$，则 $y_i \sim N(\varepsilon_i,\sigma^2)$，其中 $\varepsilon_i=\beta_0+\beta_1x_{1i}+\beta_2x_{2i}+\cdots+\beta_kx_{ki}$，以 $\boldsymbol{Y}$ 的 n 个观测值为基础，相应的似然函数可写为

$$L\left(\boldsymbol{\beta},\sigma^2\middle|\boldsymbol{Y}\right)=f\left(y_1\middle|\boldsymbol{\beta},\sigma^2\right)f\left(y_2\middle|\boldsymbol{\beta},\sigma^2\right)\cdots f\left(y_n\middle|\boldsymbol{\beta},\sigma^2\right)=\frac{1}{(2\pi)^{n/2}\sigma^n}\mathrm{e}^{-\frac{1}{2\sigma^2}\sum_{i=1}^{n}(y_i-\varepsilon_i)^2}$$

对数似然函数为

$$\ln L\left(\boldsymbol{\beta},\sigma^2\middle|\boldsymbol{Y}\right)=-\frac{n}{2}\ln(2\pi\sigma^2)-\frac{1}{2\sigma^2}\sum_{i=1}^{n}(y_i-\varepsilon_i)^2 \tag{1-9}$$

即

$$\ln L\left(\boldsymbol{\beta},\sigma^2\middle|\boldsymbol{Y}\right)=-\frac{n}{2}\ln 2\pi-\frac{n}{2}\ln\sigma^2-\frac{1}{2\sigma^2}(\boldsymbol{Y}-\boldsymbol{X\beta})'(\boldsymbol{Y}-\boldsymbol{X\beta}) \tag{1-10}$$

最大化的一阶条件意味着

$$\begin{cases}\dfrac{\partial\ln L\left(\boldsymbol{\beta},\sigma^2\middle|\boldsymbol{Y}\right)}{\partial\boldsymbol{\beta}}=\dfrac{\partial[(\boldsymbol{Y}-\boldsymbol{X\beta})'(\boldsymbol{Y}-\boldsymbol{X\beta})]}{\partial\boldsymbol{\beta}}=0\\[2ex]\dfrac{\partial\ln L\left(\boldsymbol{\beta},\sigma^2\middle|\boldsymbol{Y}\right)}{\partial\sigma^2}=-\dfrac{n}{2}\times\dfrac{1}{\sigma^2}+\dfrac{1}{2\sigma^4}(\boldsymbol{Y}-\boldsymbol{X\beta})'(\boldsymbol{Y}-\boldsymbol{X\beta})=0\end{cases} \tag{1-11}$$

根据式（1-11）的第一个方程可得到模型 $\boldsymbol{Y}=\boldsymbol{X\beta}+\boldsymbol{\mu}$ 中参数 $\boldsymbol{\beta}$ 的最大似然估计值，易知 $\hat{\boldsymbol{\beta}}_{\mathrm{MLE}}=(\boldsymbol{X'X})^{-1}\boldsymbol{X'Y}$，这正是采用最小二乘法得到的估计值。根据式（1-11）的第二个方程，还可以得到 σ^2 的估计值 $\hat{\sigma}^2$，即 $\hat{\sigma}^2=\dfrac{1}{n}(\boldsymbol{Y}-\boldsymbol{X}\hat{\boldsymbol{\beta}})'(\boldsymbol{Y}-\boldsymbol{X}\hat{\boldsymbol{\beta}})=\dfrac{1}{n}\hat{\boldsymbol{\mu}}'\hat{\boldsymbol{\mu}}$。

1.5　广义矩估计

我们从经典矩（moment）方法出发介绍广义矩估计（generalized method of moments，GMM）的原理。假定 x 为一个随机变量，那么，我们将随机变量 X 的连续函数 $g(X)$ 所对应的数学期望称为总体矩，令 M 表示该总体矩，则有 $M=E\left[g(X)\right]$。当 $g(X)=(X-c)^k$ 时，我们将 $M=E[(X-c)^k]$ 称为 X 关于 c（c 为常数）的 k 阶（k 为正整数）总体矩。类似地，我们也可以定义相应的样本矩。对于样本数据 $x=(x_1,x_2,\cdots,x_n)$ 而言，$M=E\left[g(X)\right]$ 对应的样本矩为 $m=\sum_{i=1}^{n}g(x_i)$，关于 c 的 k 阶样本矩为 $m=\sum_{i=1}^{n}(x_i-c)^k$。

经典矩估计的原理就是通过样本矩去估计总体矩，以得到总体参数的估计值。假定随机变量 X 所对应的分布由 $k\times 1$ 维参数向量 $\boldsymbol{\theta}$ 所决定，以经典矩方法对参数 $\boldsymbol{\theta}$ 进行估计的步骤如下。

步骤 1： 令样本数据的 $j(j=1,2,\cdots,k)$ 阶总体矩为零，即 $E[g_j(x_i,\boldsymbol{\theta})]=0$；

步骤 2：用样本矩条件代替总体矩条件，即 $\frac{1}{n}\sum_{i=1}^{n} g_j(x_i, \hat{\boldsymbol{\theta}}_{\text{MM}}) = 0$；

步骤 3：解以 k 个样本矩条件为基础形成的方程组，即可得到 $\boldsymbol{\theta}$ 的矩估计量 $\hat{\boldsymbol{\theta}}_{\text{MM}}$。

例 1-2：线性回归模型的矩估计。对于线性回归模型 $\boldsymbol{Y} = \boldsymbol{X\beta} + \boldsymbol{\mu}$ 而言，零条件均值假定意味着 $E(\boldsymbol{X\mu}) = 0$，这为我们提供了 k 个总体矩条件。同时，因为 $E(\boldsymbol{\mu}) = 0$，我们总共可确定 $k+1$ 个总体矩条件，相应的样本矩条件可写为

$$\begin{cases} \sum_{i=1}^{n} x_{1i}(y_i - \hat{\beta}_0 - \hat{\beta}_1 x_{1i} - \cdots - \hat{\beta}_k x_{ki}) = 0 \\ \vdots \\ \sum_{i=1}^{n} x_{ki}(y_i - \hat{\beta}_0 - \hat{\beta}_1 x_{1i} - \cdots - \hat{\beta}_k x_{ki}) = 0 \\ \sum_{i=1}^{n} (y_i - \hat{\beta}_0 - \hat{\beta}_1 x_{1i} - \cdots - \hat{\beta}_k x_{ki}) = 0 \end{cases}$$

上述 $k+1$ 个样本矩条件对应的正是在 OLS 估计中所得到的正规方程组，以此为基础，我们就可以得到 $\boldsymbol{\beta}$ 的矩估计量。

经典矩估计的不足之处在于不能有效解决矩条件多于待估参数的情况。如果只有 k 个参数需要估计，但存在 l 个矩条件，且 $l > k$，这一情形就被称为过度识别（over-identification）。经典矩估计无法有效处理过度识别的情况，因此我们需要借助广义矩估计加以解决。由于在过度识别的情形下，广义矩估计并未舍弃多余的矩条件，而是充分利用了所有矩条件提供的信息，因此比经典矩估计更有效。

具体而言，若存在 k 个参数和 l 个矩条件（$l > k$），广义矩估计将这 l 个矩条件的 k 个线性组合设定为零。以 $l = 2, k = 1$ 为例，假定样本矩条件为

$$\begin{cases} \frac{1}{n}\sum_{i=1}^{n} g_1(x_i, \hat{\boldsymbol{\theta}}) = 0 \\ \frac{1}{n}\sum_{i=1}^{n} g_2(x_i, \hat{\boldsymbol{\theta}}) = 0 \end{cases} \tag{1-12}$$

以式（1-12）为基础，我们可以得到这两个矩条件的线性组合为

$$a_1 \times \frac{1}{n}\sum_{i=1}^{n} g_1(x_i, \hat{\boldsymbol{\theta}}) + a_2 \times \frac{1}{n}\sum_{i=1}^{n} g_2(x_i, \hat{\boldsymbol{\theta}}) = 0 \tag{1-13}$$

以式（1-13）为基础，便能得到 $\boldsymbol{\theta}$ 的估计值。但是，以式（1-13）为基础进行估计的问题在于，选择不同的 a_1 和 a_2，得到的 $\boldsymbol{\theta}$ 的估计值不一样。

对于一般的情形，我们用 $\boldsymbol{g}(\hat{\boldsymbol{\theta}})$ 表示 l 个样本矩，$\boldsymbol{A}_{k\times l}$ 表示相应的系数矩阵，广义矩估计意味着 l 个样本矩的线性组合为 0，即 $\boldsymbol{Ag}(\hat{\boldsymbol{\theta}}) = 0$。当我们选择不同的矩阵 $\boldsymbol{A}$ 时，也将得

到不同的广义矩估计量，因此如何确定矩阵 $\boldsymbol{A}$ 的最优解便尤为重要，广义矩估计通过定义一个损失函数，将针对最优矩阵 $\boldsymbol{A}$ 的选择问题转换为选择一个对称权重矩阵 $\boldsymbol{\Omega}$ 的问题。定义损失函数为

$$\text{Loss} = \boldsymbol{g}'(\hat{\boldsymbol{\theta}})\boldsymbol{\Omega}\boldsymbol{g}(\hat{\boldsymbol{\theta}}) \tag{1-14}$$

最小化损失函数便可得到 $\boldsymbol{\theta}$ 的广义矩估计值 $\hat{\boldsymbol{\theta}}_{\text{GMM}}$。

显然，估计值 $\hat{\boldsymbol{\theta}}_{\text{GMM}}$ 取决于 $\boldsymbol{\Omega}$。由于不同的矩条件强弱不一致，更强（弱）的矩条件对应更紧（松）的约束，因此，为了使损失函数取值最小，我们可以通过 $\boldsymbol{\Omega}$ 对不同的矩条件赋权，那些约束更紧的矩条件被赋予更大的权重，其他矩条件则被赋予相对较小的权重，这一赋权过程也为我们确定了 $\boldsymbol{\Omega}$ 的选择标准。

由于在广义矩估计过程中存在过度识别的情况，有些矩条件是有效约束，有些矩条件是无效约束，因此我们需要对所有矩条件是否有效进行检验，即进行过度识别约束检验。理论上，如果过度识别约束成立，则相应的各个矩条件应等于零，此时损失函数的值也应当趋近于 0；反之，如果损失函数显著地不等于 0，则可认为此时有些矩条件不成立，即过度识别约束不成立[①]。

基于此，我们提出以下原假设和备择假设。

H_0：所有矩条件为有效约束；H_1：并非所有矩条件为有效约束。

相应的检验统计量为

$$\boldsymbol{g}'(\hat{\boldsymbol{\theta}})\boldsymbol{\Omega}\boldsymbol{g}(\hat{\boldsymbol{\theta}}) \sim \chi^2_{l-k} \tag{1-15}$$

其中，$l-k$ 为过度识别约束的个数。

---

① l=k 对应恰好识别的情况，在这一情况下我们也需要判断矩条件是否有效，但由于此时过度识别约束的个数为 0，χ^2 统计量无法对此进行检验，因此我们对这一情况不做讨论。

第 2 章　离散被解释变量模型

某些模型的变量的取值是个体在不同选择间进行权衡的结果，具有明显的离散特征。这类模型与解释变量为虚拟变量的模型不同的是，其离散变量是作为被解释变量出现在模型中的，而且有些情形下这些离散变量的取值也不只限于两个值。这类模型被称为离散被解释变量模型，也被称为离散选择模型（discrete choice model）或定性响应模型（qualitative response model），本章将对这类模型的相关理论和应用进行介绍。

2.1　二元选择模型

1. 概述

考虑如下线性回归模型，

$$y_i = \boldsymbol{x}_i\boldsymbol{\beta} + \mu_i \tag{2-1}$$

其中 $\boldsymbol{x}_i$、y_i 和 μ 分别表示解释变量向量、被解释变量和误差。若式（2-1）中的第 i 个观测值 y_i 只能在 0 和 1 两点上取值，此时对应的模型为二元选择模型（binary choice model）。相应地，对于给定的 $\boldsymbol{x}_i$，有

$$\mu_i = \begin{cases} 1 - \boldsymbol{x}_i\boldsymbol{\beta} & y_i = 1 \\ -\boldsymbol{x}_i\boldsymbol{\beta} & y_i = 0 \end{cases} \tag{2-2}$$

可知随机误差项此时服从二项分布，而非正态分布。事实上，根据式（2-1），有

$$E\left(y_i \middle| \boldsymbol{x}_i\right) = \boldsymbol{x}_i\boldsymbol{\beta}$$

而

$$E\left(y_i \middle| \boldsymbol{x}_i\right) = 1 \times P\left(y_i = 1 \middle| \boldsymbol{x}_i\right) + 0 \times P\left(y_i = 0 \middle| \boldsymbol{x}_i\right) = P\left(y_i = 1 \middle| \boldsymbol{x}_i\right)$$

故

$$P\left(y_i = 1 \middle| \boldsymbol{x}_i\right) = \boldsymbol{x}_i\boldsymbol{\beta} \tag{2-3}$$

从式（2-3）来看，y_i 的期望值也是 $y_i = 1$ 的条件概率，且该概率对应一个线性函数，因此我们又将式（2-1）称为线性概率模型（linear probability model）。进一步可知

$$\text{Var}\left(\mu_i \middle| \boldsymbol{x}_i\right) = \boldsymbol{x}_i\boldsymbol{\beta}(1 - \boldsymbol{x}_i\boldsymbol{\beta}) \tag{2-4}$$

此时式（2-1）的随机误差项存在明显的异方差问题。因此，尽管采用 OLS 估计仍能得到参数 $\boldsymbol{\beta}$ 的无偏和一致估计量，但是该估计量不再是有效的[①]。

例 2-1：个体创业的影响因素。假定我们想检验影响个体创业的因素，设立了模型 $y_i = \beta_0 + \beta_1 x_i + \mu_i$，$y=1$ 表示个体选择创业，$y=0$ 表示未选择创业。在该模型中，我们表面上是用个体的创业状态对 x 进行回归，实际上是用个体选择创业的概率 $p(y=1)$ 来对 x 进行回归。如果采用线性概率模型来估计系数 β_1，那么其含义可解释为：在保持其他因素不变的情形下，当 x 变化一个单位时，个体选择创业的概率将变化 β_1。

2. Probit 模型和 Logit 模型

除异方差问题之外，二元选择模型还存在其他不足。首先，由于 y 的预测值表示的是概率，其取值应当在区间 [0,1] 上，但是，根据线性回归模型，即式（2-1），得到的预测值却可能落在这一区间之外。因此，必须对二元选择模型加以限定，以保证 y 的预测值落在区间 [0,1] 上。

其次，我们假定 $P = P\left(y_i = 1 \middle| \boldsymbol{x}_i\right) = \boldsymbol{x}_i \boldsymbol{\beta}$ 为一个线性函数，但实际应用中我们很可能不知道其具体形式。特别是当 $P = P\left(y_i = 1 \middle| \boldsymbol{x}_i\right)$ 为非线性函数时，式（2-1）中的参数估计值 $\hat{\boldsymbol{\beta}}$ 也不再是解释变量对被解释变量影响的边际效应，此时对参数估计值含义所做的解释需加以小心。

根据式（2-3），y 的预测值 $\hat{y}$ 可以理解为 $y=1$ 发生的概率，因而，在二元选择模型中我们可以通过设定一个特定的概率分布函数来保证被解释变量的取值在区间 [0,1] 上变动。

假定

$$P\left(y_i = 1 \middle| \boldsymbol{x}_i\right) = F(\boldsymbol{x}_i \boldsymbol{\beta}) \tag{2-5}$$

其中 $F = F(\boldsymbol{x}_i \boldsymbol{\beta})$ 表示 μ_i 的分布函数。例如，当 $F(\boldsymbol{x}_i \boldsymbol{\beta}) = \boldsymbol{x}_i \boldsymbol{\beta}$ 时，便对应前述线性概率模型。

一般而言，对 $F(\boldsymbol{x}_i \boldsymbol{\beta})$ 的选择可以衍生出两类模型，即所谓的 Probit 模型和 Logit 模型。具体来看，若

$$F(\boldsymbol{x}_i \boldsymbol{\beta}) = \Phi(\boldsymbol{x}_i \boldsymbol{\beta}) = \int_{-\infty}^{\boldsymbol{x}_i \boldsymbol{\beta}} \phi(z) \mathrm{d}z \tag{2-6}$$

$F(\boldsymbol{x}_i \boldsymbol{\beta})$ 服从标准正态分布，相应的二元选择模型被称为 Probit 模型。

若

$$F(\boldsymbol{x}_i \boldsymbol{\beta}) = L(\boldsymbol{x}_i \boldsymbol{\beta}) = \frac{\exp(\boldsymbol{x}_i \boldsymbol{\beta})}{1 + \exp(\boldsymbol{x}_i \boldsymbol{\beta})} \tag{2-7}$$

---

① 当然，如果我们知道随机误差项方差的具体形式，也可以对模型采用加权最小二乘（weighted least square，WLS）估计，此时可使用 $w = 1/\hat{\sigma}_i = 1\Big/\sqrt{\boldsymbol{x}_i \hat{\boldsymbol{\beta}}(1 - \boldsymbol{x}_i \hat{\boldsymbol{\beta}})}$ 作为权重，其中 $\hat{\sigma}_i$ 为 σ_i 的估计值。

$F(\boldsymbol{x}_i\boldsymbol{\beta})$ 服从逻辑分布（logistic distribution），此时对应的是 Logit 模型，图 2-1 给出了两类模型所对应的分布曲线。应用中对于到底选择哪类模型并没有明确的规定，两类模型也不存在优劣差异，正如 Greene（2011）所言："要从理论上证明选择一个分布而不选择另一个分布更为合理是一件很困难的事情……在大部分应用中，两者并没有太大的区别。"

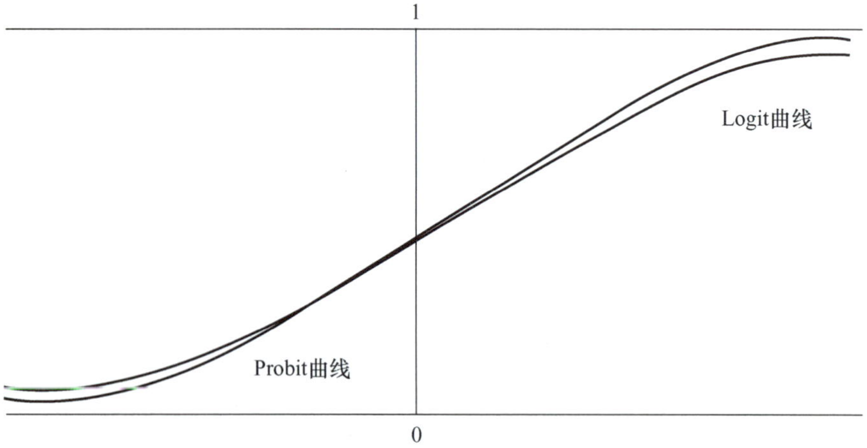

图 2-1　Probit 曲线和 Logit 曲线

除此之外，一些介绍二元选择模型的教材还通过潜变量（latent variable）方法对其进行描述，这主要是基于以下考虑：由于被解释变量只能在 0 和 1 两点进行取值（即是与非的问题），因此只能观察到个体行为选择的结果，我们可以将导致该结果的不可观测的条件（或规则）视为影响个人决策的一个潜变量，据此来刻画二元选择模型。

例 2-2：个体就业决策的形成。假定个体在选择是否工作这一问题上进行权衡，权衡的标准是比较参加工作和不参加工作的收入差异。令 y_i^* 表示参加工作 $(y_i=1)$ 和不参加工作 $(y_i=0)$ 的收入差异，且

$$y_i^* = \boldsymbol{x}_i\boldsymbol{\beta} + \mu_i \tag{2-8}$$

在式（2-8）中 y_i^* 不可观测，并且是一个与个体决策变量 y_i 相联系的潜变量。假定存在某个临界值，如果收入差异超过该临界值，个体选择参加工作，否则不参加工作。令该临界值为 0，则有

$$\begin{cases} y_i = 0 & y_i^* \leqslant 0 \\ y_i = 1 & y_i^* > 0 \end{cases} \tag{2-9}$$

据此我们可以得到

$$P\left(y_i=1\middle|\boldsymbol{x}_i\right)=P\left(y_i^*>0\middle|\boldsymbol{x}_i\right)=P\left(\mu_i>-\boldsymbol{x}_i\boldsymbol{\beta}\middle|\boldsymbol{x}_i\right) \tag{2-10}$$

可以发现式（2-10）中的 $P\left(y_i=1\middle|\boldsymbol{x}_i\right)$ 与 μ_i 的分布形式有关。如果 μ_i 服从正态分布，则

模型是 Probit 模型；如果 μ_i 服从逻辑分布，则模型是 Logit 模型。

在通过潜变量方法描述二元选择模型的上述特征之后，对以下结论的理解就会更加容易。

结论 1： 二元选择模型的边际效应为

$$\frac{\partial P\left(y_i=1|\boldsymbol{x}_i\right)}{\partial x_{ij}}=f_\mu(\boldsymbol{x}_i\boldsymbol{\beta})\beta_j$$

$f=f_\mu(\boldsymbol{x}_i\boldsymbol{\beta})$ 表示随机误差项 μ_i 的密度函数。

结论 2： Logit 模型的几率比（odds ratio），对于 Logit 模型而言，由于

$$P\left(y_i=1|\boldsymbol{x}_i\right)=\frac{\exp(\boldsymbol{x}_i\boldsymbol{\beta})}{1+\exp(\boldsymbol{x}_i\boldsymbol{\beta})}，\quad P\left(y_i=0|\boldsymbol{x}_i\right)=\frac{1}{1+\exp(\boldsymbol{x}_i\boldsymbol{\beta})}$$

因此

$$p=\frac{P\left(y_i=1|\boldsymbol{x}_i\right)}{P\left(y_i=0|\boldsymbol{x}_i\right)}=\frac{P\left(y_i=1|\boldsymbol{x}_i\right)}{1-P\left(y_i=1|\boldsymbol{x}_i\right)}=\exp(\boldsymbol{x}_i\boldsymbol{\beta}) \tag{2-11}$$

式（2-11）表示在 Logit 模型中 $y_i=1$ 的概率和 $y_i=0$ 的概率之比，这一比率被称为几率比。进一步地，我们将 $\ln p=\boldsymbol{x}_i\boldsymbol{\beta}$ 称为对数几率比，此时第 k 个解释变量 x_{ik} 的系数 β_k 可解释为 x_{ik} 变化一个单位所引起的 Logit 模型对数几率比的变化幅度。或者说，如果 $\beta_k>0$，那么，个体选择选项 $y_i=1$ 的相对概率将增加。

综上，我们可以将二元选择模型分为三类：线性概率模型、Probit 模型和 Logit 模型。在线性概率模型中系数即边际效应，在 Logit 模型中系数对应对数几率比，但是，在 Probit 模型中系数没有具体的含义。事实上，无论在 Probit 模型还是在 Logit 模型中，边际效应均无法直接通过系数来衡量。进一步地，从结论 1 我们还能发现，在 Probit 模型和 Logit 模型中边际效应并非一个常数，它随着 $\boldsymbol{x}_i$ 的变化而发生变化。

3. 二元选择模型的估计

为了限制被解释变量预测值的变动范围，我们用一个分布函数对 $F(\boldsymbol{x}_i\boldsymbol{\beta})$ 的具体形式进行替代，此时模型变成一个非线性模型，因而一般采取最大似然法对二元选择模型进行估计，相应的概率密度函数可写为

$$f\left(y_i|\boldsymbol{x}_i,\boldsymbol{\beta}\right)=\left[P\left(y_i=1|\boldsymbol{x}_i\right)\right]^{y_i}\left[P\left(y_i=0|\boldsymbol{x}_i\right)\right]^{1-y_i}=[F(\boldsymbol{x}_i\boldsymbol{\beta})]^{y_i}[1-F(\boldsymbol{x}_i\boldsymbol{\beta})]^{1-y_i} \tag{2-12}$$

如果存在一个个体相互独立、观测值为 n 的样本，则似然函数可以写为

$$L\left(\boldsymbol{\beta}|\boldsymbol{x}_i,y_i\right)=\prod_{i=1}^{n}[F(\boldsymbol{x}_i\boldsymbol{\beta})]^{y_i}[1-F(\boldsymbol{x}_i\boldsymbol{\beta})]^{1-y_i} \tag{2-13}$$

进一步对式（2-13）两边取对数，得出

$$\ln L(\boldsymbol{\beta}|\boldsymbol{x}_i, y_i) = \sum_{i=1}^{n} \ln\{[F(\boldsymbol{x}_i\boldsymbol{\beta})]^{y_i}[1-F(\boldsymbol{x}_i\boldsymbol{\beta})]^{1-y_i}\}$$
$$= \sum_{i=1}^{n} y_i \ln F(\boldsymbol{x}_i\boldsymbol{\beta}) + \sum_{i=1}^{n}(1-y_i)\ln[1-F(\boldsymbol{x}_i\boldsymbol{\beta})] \tag{2-14}$$

在此基础上，根据二元选择模型的具体形式［对应于分布函数 $F = F(\boldsymbol{x}_i\boldsymbol{\beta})$ 的具体形式，即选用 Probit 模型还是 Logit 模型］，对 $\boldsymbol{\beta}$ 求一阶导数，便可得到相应的参数估计值。

例 2-3：城市规模与就业。陆铭、高虹和佐藤宏（2012）采用 Probit 模型估计了城市规模对个体就业的影响，具体模型如下，

$$\Pr(\text{Employed}_{ij}=1) = \Phi(\pi\,\text{Scale}_j + X_{ij}\alpha + \text{City}_j\beta)$$

其中，$\text{Employed}_{ij}=1$ 表示城市 j 中个体 i 处于就业状态；Scale 为衡量城市规模的指标，X 和 City 分别为个体和城市层面的控制变量。用城市总人口数量和大学生数量的对数衡量城市规模，得到的结果如表 2-1 所示。

表 2-1　城市规模对就业的影响

解释变量	回归 1	回归 2
人口规模	0.0158* (0.00944)	
大学生规模	0.42	0.0175* (0.00955)

注：***、**、*分别表示 1%、5%、10%的显著性水平。

由于采用 Probit 模型进行估计，因此报告的是变量 Scale 的边际效应，例如 0.0158 表示在其他因素保持不变的情况下，人口规模每扩张 1%，个体就业概率将增加 0.0158。

4. 二元选择模型的拟合优度

需要注意的是，二元选择模型不存在经典回归模型下的残差方差分解公式，因此无法计算其拟合优度 R^2，但我们可以计算其拟 R^2 (Pseudo R^2)。

具体而言，对于模型 $y_i = \boldsymbol{x}_i\boldsymbol{\beta} + \mu_i$，假定其对数似然值为 $\ln L$（即无约束模型的对数似然值），$\ln L_0$ 是 $\boldsymbol{\beta}$ 为零向量时的对数似然值（即只含截距项的受约束模型的对数似然值），McFadden（1974）给出了一个评价模型拟合程度的指标，

$$\text{Pseudo } R^2 = 1 - \frac{\ln L}{\ln L_0} \tag{2-15}$$

根据式（2-15），拟 R^2 越接近于 0，$\ln L$ 和 $\ln L_0$ 越接近，此时 $\boldsymbol{\beta} \to \boldsymbol{0}$。相反，当拟 R^2 接近于 1 时，$\ln L$ 趋近于 0，意味着相对于受约束模型而言，无约束模型的拟合优度有明显改进，解释变量对被解释变量有不可忽视的解释力。但是，从定义来看，拟 R^2 本质上是对两个不同模型的优劣进行比较，因此，当拟 R^2 的值处在 0 到 1 之间时，我们并不能对两个

模型的优劣做出明确的判断。

2.2　随机效用模型

根据效用最大化原理，在决策主体理性的情形下，个体所做的选择将使其效用最大化。在离散被解释变量模型中，由于被解释变量表示的是个体不同选择的结果，因此我们可以从效用最大化的角度理解这类模型。与一般效用函数不同，此时我们面对的是一个包含随机误差项的效用函数，因而将其称为随机效用函数（random utility function）。

1. 随机效用函数的一般形式及其含义

对于一般化的离散被解释变量模型，假定个体 i $(i=1,2,\cdots,n)$ 面临的选择集为 $S=(1,2,\cdots,J)$。进一步地，我们将决定个体选择行为的变量分为两类：第一类是反映个体特征的变量，如年龄、性别、学历以及收入水平等；第二类是反映不同选项的性能指标（或者质量指标），例如，当我们选择某一交通工具出游时，我们会考虑该交通工具是否便捷、是否安全、是否舒适等问题，因而便捷性、安全性、舒适性等变量便成为反映该交通工具性能的指标。容易理解，包含在 S 中的每个选择所对应的性能指标对于所有个体都是一样的，而个体特征则随个体的变化而变化。我们用 $\boldsymbol{x}_i$ 表示反映第 i 个个体特征的变量集，用 $\boldsymbol{z}_j$ 表示反映选择集 S 中第 j 个选项的性能指标集，若 U_{ij} 为个体 i 选择选项 j 所得到的效用，则其随机效用函数可以写为

$$U_{ij}=\boldsymbol{x}_i\boldsymbol{\beta}_j+\boldsymbol{z}_j\boldsymbol{\delta}+\mu_{ij} \tag{2-16}$$

其中，随机误差项 μ_{ij} 反映了随机因素对个体效用水平的影响，对 μ_{ij} 分布形式的不同假定将衍生出不同类型的模型。值得注意的是，在式（2-16）中，$\boldsymbol{\delta}$ 不随 j 发生变化，这反映了选项的性能给个体带来的边际效用是不变的，且 $\boldsymbol{z}_j$ 的变化只会影响个体选择选项 j 的效用，而不会影响其选择其他选项的效用。但是，参数 $\boldsymbol{\beta}_j$ 会随选项 j 的不同而不同，这说明不同个体的特征对选项产生的边际效用会发生变化。

以式（2-16）为基础，根据效用最大化假设，个体 i 选择选项 j，当且仅当

$$U_{ij}\geqslant U_{ik}\,,\quad \forall j\neq k \tag{2-17}$$

进一步地，我们用 y_{ij} 表示个体 i 选择选项 j 对应的结果，个体 i 选择选项 j 的概率可表示为

$$\begin{aligned}p_{ij}&=P\left(y_{ij}=j\middle|\boldsymbol{x}_i,\boldsymbol{z}_j\right)\\&=P(U_{ij}\geqslant U_{ik},\forall j\neq k)\\&=P[\mu_{ik}\leqslant\mu_{ij}+(\boldsymbol{x}_i\boldsymbol{\beta}_j+\boldsymbol{z}_j\boldsymbol{\delta})-(\boldsymbol{x}_i\boldsymbol{\beta}_k+\boldsymbol{z}_k\boldsymbol{\delta}),\forall j\neq k]\end{aligned} \tag{2-18}$$

根据式（2-18）可以清楚地看出，概率值 p_{ij} 依赖于 μ_{ij} 的分布形式，即不同的分布形

式得到的概率值也不一样。

例 2-4：不同消费方式的效用。假定个体可选的消费方式有两种：网络上购买衣服($j=1$)和实体店购买衣服($j=2$)，即$S=(1,2)$，年轻人可能倾向于选择网购，老年人可能倾向于选择实体店购买，那么，就反映个体特征的变量——年龄而言，随着年龄的增加，人们选择实体店的边际效用β_2要大于选择网购的边际效用β_1，即$\beta_2>\beta_1$。

2. 二元选择模型的微观基础

下面我们以二元选择模型为例，从随机效用函数的层面探讨其微观基础。假定个体有两个可选择的选项，相应的选择集为$S=(1,2)$，两个选项对应的结果分别为y_1和y_2，对应的效用分别为U_{i1}和U_{i2}。为了不失一般性，记$y_1=1$和$y_2=0$表示此时个体选择了选项 1 而没有选择选项 2。根据前文的分析，在这种情形下，个体在不同选项下的效用水平满足

$$y=\begin{cases} y_1=1 & U_{i1}\geqslant U_{i2} \\ y_2=1 & U_{i1}<U_{i2} \end{cases} \tag{2-19}$$

式（2-19）意味着个体选择选项y_1（或y_2）的原因在于选择该选项的效用最大。进一步地，根据式（2-16），个体效用可写为

$$U_{i1}=\boldsymbol{x}_i\boldsymbol{\beta}_1+z_1\boldsymbol{\delta}+\mu_{i1} \tag{2-20}$$

$$U_{i2}=\boldsymbol{x}_i\boldsymbol{\beta}_2+z_2\boldsymbol{\delta}+\mu_{i2} \tag{2-21}$$

式（2-20）和式（2-21）反映的是个体在相应选择下的效用。个体选择选项 1 的概率为

$$\begin{aligned} P\left(y_1=1\middle|\boldsymbol{x}_i,\boldsymbol{z}_j\right)&=P\left(U_{i1}>U_{i2}\middle|\boldsymbol{x}_i,\boldsymbol{z}_j\right) \\ &=P\left(\boldsymbol{x}_i\boldsymbol{\beta}_1+z_1\boldsymbol{\delta}+\mu_{i1}>\boldsymbol{x}_i\boldsymbol{\beta}_2+z_2\boldsymbol{\delta}+\mu_{i2}\middle|\boldsymbol{x}_i,\boldsymbol{z}_j\right) \\ &=P\left(\mu_{i2}<\boldsymbol{x}_i(\boldsymbol{\beta}_1-\boldsymbol{\beta}_2)+(z_1-z_2)\boldsymbol{\delta}+\mu_{i1}\middle|\boldsymbol{x}_i,\boldsymbol{z}_j\right) \end{aligned} \tag{2-22}$$

在式（2-22）中，个体选择选项 1 和选项 2 的概率与随机扰动项μ_{ij}的分布形式相关。对μ_{ij}的不同假设衍生出不同的模型，从而也表明基于效用最大化与基于潜变量方法描述个体选择行为是一致的。

2.3 多元选择模型

现实中人们往往面临多种选择，如职业选择、居住地选择等，如果在离散被解释变量模型中，被解释变量对应多个选择结果，这类模型也被称为多元选择模型（multiple choice model）。2.2 节从效用最大化角度建立的离散被解释变量模型的微观基础，是我们理解多元选择模型的一个很好的工具。此外，在多元选择模型中，由于 Logit 模型随机误差项的分

布形式更为简单，因此，我们将主要讨论多元 Logit 模型的估计，当然，多元 Probit 模型也可做类似讨论，并且使用 Stata 软件也能对多元 Probit 模型进行估计。

1. 多元 Logit 模型

结合式（2-1）和式（2-16），我们将一般化的多元选择模型写为以下形式，

$$y_{ij} = \boldsymbol{x}_i\boldsymbol{\beta}_j + \boldsymbol{z}_j\boldsymbol{\delta} + \mu_{ij} \tag{2-23}$$

其中 y_{ij} 仍表示个体 i 选择第 j 个选项对应的结果，其他变量及参数的含义如前所述。当我们假定 μ_{ij} 服从逻辑分布时，式（2-23）便成为相应的多元 Logit 模型。

根据式（2-18），选择选项 j 的概率为

$$p_{ij} = P[\mu_{ik} \leqslant \mu_{ij} + (\boldsymbol{x}_i\boldsymbol{\beta}_j + \boldsymbol{z}_j\boldsymbol{\delta}) - (\boldsymbol{x}_i\boldsymbol{\beta}_k + \boldsymbol{z}_k\boldsymbol{\delta})] \tag{2-24}$$

由于此时有多个选项，当我们采用最大似然法对多元 Logit 模型进行估计时，相应的对数似然函数的形式较为复杂。因此，我们首先考虑第 i 个个体的对数似然函数，然后给出多元 Logit 模型最大似然估计的对数似然函数。令 $I = 1(\cdot)$ 为所谓的示性函数（indicator function），以 $I = 1(y_{ij} = j)$ 为例，其含义是如果 $y_{ij} = j$，则 $I = 1$，否则 I 的取值为 0。据此，我们可以将第 i 个个体的似然函数写为

$$L_i\left(\boldsymbol{\beta},\boldsymbol{\delta}\middle|\boldsymbol{x},z,\boldsymbol{y}\right) = \prod_{j=1}^{J}(p_{ij})^{1(y_{ij}=j)} \tag{2-25}$$

从式（2-25）可以看出，对于第 i 个个体而言，其似然函数可以理解为其选择每个选项的概率的乘积。进一步地，考虑所有个体，则似然函数可写为

$$L\left(\boldsymbol{\beta},\boldsymbol{\delta}\middle|\boldsymbol{x},z,\boldsymbol{y}\right) = \prod_{i=1}^{n}L_i\left(\boldsymbol{\beta},\boldsymbol{\delta}\middle|\boldsymbol{x},z,\boldsymbol{y}\right) = \prod_{i=1}^{n}\prod_{j=1}^{J}(p_{ij})^{1(y_{ij}=j)} \tag{2-26}$$

对式（2-26）两边取对数，便得到多元 Logit 模型的对数似然函数，即

$$\ln L\left(\boldsymbol{\beta},\boldsymbol{\delta}\middle|\boldsymbol{x},z,\boldsymbol{y}\right) = \sum_{i=1}^{n}\sum_{j=1}^{J}1(y_{ij} = j)\ln(p_{ij}) \tag{2-27}$$

以式（2-27）为基础，分别对 $\boldsymbol{\beta}$ 和 $\boldsymbol{\delta}$ 求一阶导数，根据相应的一阶条件便能得到 $\boldsymbol{\beta}$ 和 $\boldsymbol{\delta}$ 的最大似然估计值。

2. 无关选择的独立性假设

我们首先考虑多元 Logit 模型的几率比。根据式（2-11），个体 i 选择选项 j 和选项 k 的几率比为

$$p = \frac{p_{ij}}{p_{ik}} = \frac{P\left(y_{ij} = j\middle|\boldsymbol{x}_i,\boldsymbol{z}_j\right)}{P\left(y_{ik} = k\middle|\boldsymbol{x}_i,\boldsymbol{z}_k\right)} \tag{2-28}$$

从式（2-28）可知，当我们在选择集 S 中再加入另外一个选项时，几率比 P 的值并不会发生变化，说明个体 i 选择选项 j 和选项 k 的几率比只与这两个选项有关，而与其他选项无关。换句话说，从多元选择模型中任意挑选两个选项出来，可以建立一个二元选择模型。我们将这一结论称为无关选择的独立性（independence of irrelevant alternatives，IIA）假设。但是，这一结论成立的前提条件是，对于个体 i 需要保证随机误差项是相互独立的。同时，需要注意的是，IIA 假设在现实中并不是总能满足的，与之相关的一个有名的例子便是红蓝公交车问题（red bus-blue bus problem）。

假定人们出行可以选择两种不同的交通方式，比如地铁和红色公交车，如果选择这两种交通方式的几率比为 1，则人们选择两种不同交通方式出行的概率均为 0.5。此时如果我们再引入蓝色的公交车，按照 IIA 假设，三者的选择概率应当各为 1/3。但是，由于人们在选择出行的公交车时，一般对公交车的颜色并没有特别的偏好，因此人们对三者的选择概率应当是：选择地铁的概率为 1/2，而选择红色公交车和蓝色公交车的概率各为 1/4。此时，乘坐地铁和红色公交车的几率比变为 2，几率比发生了变化，与 IIA 假设矛盾。

例 2-5：受教育年限对职业选择的影响。我们采用个体层面的数据，估计了受教育年限对劳动力职业选择的影响，在该问题中，被解释变量职业选择是一个离散变量，共包含 5 个类别：自主创业、建筑业、制造业、服务业以及其他行业。采用多元 Logit 模型得到的边际效应估计结果如表 2-2 所示。

表 2-2 受教育年限对职业选择的影响

解释变量	自主创业	建筑业	制造业	服务业
受教育年限	0.0404 (0.544)	-0.2350^{***} (0.000)	-0.1220^{**} (0.035)	−0.0447 (0.413)

注：***、**、*分别表示 1%、5%、10%的显著性水平。

在表 2-2 所报告的结果中，我们将在其他行业就业的劳动力作为参照组，以建筑业的估计结果为例，由于其对应的边际效应为−0.2350，这意味着在保持其他因素不变的情况下，受教育年限每增加 1 年，在建筑业就业的概率将下降 0.2350，并且还表明受教育年限越高，越不可能选择在建筑业就业。

2.4 排序选择模型

前 3 节我们所讨论的模型的被解释变量尽管存在多个选择，但是，这些选择之间并没有严格的优劣之分。实际上，不同的选项之间往往存在优劣和等级之分，这时所对应的模型被称为排序选择模型（ordered choice model）。

1. 排序选择模型的估计

沿用 2.1 节的描述，对于某一个体 i 而言，假定某一事件 E 发生的结果 Y_i 对应 J 种可能情形，我们采用潜变量方法对排序选择模型进行描述。为了叙述方便，首先预设一个讨论环境：假定我们要考察影响个人收入满意度的一些因素，用 Y_i 表示第 i 个个体的满意度，$\boldsymbol{X}_i=(X_{i1},X_{i2},\cdots,X_{iK})$ 表示影响收入满意度的 K 个因素，建立的模型如下所示

$$Y_i=\beta_0+\sum_{k=1}^{K}\beta_k X_{ik}+\mu_i \tag{2-29}$$

其中，β_0 和 β_k 为待估参数，μ_i 为随机误差项。式（2-29）存在的问题是，我们很难捕捉到关于个人收入满意度的精确信息，例如，当我们问一个人“你如何评价自己的收入满意度水平”时，他很难给我们一个具体的描述，这意味着 Y_i 难以直接观测，甚至无法观测。

但是，如果我们问他，当你的收入处于什么水平时，你将对你的收入比较满意？他可能会给我们一个较为精确的回答。换句话说，在式（2-29）中，个人收入满意度需要借用其他方法来进行描述。如果我们令 $Y_i=1$ 表示对收入水平十分不满意，……，$Y_i=5$ 表示对收入水平十分满意，并且不同满意度水平的区分潜在地依赖于一些收入临界值 δ_i，那么有

$$\begin{cases}Y_i=1 & W_i\leqslant\delta_1\\ Y_i=2 & \delta_1<W_i\leqslant\delta_2\\ Y_i=3 & \delta_2<W_i\leqslant\delta_3\\ Y_i=4 & \delta_3<W_i\leqslant\delta_4\\ Y_i=5 & W_i>\delta_4\end{cases} \tag{2-30}$$

其中，W_i 表示实际收入。以 $Y_i=1$ 为例，式（2-30）的含义是，如果收入 W_i 不高于 δ_1，个体 i 对其收入水平将十分不满意，此时 Y_i 的取值为 1。据此，式（2-29）中的 Y_i 在 1、2、3、4、5 这五个数值中取值。令 $Z_i=\beta_0+\sum_{k=1}^{K}\beta_k X_{ik}$，$W_i=Z_i+\mu_i$，我们可以写出 Y_i 取不同值时的概率，

$$\begin{cases}p(Y_i=1)=p(W_i\leqslant\delta_1)=p(Z_i+\mu_i\leqslant\delta_1)=p(\mu_i\leqslant\delta_1-Z_i)\\ p(Y_i=2)=p(\delta_1<W_i\leqslant\delta_2)=p(\delta_1<Z_i+\mu_i\leqslant\delta_2)=p(\delta_1-Z_i<\mu_i\leqslant\delta_2-Z_i)\\ p(Y_i=3)=p(\delta_2<W_i\leqslant\delta_3)=p(\delta_2<Z_i+\mu_i\leqslant\delta_3)=p(\delta_2-Z_i<\mu_i\leqslant\delta_3-Z_i)\\ p(Y_i=4)=p(\delta_3<W_i\leqslant\delta_4)=p(\delta_3<Z_i+\mu_i\leqslant\delta_4)=p(\delta_3-Z_i<\mu_i\leqslant\delta_4-Z_i)\\ p(Y_i=5)=p(W_i>\delta_4)=p(Z_i+\mu_i>\delta_4)=p(\mu_i>\delta_4-Z_i)\end{cases} \tag{2-31}$$

假定在总体 N 的一个包含 n 个个体的样本中，对应 5 种不同情形的个体数量分别为 n_1、n_2、n_3、n_4 和 n_5，且 $n_1+n_2+n_3+n_4+n_5=n$，那么，得到这一样本的可能性为

$$L=[p(Y_i=1)]^{n_1}[p(Y_i=2)]^{n_2}[p(Y_i=3)]^{n_3}[p(Y_i=4)]^{n_4}[p(Y_i=5)]^{n_5} \tag{2-32}$$

式（2-32）为最大似然估计的似然函数，其中各概率的取值如式（2-31）所示。如果我们知道 μ_i 的具体分布形式，那么采用最大似然估计法，就能将式（2-29）中的各参数以

及相应的临界值估计出来。如果假定 μ_i 服从正态分布，那么模型为排序 Probit 模型；如果假定 μ_i 服从逻辑分布，则模型为排序 Logit 模型。

2. 排序选择模型的边际效应

与普通线性回归模型不同，在排序选择模型中参数估计值并不表示相应的解释变量对被解释变量影响的边际效应。我们以式（2-31）中 $Y_i=1$、$Y_i=3$ 和 $Y_i=5$ 三种情形为例，假定随机误差项 μ_i 服从正态分布①，则在这三种不同情形下，第 k 个连续型解释变量 X_{ik} 的变动对个体概率值的影响如下，

$$\frac{\partial p(Y_i=1)}{\partial X_{ik}}=\frac{\partial \Phi(\delta_1-Z_i)}{\partial Z_i}\cdot\frac{\partial Z_i}{\partial X_{ik}}=-\beta_k\Phi'(\delta_1-Z_i) \tag{2-33}$$

$$\frac{\partial p(Y_i=3)}{\partial X_{ik}}=\frac{\partial[\Phi(\delta_3-Z_i)-\Phi(\delta_2-Z_i)]}{\partial Z_i}\cdot\frac{\partial Z_i}{\partial X_{ik}}=\beta_k[\Phi'(\delta_3-Z_i)-\Phi'(\delta_2-Z_i)] \tag{2-34}$$

$$\frac{\partial p(Y_i=5)}{\partial X_{ik}}=\frac{\partial[1-\Phi(\delta_4-Z_i)]}{\partial Z_i}\cdot\frac{\partial Z_i}{\partial X_{ik}}=\beta_k\Phi'(\delta_4-Z_i) \tag{2-35}$$

其中 $\Phi=\Phi(x)$ 和 $\Phi'=\Phi'(x)$ 分别表示正态分布的分布函数和密度函数，相应地，式（2-33）～式（2-35）分别反映了相应情形下 X_{ik} 的变化对 Y_i 的取值概率的边际效应。根据式（2-33）和式（2-35），如果解释变量 X_{ik} 发生了变化，当 $\beta_k>0$ 时，那么 Y_i 取值为 1 和 5 的概率将分别朝相反的方向变化。但值得注意的是，根据式（2-34），我们并不知道此时 Y_i 取值为 3 的概率将会如何变化，这说明在排序选择模型中我们不能对所有概率的变化方向做出明确判断，而只能对极端情形下的概率变化做出判断。

在上面的分析中我们考虑的解释变量为连续型变量，而当解释变量为离散型变量时，对边际效应的解释将有所不同。例如，令 D_{iK} 表示一个虚拟变量，并将式（2-29）写为

$$Y_i=\beta_0+\sum_{k=1}^{K-1}\beta_k X_{ik}+\beta_K D_{iK}+\mu_i=Z_i+\beta_K D_{iK}+\mu_i \tag{2-36}$$

注意，此时 $Z_i=\beta_0+\sum_{k=1}^{K-1}\beta_k X_{ik}$。在 $Y_i=1$ 的情形下，当 D_{iK} 变化 1 时，即从一个群组变到另一个群组时，有

$$\begin{aligned}p(Y_i=1)&=p[Z_i+\beta_K(D_{iK}+1)+\mu_i\leqslant\delta_1]\\&=p[\mu_i\leqslant\delta_1-Z_i-\beta_K(D_{iK}+1)]\\&=\Phi[\delta_1-Z_i-\beta_K(D_{iK}+1)]\end{aligned} \tag{2-37}$$

在其他变量保持不变的情形下，D_{iK} 的变化所产生的边际效应为

$$\varDelta=\Phi[\delta_1-Z_i-\beta_K(D_{iK}+1)]-\Phi(\delta_1-Z_i-\beta_K D_{iK}) \tag{2-38}$$

---

① 如果 μ_i 服从逻辑分布，也可以按照相同的思路进行讨论。

根据式（2-38），$\Delta>0$，意味着 D_{iK} 从一个群组变到另一个群组将导致 Y_i 取值为 1 的概率有所上升，反之则有所下降。

例 2-6：收入对主观幸福感的影响。我们采用个体层面的数据，基于一个排序 Probit 模型检验收入对个体主观幸福感的影响。我们通过以下问题来衡量个体的幸福水平："总的来说，您认为您的生活过得是否幸福"，要求受访者在 1（非常不幸福）到 5（非常幸福）之间进行评价。具体估计模型可写为

$$\Pr\left(\text{SWB}=1|X\right)=\Phi(\alpha_1-X\beta)$$

$$\Pr\left(\text{SWB}=l|X\right)=\Phi(\alpha_l-X\beta)-\Phi(\alpha_{l-1}-X\beta) \qquad l=2,3,4$$

$$\Pr\left(\text{SWB}=5|X\right)=1-\Phi(\alpha_4-X\beta)$$

其中，SWB 和 X 分别表示个体的幸福水平和解释变量，$\Phi(\cdot)$ 为正态分布的分布函数。

在对模型的系数进行估计之后，我们也可以计算各解释变量在每个等级幸福水平上的边际效应。以收入为例，我们计算边际效应得到的结果如表 2-3 所示。该表的结果表明，在幸福水平取值为 1 和 5 两种情况下，收入所对应的边际效应符号相反。以 $\text{SWB}=1$ 为例，该结果表明，如果其他因素保持不变，当收入变化一个单位时，个体的幸福水平为 1 的概率将增加 0.425。如果 $\text{SWB}=1$ 表示"非常不幸福"，这一结果意味着个体非常不幸福的概率将增加 0.425。

表 2-3　收入对幸福水平的影响：边际效应

变量	边际效应				
	SWB=1	SWB=2	SWB=3	SWB=4	SWB=5
收入	0.425	0.348	0.317	−0.014	−0.076

2.5 泊松回归

在离散被解释变量模型中，有一些被解释变量是计数变量，并且只能取非负值，例如，家庭中小孩的数量、参与国际比赛的次数或者一个国家爆发内战的次数等变量均具有这一特征，这类模型通常需要采用泊松回归（Poisson regression）来进行估计。

我们先给出泊松分布的具体形式。假定 $c(c=0,1,\cdots,n)$ 表示某个事件发生的次数，$\lambda(\lambda>0)$ 表示参数，也被称为事件发生的频率，那么，$c=c_i$ 的概率可写为 $\Pr(c=c_i)=\mathrm{e}^{-\lambda}\lambda^c/c!$，相应的期望和方差为 $E(c)=\lambda$，$\text{Var}(c)=\lambda$。通俗地讲，泊松分布描述了在某段时间内某个随机事件发生次数的概率。因此，诸如小孩数量、比赛次数及战争次数等变量均可通过泊松分布来加以描述。

这也意味着在回归模型 $y_i=\boldsymbol{x}_i\boldsymbol{\beta}+\mu_i$ 中，如果 y_i 是非负的计数变量，我们就可以通过一个泊松分布来对其概率进行描述，相应的条件期望可写为

$$E\left(y_i \middle| \boldsymbol{x}_i\right)=\lambda \tag{2-39}$$

如果 y_i 非负，那么我们直接在模型 $y_i=\boldsymbol{x}_i\boldsymbol{\beta}+\mu_i$ 两边取期望，可得到 $E\left(y_i \middle| \boldsymbol{x}_i\right)=\boldsymbol{x}_i\boldsymbol{\beta}$，但这并不是对 y_i 和 $\boldsymbol{x}_i$ 关系的一个最优拟合，一个恰当的处理方法是将 y_i 的条件期望通过一个指数函数来表示，即

$$E\left(y_i \middle| \boldsymbol{x}_i\right)=\exp(\boldsymbol{x}_i\boldsymbol{\beta}) \tag{2-40}$$

据此可得到

$$E\left(y_i \middle| \boldsymbol{x}_i\right)=\lambda=\exp(\boldsymbol{x}_i\boldsymbol{\beta}) \tag{2-41}$$

以泊松分布为基础，结合式（2-41），我们写出 y_i 的分布函数，即

$$f\left(y_i \middle| \boldsymbol{x}_i,\boldsymbol{\beta}\right)=\frac{\mathrm{e}^{-\exp(\boldsymbol{x}_i\boldsymbol{\beta})}\exp(\boldsymbol{x}_i\boldsymbol{\beta})^{y_i}}{y_i!} \tag{2-42}$$

在此基础上，样本似然函数可以写为

$$L\left(\boldsymbol{\beta} \middle| \boldsymbol{x}_i,y_i\right)=\prod_{i=1}^{n}f\left(y_i \middle| \boldsymbol{x}_i,\boldsymbol{\beta}\right)=\prod_{i=1}^{n}\frac{\mathrm{e}^{-\exp(\boldsymbol{x}_i\boldsymbol{\beta})}\exp(\boldsymbol{x}_i\boldsymbol{\beta})^{y_i}}{y_i!} \tag{2-43}$$

对数似然函数为

$$\ln L\left(\boldsymbol{\beta} \middle| \boldsymbol{x}_i,y_i\right)=\sum_{i=1}^{n}-\exp(\boldsymbol{x}_i\boldsymbol{\beta})+\sum_{i=1}^{n}(y_i\boldsymbol{x}_i\boldsymbol{\beta})-\sum_{i=1}^{n}\ln(y_i!) \tag{2-44}$$

最大化该对数似然函数，便能得到 $\boldsymbol{\beta}$ 的最大似然估计值。值得注意的是，根据式(2-41)，我们可得到 $\ln E\left(y_i \middle| \boldsymbol{x}_i\right)=\boldsymbol{x}_i\boldsymbol{\beta}$，进一步有 $\frac{\partial\left[\ln E\left(y_i \middle| \boldsymbol{x}_i\right)\right]}{\partial\boldsymbol{x}_i}=\boldsymbol{\beta}$，这表明在泊松回归中系数 $\boldsymbol{\beta}$ 并不等于边际效应，而是反映了当解释变量增加一个单位时事件发生次数所增加的百分比。

例 2-7：犯罪的影响因素。伍德里奇（2009）以被拘捕次数作为被解释变量，采用泊松回归估计了犯罪的影响因素，其模型的被解释变量为 1986 年的被拘捕次数。我们摘录了变量 inc86（1986 年的合法收入，单位为 100 美元）和 hispan（是否为西班牙裔，是=1）的估计结果，具体估计结果如表 2-4 所示。

无论是 OLS 回归还是泊松回归的结果均表明，在其他变量不变的情形下，合法收入的增加降低了被拘捕次数，而相比其他族裔，西班牙裔被拘捕次数更高。从泊松回归的估计结果看，当其他因素保持不变时，个体的合法收入每增加 100 美元，被拘捕次数将下降约 0.8%(0.0081×100%)；相比其他族裔，西班牙裔被拘捕次数要高出 64.9%{[exp(0.5000)−1]×100%}。

表 2-4　犯罪的影响因素估计结果

变量	线性回归	泊松回归
inc86	-0.0015^{***} (0.0003)	-0.0081^{***} (0.0010)
hispan	0.1940^{***} (0.0400)	0.5000^{***} (0.0740)

注：***、**、*分别表示 1%、5%、10%的显著性水平。

2.6 应用指南

1. 估计命令

在 Stata 软件中用于估计二元选择模型的命令包括 probit 和 logit，具体如下。

```
probit depvar [indepvars] [if] [in] [weight] [, options]
logit depvar [indepvars] [if] [in] [weight] [, options]
```

其中，depvar 表示被解释变量，indepvars 表示解释变量。相应地，多元选择模型的命令如下。

```
mprobit depvar [indepvars] [if] [in] [weight] [, options]
mlogit depvar [indepvars] [if] [in] [weight] [, options]
```

估计排序选择模型用到的命令如下。

```
oprobit depvar [indepvars] [if] [in] [weight] [, options]
ologit depvar [indepvars] [if] [in] [weight] [, options]
```

泊松回归的命令如下。

```
poisson depvar [indepvars] [if] [in] [weight] [, options]
```

2. 例子

我们采用 2016 年中国劳动力动态调查（CLDS）数据来介绍离散被解释变量模型的估计。经过处理后，数据集总共包括 7 个变量：swb（幸福水平）、age（年龄）及 age2（年龄的平方）、male（男性虚拟变量）、marr（已婚虚拟变量）、edu（受教育年限）、employ（就业虚拟变量）、income（年收入，单位为万元）。其中，幸福水平对应一个排序变量，1 表示“非常不幸福”，5 表示“非常幸福”。我们先将其转换为虚拟变量 swb_01，即令 swb 取值为 1 和 2 时表示不幸福（swb_01=0），取值为 3、4、5 时表示幸福（swb_01=1），用 Probit 模型进行估计的命令如下。

```
probit swb_01 age age2 male marr edu employ income
```

估计结果如图 2-2 所示。

Probit regression　　　　　　　　Number of obs = 4,848
　　　　　　　　　　　　　　　　LR chi2(7) = 2139.87
　　　　　　　　　　　　　　　　Prob > chi2 = 0.0000
Log likelihood = -76.985739　　　Pseudo R2 = 0.9329

swb_01	Coefficient	Std. err.	z	P>|z|	[95% conf.	interval]
age	-.2677609	.0988805	-2.71	0.007	-.4615632	-.0739586
age2	.2860018	.1048595	2.73	0.006	.080481	.4915226
male	-3.773094	.3725023	-10.13	0.000	-4.503185	-3.043003
marr	.7202983	.3818854	1.89	0.059	-.0281834	1.46878
edu	.1152919	.0350462	3.29	0.001	.0466026	.1839813
employ	5.155617	.3969423	12.99	0.000	4.377624	5.933609
income	.0107212	.0250584	0.43	0.669	-.0383924	.0598348
_cons	6.386783	2.317412	2.76	0.006	1.844739	10.92883

Note: 0 failures and 3032 successes completely determined.

图 2-2　Probit 模型估计结果

采用 Logit 模型进行估计的命令如下。

```
logit swb_01 age age2 male marr edu employ income
```

估计结果如图 2-3 所示。

Logistic regression　　　　　　　Number of obs = 4,848
　　　　　　　　　　　　　　　　LR chi2(7) = 2139.59
　　　　　　　　　　　　　　　　Prob > chi2 = 0.0000
Log likelihood = -77.121834　　　Pseudo R2 = 0.9328

swb_01	Coefficient	Std. err.	z	P>|z|	[95% conf.	interval]
age	-.5516397	.194587	-2.83	0.005	-.9330232	-.1702563
age2	.5943048	.2094973	2.84	0.005	.1836976	1.004912
male	-7.038556	.8594423	-8.19	0.000	-8.723032	-5.35408
marr	1.441738	.8190848	1.76	0.078	-.1636389	3.047114
edu	.250989	.0763864	3.29	0.001	.1012745	.4007035
employ	10.76748	1.129268	9.53	0.000	8.554154	12.9808
income	.0125013	.050865	0.25	0.806	-.0871922	.1121948
_cons	12.61115	4.471944	2.82	0.005	3.8463	21.376

Note: 0 failures and 24 successes completely determined.

图 2-3　Logit 模型估计结果

可以发现，在两种情况下估计结果并无明显差异。在 Logit 模型中如果想得到几率比，可以加入 or 选项，命令如下。

```
logit swb_01 age age2 male marr edu employ income, or
```

相应的结果如图 2-4 所示。

```
Logistic regression                                     Number of obs =  4,848
                                                        LR chi2(7)    = 2139.59
                                                        Prob > chi2   =  0.0000
Log likelihood = -77.121834                             Pseudo R2     =  0.9328
```

swb_01	Odds ratio	Std. err.	z	P>|z|	[95% conf.	interval]
age	.5760045	.112083	-2.83	0.005	.3933627	.8434486
age2	1.811771	.3795611	2.84	0.005	1.201652	2.731667
male	.0008774	.0007541	-8.19	0.000	.0001628	.0047288
marr	4.228037	3.46312	1.76	0.078	.8490485	21.0545
edu	1.285296	.0981791	3.29	0.001	1.10658	1.492875
employ	47452.26	53586.34	9.53	0.000	5188.262	434002.2
income	1.01258	.0515048	0.25	0.806	.9165009	1.118731
_cons	299883.6	1341063	2.82	0.005	46.81951	1.92e+09

```
Note: _cons estimates baseline odds.
Note: 0 failures and 24 successes completely determined.
```

图 2-4　几率比的计算结果

不考虑年龄的平方项，我们可以在上述结果的基础上采用 margins 命令计算其他变量的边际效应。以 Probit 模型为例，相应的命令如下。

```
margins,dydx(*)
```

计算结果如图 2-5 所示。

```
Average marginal effects                              Number of obs = 4,848
Model VCE: OIM

Expression: Pr(swb_01), predict()
dy/dx wrt:  age male marr edu employ income
```

	dy/dx	Delta-method std. err.	z	P>|z|	[95% conf.	interval]
age	3.34e-06	.0001001	0.03	0.973	-.0001928	.0001995
male	-.0315887	.0041434	-7.62	0.000	-.0397097	-.0234677
marr	.0062175	.003329	1.87	0.062	-.0003073	.0127422
edu	.0009395	.0003125	3.01	0.003	.000327	.0015521
employ	.0429834	.005553	7.74	0.000	.0320996	.0538671
income	.0000114	.0002113	0.05	0.957	-.0004027	.0004255

图 2-5　Probit 模型的边际效应计算结果

但是，需要强调的是，无论是在 Probit 模型还是在 Logit 模型中，边际效应都不是常数，因而上述结果对应的是平均边际效应，是在每个观测值处计算出边际效应后，再计算均值得到的。从年收入的估计值来看，若保持其他因素不变，年收入每增加 1 万元时，个体变得幸福的概率将增加 0.00001。我们也可以采用 OLS 回归，并计算边际效应，计算命令如下。

```
reg swb age male marr edu employ income, r
margins, dydx(*)
```

OLS 回归的估计结果及边际效应计算结果分别如图 2-6 和图 2-7 所示。

```
Linear regression                               Number of obs     =      4,848
                                                F(6, 4841)        =    7623.40
                                                Prob > F          =     0.0000
                                                R-squared         =     0.8771
                                                Root MSE          =     .30397
```

swb	Coefficient	Robust std. err.	t	P>|t|	[95% conf.	interval]
age	.000896	.0004637	1.93	0.053	-.0000131	.0018051
male	-1.107327	.012002	-92.26	0.000	-1.130857	-1.083798
marr	-.7957393	.0188407	-42.24	0.000	-.8326757	-.7588029
edu	.004297	.0013825	3.11	0.002	.0015866	.0070073
employ	1.042039	.0475062	21.93	0.000	.948905	1.135173
income	.0003053	.0003181	0.96	0.337	-.0003184	.000929
_cons	3.743903	.0625883	59.82	0.000	3.621202	3.866605

图 2-6　OLS 回归的估计结果

```
Average marginal effects                        Number of obs = 4,848
Model VCE: Robust

Expression: Linear prediction, predict()
dy/dx wrt:  age male marr edu employ income
```

	dy/dx	Delta-method std. err.	t	P>|t|	[95% conf.	interval]
age	.000896	.0004637	1.93	0.053	-.0000131	.0018051
male	-1.107327	.012002	-92.26	0.000	-1.130857	-1.083798
marr	-.7957393	.0188407	-42.24	0.000	-.8326757	-.7588029
edu	.004297	.0013825	3.11	0.002	.0015866	.0070073
employ	1.042039	.0475062	21.93	0.000	.948905	1.135173
income	.0003053	.0003181	0.96	0.337	-.0003184	.000929

图 2-7　OLS 回归的边际效应计算结果

可以发现，OLS 回归（也就是对线性概率模型的估计）的系数估计结果与边际效应计算结果完全一致，这是因为在 OLS 回归中系数就是边际效应。

在本例中，幸福水平所对应的变量 swb 是一个排序变量，如果我们忽略这一特征，那么可以采用一个多元选择模型来考察其影响因素，以多元 Probit 模型为例，命令如下。

```
mprobit swb age age2 male marr edu employ income
```

估计结果如图 2-8 所示。

```
Iteration 0:   log likelihood = -531.31941
Iteration 1:   log likelihood = -514.23244
Iteration 2:   log likelihood = -497.68366
Iteration 3:   log likelihood = -497.15459
Iteration 4:   log likelihood = -497.14498
Iteration 5:   log likelihood = -497.14497

Multinomial probit regression                   Number of obs =    4,848
                                                Wald chi2(28) = 3013.90
Log likelihood = -497.14497                     Prob > chi2   =  0.0000
```

swb	Coefficient	Std. err.	z	P>|z|	[95% conf.	interval]
1						
age	.513214	.2311438	2.22	0.026	.0601805	.9662475
age2	-.5449399	.2439425	-2.23	0.025	-1.023058	-.0668215
male	7.814141	.6270628	12.46	0.000	6.58512	9.043161
marr	-7.875285	.6027567	-13.07	0.000	-9.056666	-6.693903
edu	-.255808	.0750535	-3.41	0.001	-.4029102	-.1087058
employ	-14.16524	8.06e+07	-0.00	1.000	-1.58e+08	1.58e+08
income	-.0218195	.0556668	-0.39	0.695	-.1309244	.0872855
_cons	-7.336805	5.364382	-1.37	0.171	-17.8508	3.177191
2						
age	.5741035	.1442818	3.98	0.000	.2913164	.8568906
age2	-.6203658	.1540062	-4.03	0.000	-.9222123	-.3185193
male	8.145175	.635825	12.81	0.000	6.898981	9.391369
marr	-2.12119	.6612978	-3.21	0.001	-3.41731	-.82507
edu	-.2239976	.0527317	-4.25	0.000	-.3273497	-.1206455
employ	-6.771446	.6759643	-10.02	0.000	-8.096311	-5.44658
income	-.011296	.0372732	-0.30	0.762	-.0843502	.0617582
_cons	-11.72535	3.428985	-3.42	0.001	-18.44604	-5.004662
3						
age	.1806589	.073896	2.44	0.014	.0358253	.3254924
age2	-.2035309	.0793675	-2.56	0.010	-.3590884	-.0479735
male	6.967429	.2135244	32.63	0.000	6.548929	7.385929
marr	-3.395634	.2563042	-13.25	0.000	-3.897981	-2.893287
edu	-.0279833	.0252941	-1.11	0.269	-.0775588	.0215923
employ	.4955841	.3641339	1.36	0.174	-.2181053	1.209273
income	-.002917	.0063328	-0.46	0.645	-.015329	.0094951
_cons	-4.321857	1.7354	-2.49	0.013	-7.723179	-.9205345
4	(base outcome)					
5						
age	-.0098652	.0689025	-0.14	0.886	-.1449117	.1251813
age2	.0100295	.0740641	0.14	0.892	-.1351333	.1551924
male	2.962379	.2585987	11.46	0.000	2.455535	3.469223
marr	-6.425318	.1887033	-34.05	0.000	-6.795169	-6.055466
edu	-.0124133	.0239437	-0.52	0.604	-.059342	.0345155
employ	-.9239156	.302625	-3.05	0.002	-1.51705	-.3307815
income	.0031584	.0069096	0.46	0.648	-.0103842	.0167009
_cons	4.196643	1.611182	2.60	0.009	1.038784	7.354503

图 2-8　多元 Probit 模型估计结果

由于我们没有选择参照组，Stata 指定幸福水平为 4 的个体作为参照组。仍然以年收入这一变量为例，图 2-8 中的估计结果说明，在其他因素保持不变的情况下，年收入越高的个体，其幸福水平为 5 的可能性越大。这种解释之所以显得有点别扭，是因为我们忽略了幸福水平这一变量的排序特征。因此，接下来我们直接用一个排序 Probit 模型来进行估计，命令如下。

```
oprobit swb age age2 male marr edu employ income
```

估计结果如图 2-9 所示。

```
Iteration 0:   log likelihood = -6030.2725
Iteration 1:   log likelihood = -2084.3742
Iteration 2:   log likelihood = -1684.6575
Iteration 3:   log likelihood = -1673.0131
Iteration 4:   log likelihood = -1672.9472
Iteration 5:   log likelihood = -1672.9472

Ordered probit regression                       Number of obs =    4,848
                                                LR chi2(7)    =  8714.65
                                                Prob > chi2   =   0.0000
Log likelihood = -1672.9472                     Pseudo R2     =   0.7226
```

swb	Coefficient	Std. err.	z	P>|z|	[95% conf.	interval]
age	-.0426675	.0205145	-2.08	0.038	-.0828752	-.0024599
age2	.0496586	.0218329	2.27	0.023	.006867	.0924503
male	-4.116719	.0937185	-43.93	0.000	-4.300404	-3.933034
marr	-2.519511	.0621467	-40.54	0.000	-2.641316	-2.397706
edu	.0209081	.0069273	3.02	0.003	.0073309	.0344854
employ	2.574464	.0796268	32.33	0.000	2.418399	2.73053
income	.0021852	.0025647	0.85	0.394	-.0028416	.0072119
/cut1	-7.616967	.4953436			-8.587823	-6.646112
/cut2	-6.421734	.4962385			-7.394343	-5.449124
/cut3	-2.835444	.4905946			-3.796991	-1.873896
/cut4	.8401551	.4837667			-.1080102	1.78832

图 2-9　排序 Probit 模型估计结果

图 2-9 中表的上半部分报告了各变量的估计系数，表的下半部分对应式（2-30）中临界值的估计结果。由于在本例中幸福水平可在 1、2、3、4、5 中取值，因此共有 4 个临界值。我们也可以在每个幸福水平上，计算各解释变量的边际效应。我们以 swb=5 为例，计算各变量在该处的边际效应，命令如下。

```
margins, dydx(*) predict(outcome(5))
```

计算结果如图 2-10 所示。

如果 swb=5 表示“非常幸福”，那么，income 的边际效应意味着，在其他因素保持不变时，年收入每增加 1 万元，个体变得非常幸福的概率将增加 0.0002。

```
Average marginal effects                                Number of obs = 4,848
Model VCE: OIM

Expression: Pr(swb==5), predict(outcome(5))
dy/dx wrt:  age age2 male marr edu employ income
```

	dy/dx	Delta-method std. err.	z	P>|z|	[95% conf.	interval]
age	-.0045121	.0021729	-2.08	0.038	-.008771	-.0002533
age2	.0052515	.0023132	2.27	0.023	.0007177	.0097852
male	-.4353477	.0201177	-21.64	0.000	-.4747777	-.3959178
marr	-.2664412	.0049815	-53.49	0.000	-.2762047	-.2566777
edu	.0022111	.0007351	3.01	0.003	.0007702	.0036519
employ	.2722526	.0129439	21.03	0.000	.2468829	.2976222
income	.0002311	.0002713	0.85	0.394	-.0003006	.0007628

图 2-10　排序 Probit 模型的边际效应计算结果

我们用 Stata 自带的数据集 fish.dta 来介绍泊松回归。该数据集包含 250 个观测值，对应 250 群游客，每群游客被问到的问题包括：捕鱼量是多少（count）、有几个孩子（child）、家庭总人数是多少（persons）和是否有野营车（camper）。由于捕鱼量是计数数据，如果我们要检验捕鱼量的影响因素，可采用泊松回归，相应的估计命令如下。

```
poisson count child persons camper
```

估计结果如图 2-11 所示。

```
Iteration 0:   log likelihood = -841.58831
Iteration 1:   log likelihood = -837.07386
Iteration 2:   log likelihood = -837.07248
Iteration 3:   log likelihood = -837.07248

Poisson regression                                  Number of obs =      250
                                                    LR chi2(3)    =  1621.29
                                                    Prob > chi2   =   0.0000
Log likelihood = -837.07248                         Pseudo R2     =   0.4920
```

count	Coefficient	Std. err.	z	P>|z|	[95% conf.	interval]
child	-1.689957	.0809922	-20.87	0.000	-1.848699	-1.531215
persons	1.091262	.0392553	27.80	0.000	1.014323	1.168201
camper	.9309359	.0890869	10.45	0.000	.7563289	1.105543
_cons	-1.981827	.152263	-13.02	0.000	-2.280257	-1.683397

图 2-11　泊松回归估计结果

采用泊松回归估计出来的系数并不等于边际效应，而是反映了解释变量增加一个单位时事件发生次数所增加的百分比。例如，我们以变量 camper 为例，其估计系数为 0.931，这意味着当其他因素保持不变时，如果有野营车，那么捕鱼量将增加 93.1%。当然，我们也可以进一步计算边际效应，命令如下。

```
margins, dydx(*)
```

计算结果如图 2-12 所示。

```
Average marginal effects                          Number of obs = 250
Model VCE: OIM

Expression: Predicted number of events, predict()
dy/dx wrt:  child persons camper
```

	dy/dx	Delta-method std. err.	z	P>|z|	[95% conf.	interval]
child	-5.570098	.3300234	-16.88	0.000	-6.216932	-4.923264
persons	3.5968	.1801132	19.97	0.000	3.243785	3.949816
camper	3.068365	.3124813	9.82	0.000	2.455913	3.680817

图 2-12　泊松回归的边际效应计算结果

第 3 章　分位数回归模型

经典的线性回归模型描述了解释变量对被解释变量的平均影响，并且假定这种影响是一个常数。然而，现实中可能存在解释变量和被解释变量之间的关系更加复杂的情况，仅仅依赖 OLS 回归难以准确评价解释变量对被解释变量的影响。对于这类问题，我们可以采用 Koenker 和 Bassett（1978）提出的分位数回归（quantile regression）来进行分析。当数据存在偏态分布时，分位数回归可以结合这种分布特征对解释变量与被解释变量在不同取值处的关系进行分析，从而更加全面地反映两者的关系。

3.1　分位数的含义

假定连续型随机变量的分布函数为 $F=F(y)$，对于总体而言，若随机变量 y 的第 q 分位数为 y_q，那么 y_q 需满足

$$F(y \leqslant y_q) = F(y_q) \tag{3-1}$$

结合分布函数的含义，式（3-1）意味着总体第 q 分位数恰好将总体分为两部分，其中，小于或等于 y_q 的个体所占比例为 $F(y_q)$，而大于 y_q 的个体所占比例为 $1-F(y_q)$[①]。特别地，如果 $F(y_q)=1/2$，我们将 y_q 称为总体中位数，记为 $y_q=m$。

如果总体未知，那么我们可以通过样本分位数 $\hat{y}_q$ 来估计总体分位数 y_q。例如，若样本数据为 $y_1,y_2,\cdots,y_n$，求样本分位数的方法通常是将样本数据按照从小到大的顺序进行排列，假定为 $y_{(1)},y_{(2)},\cdots,y_{(n)}$，那么样本 q 分位数 $\hat{y}_q$ 对应排在第 nq 位置的样本数据。如果 nq 是一个非整数，则向上取整。例如，若 $n=59$，$q=0.75$，则 $nq=44.25$，样本第 0.75 分位数对应第 45 个样本观测值 $y_{(45)}$。

3.2　中位数回归

1. 中位数与最小化问题

我们可以证明，中位数能够作为某些最小化问题的最优解。假定连续型随机变量 y 的密度函数和分布函数分别为 $f(y)$ 和 $F(y)$，定义以下最小化问题

---

① 相应地，还有所谓的上侧 α 分位数 y_α，易知 y_α 满足 $P(y>y_\alpha)=\alpha$，以及双侧 α 分位数 λ_1 和 λ_2，其中 λ_1 和 λ_2 分别满足 $P(y<\lambda_1)=0.5\alpha$ 和 $P(y>\lambda_2)=0.5\alpha$。

$$\min_m E|y-m| \tag{3-2}$$

根据分析目的，我们试图证明中位数是其最优解。为此，根据期望的定义，我们将式（3-2）中的目标函数写为

$$\begin{aligned} E|y-m| &= \int_{-\infty}^{+\infty} |y-m| f(y)\mathrm{d}y \\ &= \int_{-\infty}^{m} |y-m| f(y)\mathrm{d}y + \int_{m}^{+\infty} |y-m| f(y)\mathrm{d}y \\ &= \int_{-\infty}^{m} (m-y) f(y)\mathrm{d}y + \int_{m}^{+\infty} (y-m) f(y)\mathrm{d}y \\ &= (m-y)F(y)\big|_{y=m} + \int_{-\infty}^{m} F(y)\mathrm{d}y - (m-y)F(y)\big|_{y=m} - \int_{m}^{+\infty} F(y)\mathrm{d}y \\ &= \int_{-\infty}^{m} F(y)\mathrm{d}y - \int_{m}^{+\infty} F(y)\mathrm{d}y \end{aligned} \tag{3-3}$$

进一步地，根据式（3-3），有

$$\begin{aligned} \frac{\partial\left(E|y-m|\right)}{\partial m} &= \frac{\partial\left(\int_{-\infty}^{m} F(y)\mathrm{d}y\right)}{\partial m} - \frac{\partial\left(\int_{m}^{+\infty} F(y)\mathrm{d}y\right)}{\partial m} \\ &= \int_{-\infty}^{m} f(y)\mathrm{d}y - \int_{m}^{+\infty} f(y)\mathrm{d}y \\ &= F(m) - [1-F(m)] \\ &= 2F(m) - 1 \end{aligned} \tag{3-4}$$

式（3-4）对应的一阶条件意味着 $F(m)=1/2$，说明式（3-2）最小化问题中的 m 对应的便是随机变量 y 的中位数。

求解式（3-2）的原理也正是中位数回归的原理。需要注意的是，式（3-2）最小化问题是最小化 y 与 m 之间的绝对距离，如果我们将中位数扩展至任意分位数，则正好体现了分位数回归的原理。与 OLS 回归进行对比可以发现，两者的估计原理是不一样的，这在 3.3 节介绍的分位数回归过程中将看得更加清楚。

2. 中位数回归的性质

中位数回归的一个基本性质是所谓的单调同变性（monotone equivariance），这也是分位数回归的性质。这一性质意味着如果我们对某个随机变量进行单调转换，那么中位数也可以通过同样的单调转换方法得到。假定 m 是 y 的中位数，那么单调同变性意味着 $h(m)$ 也是 $h(y)$ 的中位数。对于某个样本而言，如果 5000 是其中位数，当我们对该样本数据进行对数变换时，单调同变性意味着 8.517[= ln(5000)] 是转换后的数据的中位数。

中位数回归的另一个性质是对异常值不敏感。假定 m 是样本数据 $y_1, y_2, \cdots, y_n$ 的中位数，那么，我们将某个位于中位数之上（或之下）的 y_i 换成另一样本数据，这一变化对中位数并没有任何影响，因而对中位数回归也不会产生影响。然而，如果该样本数据的均值

为 $\overline{y}$，当我们令其中某个样本数据 y_i 变化 Δy，那么样本均值将变化 $\frac{1}{n}\Delta y$，相应地，这一变化也会导致均值回归结果发生变化。

例 3-1：犯罪水平对房价的影响。我们采用 Baum（2006）的数据集估计了犯罪水平对房价的影响。该数据集包含了美国波士顿地区 2004 年不同社区的犯罪水平和房价，其中房价大于 50000 美元的观测值有 16 个，对应的 Z 分数为 2.985；犯罪水平（人均犯罪次数）大于 30 的观测值有 8 个，这 8 个观测值的 Z 分数均大于 3，有理由相信这些观测值为异常值。我们先以整个样本为基础分别进行 OLS 回归和中位数回归，然后丢掉 24 个异常值后重复这一估计过程，估计结果如表 3-1 所示。

表 3-1　犯罪水平对房价影响的估计结果

变量	包含异常值（N=506）		不包含异常值（N=482）	
	OLS	中位数	OLS	中位数
犯罪水平	0.416^{***} (0.044)	-0.494^{***} (0.038)	-0.754^{***} (0.057)	-0.702^{***} (0.059)

注：***、**、*分别表示 1%、5%、10%的显著性水平。

可以发现，在包含异常值和不包含异常值两种情况下，OLS 回归的估计结果存在显著的差异，中位数回归的估计结果尽管也存在一定的差异，但其结果本质上是一致的，这说明相较于 OLS 回归，中位数回归在存在异常值时更为稳健。

3.3　分位数回归

1. 一个结论

在正式介绍分位数回归之前，我们先给出一个结论。假定连续型随机变量 y 的密度函数和分布函数分别为 $f(y)$ 和 $F(y)$，$y_1, y_2, \cdots, y_n$ 是其一个样本，那么，样本第 q 分位数 $\hat{y}_q$ 就是最小化以下加权绝对偏差问题的最优解，

$$\min_{\mu} E = \min_{\mu} \int_{-\infty}^{\mu} (1-q)|y-\mu| f(y)\mathrm{d}y + \int_{\mu}^{+\infty} q|y-\mu| f(y)\mathrm{d}y \tag{3-5}$$

定义

$$\rho(y_i - \mu) = \begin{cases} q|y_i - \mu| & y_i \geqslant \mu \\ (1-q)|y_i - \mu| & y_i < \mu \end{cases} \tag{3-6}$$

该函数被称为检查函数（check function），也称损失函数（loss function），其图形如图 3-1 所示，因为形状类似一个对勾，所以又被形象地称为打勾函数。

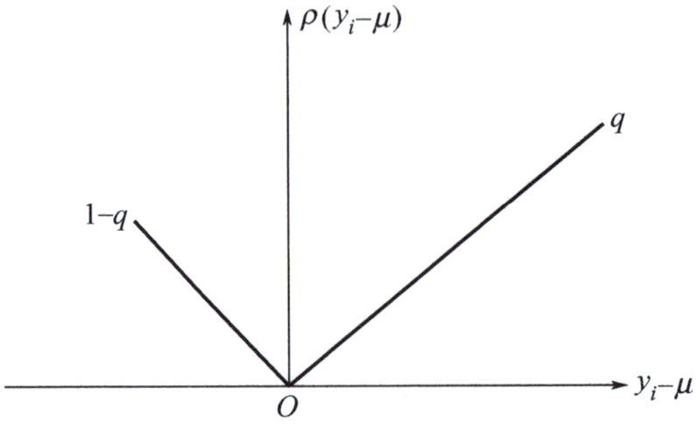

图 3-1　检查函数的图形

由此，式（3-5）可以写为

$$\min_{\mu} E = \min_{\mu} \int_{-\infty}^{+\infty} \rho(y_i - \mu) f(y) \mathrm{d}y \tag{3-7}$$

接下来，为了证明样本第 q 分位数 $\hat{y}_q$ 是式（3-5）最小化问题的最优解，我们将式（3-5）中的目标函数写成以下形式。

$$\begin{aligned}
E &= \int_{-\infty}^{\mu} -(1-q)(y-\mu) f(y)\mathrm{d}y + \int_{\mu}^{+\infty} q(y-\mu) f(y)\mathrm{d}y \\
&= -(1-q)\int_{-\infty}^{\mu} (y-\mu) f(y)\mathrm{d}y + q\int_{\mu}^{+\infty} (y-\mu) f(y)\mathrm{d}y \\
&= -(1-q)\left[(y-\mu)F(y)\Big|_{y=\mu} - \int_{-\infty}^{\mu} F(y)\mathrm{d}y\right] + q\left[(\mu-y)F(y)\Big|_{y=\mu}^{y=+\infty} - \int_{\mu}^{+\infty} F(y)\mathrm{d}y\right] \\
&= (1-q)\int_{-\infty}^{\mu} F(y)\mathrm{d}y - q\left[1 - \int_{\mu}^{+\infty} F(y)\mathrm{d}y\right]
\end{aligned}$$

进一步地，根据最优化的一阶条件 $\frac{\partial E}{\partial \mu} = 0$，有

$$\begin{aligned}
\frac{\partial E}{\partial \mu} &= (1-q)\int_{-\infty}^{\mu} f(y)\mathrm{d}y - q\int_{\mu}^{+\infty} f(y)\mathrm{d}y \\
&= (1-q)F(\mu) - q[1 - F(\mu)] \\
&= F(\mu) - q = 0
\end{aligned} \tag{3-8}$$

即 $F(\mu) = q$，由此可见，$\mu = \hat{y}_q$。

进一步地，根据图 3-1 可知，检查函数是一个凸函数，结合 $f(y)$ 的凸性，可知式（3-5）和式（3-7）中的被积函数均是凸函数，因而当 $F(\mu) = q$ 时，上述最优化问题的二阶条件也满足。以上分析说明，当式（3-5）取最小值时，μ 取值为 y 在分位点 q 处的分位数 $\hat{y}_q$。

2. 分位数回归

接下来我们正式介绍分位数回归的方法，假定回归模型的形式为

$$y_i = \boldsymbol{x}_i \boldsymbol{\beta} + \mu_i \tag{3-9}$$

相应的分位数回归方程写为

$$y_q = \boldsymbol{x}_i \boldsymbol{\beta}_q \tag{3-10}$$

其中，y_q 为 y 的第 q 分位数，$\boldsymbol{\beta}_q$ 为相应的参数向量。在第 q 分位数处，参数 $\boldsymbol{\beta}_q$ 的估计值 $\hat{\boldsymbol{\beta}}_q$ 可通过最小化加权绝对偏差得到，即 $\hat{\boldsymbol{\beta}}_q$ 由以下最小化问题决定。

$$\min_{\boldsymbol{\beta}_q} \left(\sum_{i=1}^{n}{}_{y_i \geqslant \boldsymbol{x}_i\boldsymbol{\beta}_q} q\left|y_i - \boldsymbol{x}_i\boldsymbol{\beta}_q\right| + \sum_{i=1}^{n}{}_{y_i < \boldsymbol{x}_i\boldsymbol{\beta}_q} (1-q)\left|y_i - \boldsymbol{x}_i\boldsymbol{\beta}_q\right| \right) \tag{3-11}$$

例 3-2：q 的含义。我们可以将式（3-11）中的分位数 q 看作权重。例如，当 $q = 1/2$ 时，对应的是中位数回归，此时，式（3-11）变为 $\min\limits_{\boldsymbol{\beta}_q} \sum\limits_{i=1}^{n} \left|y_i - \boldsymbol{x}_i\boldsymbol{\beta}_q\right|$，这意味着我们给 $y_i \geqslant \boldsymbol{x}_i\boldsymbol{\beta}_q$ 和 $y_i < \boldsymbol{x}_i\boldsymbol{\beta}_q$ 的观测值赋予了相同的权重。若 $q = 1/3$，我们估计的是 1/3 分位数，此时较小的观测值应当被赋予较大的权重，故在式（3-11）中，$y_i < \boldsymbol{x}_i\boldsymbol{\beta}_q$ 的观测值所对应的权重为 $1 - q = 2/3$。

由于分位数回归的目标函数中包含了绝对值，因此我们一般在线性规划的框架下求解其最优值，从而得到 $\boldsymbol{\beta}_q$ 的参数估计值。

从估计原理来看，首先，分位数回归不需要对模型中随机误差项的分布施加任何约束，因而估计结果比 OLS 估计结果更加稳健和有效。其次，分位数回归以不同分位数处的数据为基础进行回归，因而可以拟合出一簇曲线，从而更加全面地反映解释变量和被解释变量之间的关系。最后，分位数回归的方法与 OLS 回归的最小化残差平方和的方法不同，它是通过使加权误差绝对值之和最小来得到相应的参数估计值，因而能够克服异常值对回归结果产生的不利影响。

例 3-3：团队中明星的影响效应。为了检验团队中的优秀人才是否会影响团队中其他成员的工作表现，我们设定了以下模型，

$$\text{performance}_i = \beta_0 + \beta_1 \text{star}_i + \theta X_i + \varepsilon_i$$

其中，performance_i 表示个体 i 的工作绩效，star_i 表示个体 i 所在团队是否有优秀人才，X_i 表示其他控制变量。为了验证优秀人才对工作表现不同的个体的影响是否存在差异，我们采用分位数回归对模型进行估计，共选择 5 个分位点，得到的估计结果如表 3-2 所示。

表 3-2　团队中明星影响效应的估计结果

变量	(1)	(2)	(3)	(4)	(5)
	0.1 分位点	0.25 分位点	0.5 分位点	0.75 分位点	0.9 分位点
star	−0.108 (0.902)	−0.149 (0.991)	1.701*** (0.424)	1.978*** (0.238)	2.101*** (0.374)

注：***、**、*分别表示 1%、5%、10%的显著性水平。

估计结果表明团队中的优秀人才对工作绩效不同的个体的影响存在差异，例如，对于

工作绩效较高的个体（绩效水平位于中位数以上的成员），优秀人才能够进一步促进其工作绩效的提高，而对于工作绩效较低的个体（绩效水平位于中位数以下的成员），优秀人才反而对其存在一个负向的作用。

3.4 统计推断

1. $\hat{\boldsymbol{\beta}}_q$ 的渐近分布

可以证明，分位数回归的系数 $\hat{\boldsymbol{\beta}}_q$ 服从渐近正态分布，即

$$\sqrt{n}(\hat{\boldsymbol{\beta}}_q-\boldsymbol{\beta}_q)\xrightarrow{d}N(0,\boldsymbol{V}_q) \tag{3-12}$$

在式（3-12）中，$\boldsymbol{V}_q=q(1-q)\left\{E\left[\boldsymbol{x}_i\boldsymbol{x}_i'f\left(0|\boldsymbol{x}_i\right)\right]\right\}^{-1}E(\boldsymbol{x}_i\boldsymbol{x}_i')\left\{E\left[\boldsymbol{x}_i\boldsymbol{x}_i'f\left(0|\boldsymbol{x}_i\right)\right]\right\}^{-1}$，$\boldsymbol{x}_i'$ 为解释变量 $\boldsymbol{x}_i$ 的转置，$f\left(\mu|\boldsymbol{x}_i\right)$ 是在给定 $\boldsymbol{x}_i$ 的情形下，随机误差项 μ 的条件密度函数。相应地，$f\left(0|\boldsymbol{x}_i\right)$ 则表示在给定 $\boldsymbol{x}_i$ 的情形下，随机误差项 μ 的条件密度函数在 $\mu=0$ 处的取值。

实际中，为了确定 $\hat{\boldsymbol{\beta}}_q$ 的方差，既可以以中心极限定理为基础采取多变量正态渐近法进行估计，也可以采取自举法（bootstrap）进行估计。此外，根据式（3-12）还可以发现，$\hat{\boldsymbol{\beta}}_q$ 的渐近方差依赖于随机误差项 μ 的条件密度函数，当随机误差项 μ 独立于解释变量 $\boldsymbol{x}_i$ 时，$f\left(\mu|\boldsymbol{x}_i\right)=f(\mu)$，此时 $\boldsymbol{V}_q=\dfrac{q(1-q)}{f(0)^2}[E(\boldsymbol{x}_i\boldsymbol{x}_i')]^{-1}$。

2. 拟合优度

依据 OLS 回归中拟合优度的计算思想，我们也可以计算分位数回归中的拟合优度，其含义有点类似于离散被解释变量模型中拟 R^2 的含义，其具体形式如下，

$$R^2=1-\frac{D_0(q)}{D_1(q)} \tag{3-13}$$

其中，$D_0(q)$ 对应完整的分位数回归模型的加权绝对偏差，$D_1(q)$ 对应只包含截距项的分位数回归模型的加权绝对偏差。

以分位数回归模型 $y_i=\alpha+\boldsymbol{\beta}\boldsymbol{x}_i+\mu_i$ 为例，$D_0(q)$ 为

$$D_0(q)=\sum_{y_i\geqslant\alpha+\boldsymbol{\beta}_q\boldsymbol{x}_i}q\left|y_i-\alpha-\boldsymbol{\beta}_q\boldsymbol{x}_i\right|+\sum_{y_i<\alpha+\boldsymbol{\beta}_q\boldsymbol{x}_i}(1-q)\left|y_i-\alpha-\boldsymbol{\beta}_q\boldsymbol{x}_i\right|$$

而

$$D_1(q)=\sum_{y_i\geqslant\alpha}q\left|y_i-\alpha\right|+\sum_{y_i<\alpha}(1-q)\left|y_i-\alpha\right|$$

由于 $D_0(q)$ 和 $D_1(q)$ 均是非负的，因此可知 R^2 的最大值为 1。进一步地，由于 $D_0(q)$ 不可能大于 $D_1(q)$，因此 R^2 总是大于或等于 0，即 $R^2 \in [0,1]$。式（3-13）的含义很直观，如果 $R^2 = 1$，则意味着 $D_0(q) = 0$，说明完整模型的加权绝对偏差取值最小，该模型实现了最佳拟合效果。反之，若 $R^2 = 0$，则意味着完整模型与只包含截距项的模型的拟合效果并无显著差异，说明完整模型的拟合效果不佳。

3.5　应 用 指 南

1. 估计命令

Stata 软件中的 qreg 命令可以帮助我们进行分位数回归，具体语法如下。

```
qreg depvar [indepvars] [if] [in] [weight] [, qreg_options]
```

其中，depvar 表示被解释变量，indepvars 表示解释变量。qreg_options 选项中的 quantile(#) 用于设定分位点，默认为中位数回归。如果要同时在多个分位点进行估计或者采用自举法计算标准误，则可以分别采用 sqreg 和 bsqreg 命令。

2. 例子

我们以 Stata 软件自带的数据集 auto.dta 来介绍分位数回归的实施步骤。该数据集在 Stata 软件中有细致的描述和解释，故我们直接进行估计。首先，采用 OLS 回归考察汽车价格的影响因素，命令如下。

```
reg price weight length foreign
```

估计结果如图 3-2 所示。

Source	SS	df	MS			
				Number of obs	=	74
				F(3, 70)	=	28.39
Model	348565467	3	116188489	Prob > F	=	0.0000
Residual	286499930	70	4092856.14	R-squared	=	0.5489
				Adj R-squared	=	0.5295
Total	635065396	73	8699525.97	Root MSE	=	2023.1

price	Coefficient	Std. err.	t	P>|t|	[95% conf.	interval]
weight	5.774712	.9594168	6.02	0.000	3.861215	7.688208
length	-91.37083	32.82833	-2.78	0.007	-156.8449	-25.89679
foreign	3573.092	639.328	5.59	0.000	2297.992	4848.191
_cons	4838.021	3742.01	1.29	0.200	-2625.183	12301.22

图 3-2　OLS 回归估计结果

其次，我们进行中位数回归，命令如下。

```
qreg price weight length foreign
```

回归结果如图 3-3 所示。

```
Median regression                                   Number of obs =         74
  Raw sum of deviations  71102.5 (about 4934)
  Min sum of deviations 54411.29                    Pseudo R2     =     0.2347
```

price	Coefficient	Std. err.	t	P>|t|	[95% conf.	interval]
weight	3.933588	1.328718	2.96	0.004	1.283543	6.583632
length	-41.25191	45.46469	-0.91	0.367	-131.9284	49.42456
foreign	3377.771	885.4198	3.81	0.000	1611.857	5143.685
_cons	344.6489	5182.394	0.07	0.947	-9991.31	10680.61

图 3-3　中位数回归结果

在第 0.1 分位数处进行估计，命令如下。

```
qreg price weight length foreign, q(0.1)
```

估计结果如图 3-4 所示。

```
.1 Quantile regression                              Number of obs =         74
  Raw sum of deviations  18660.3 (about 3829)
  Min sum of deviations 16075.69                    Pseudo R2     =     0.1385
```

price	Coefficient	Std. err.	t	P>|t|	[95% conf.	interval]
weight	1.854952	.5204821	3.56	0.001	.8168833	2.893021
length	-22.33482	17.80931	-1.25	0.214	-57.85438	13.18473
foreign	1275.206	346.8344	3.68	0.000	583.467	1966.946
_cons	2396.776	2030.034	1.18	0.242	-1651.999	6445.552

图 3-4　第 0.1 分位数处的估计结果

如果要选择更多的分位点同时进行估计，则具体命令如下。

```
sqreg price weight length foreign, q(0.25,0.5,0.75)
```

估计结果如图 3-5 所示。

最后，我们在中位数回归的基础上，使用自举法来计算标准误，命令如下。

```
set seed 10001
bsqreg price weight length foreign, rep(100)
```

```
Simultaneous quantile regression                    Number of obs =        74
  bootstrap(20) SEs                                 .25 Pseudo R2 =    0.1697
                                                    .50 Pseudo R2 =    0.2347
                                                    .75 Pseudo R2 =    0.3840
```

price	Coefficient	Bootstrap std. err.	t	P>|t|	[95% conf.	interval]
q25						
weight	1.831789	1.905215	0.96	0.340	-1.968042	5.63162
length	2.84556	42.2411	0.07	0.946	-81.40165	87.09277
foreign	2209.925	1208.254	1.83	0.072	-199.8603	4619.711
_cons	-1879.775	3595.969	-0.52	0.603	-9051.708	5292.159
q50						
weight	3.933588	2.917568	1.35	0.182	-1.885318	9.752494
length	-41.25191	75.2293	-0.55	0.585	-191.292	108.7882
foreign	3377.771	991.1526	3.41	0.001	1400.979	5354.563
_cons	344.6489	6025.42	0.06	0.955	-11672.67	12361.97
q75						
weight	9.22291	3.217471	2.87	0.005	2.805867	15.63995
length	-220.7833	103.2207	-2.14	0.036	-426.6505	-14.91602
foreign	3595.133	931.7895	3.86	0.000	1736.738	5453.529
_cons	20242.9	10157.72	1.99	0.050	-16.0277	40501.84

图 3-5　多分位点的估计结果

其中，命令 set seed 10001 用于设置种子数，以保证自举法的抽样结果可以重现；选项 rep(100)表示重复抽样 100 次，相应的估计结果如图 3-6 所示。

```
Bootstrap replications (100)
────┼─── 1 ───┼─── 2 ───┼─── 3 ───┼─── 4 ───┼─── 5
..................................................    50
..................................................   100

Median regression, bootstrap(100) SEs               Number of obs =        74
  Raw sum of deviations  71102.5 (about 4934)
  Min sum of deviations 54411.29                    Pseudo R2     =    0.2347
```

price	Coefficient	Std. err.	t	P>|t|	[95% conf.	interval]
weight	3.933588	2.720591	1.45	0.153	-1.492461	9.359636
length	-41.25191	74.40115	-0.55	0.581	-189.6403	107.1365
foreign	3377.771	1093.812	3.09	0.003	1196.231	5559.311
_cons	344.6489	6709.453	0.05	0.959	-13036.93	13726.23

图 3-6　自举法计算标准误的估计结果

第 4 章　工具变量法

经典线性回归模型假定解释变量是外生的，这由零条件均值假定所保证。然而，实践中很多变量难以满足这一要求，导致模型中的解释变量为非外生的。此时，我们称模型存在内生性问题，相应的解释变量被称为内生变量。由于内生性问题会导致估计偏误，因此我们不能直接对模型参数进行估计，可以借助工具变量来解决这一问题。

本章对工具变量估计的原理进行介绍。我们将从内生性问题的本质出发，了解工具变量估计的思想，并在此基础上介绍工具变量估计过程。同时，本章还将结合应用实践，对寻找工具变量的方法进行解释。

4.1　内生性问题

就模型 $y_i = \alpha_0 + \alpha_1 x_{1i} + \mu_i$ 而言，经典假设意味着 $E(\mu|x_{1i}) = 0$，此时 α_1 的参数估计值不存在偏误。如果该假定不成立，那么，α_1 的参数估计值将产生偏误。以无偏性为例，α_1 的估计值可写为 $\hat{\alpha}_1 = \alpha_1 + \dfrac{\sum_{i=1}^{n}(x_{1i} - \bar{x}_{1i})u_i}{\sum_{i=1}^{n}(x_{1i} - \bar{x}_{1i})^2}$。由于 $E\left(\mu|x_{1i}\right) \neq 0$，因此若在等式两边取期望，等式右边第二项 $\dfrac{\sum_{i=1}^{n}(x_{1i} - \bar{x}_{1i})u_i}{\sum_{i=1}^{n}(x_{1i} - \bar{x}_{1i})^2}$ 的期望将不再为 0，使得 $E(\hat{\alpha}_1) \neq \alpha_1$，表明 $\hat{\alpha}_1$ 并非 α_1 的无偏估计量，在这种情况下我们称 x_{1i} 是内生变量。

从定义来看，内生性是指模型中有解释变量与随机误差项相关，导致零条件均值假定不成立。以模型 $y_i = \alpha_0 + \alpha_1 x_{1i} + \mu_i$ 为例，内生性意味着此时 $E\left(\mu|x_{1i}\right) \neq 0$，$\mathrm{Cov}(x_{1i}, \mu) \neq 0$。因此，凡是能够引起零条件均值假定不成立的原因，均可视为引起内生性的原因，我们通常可以通过考察是否为以下情形来确定（图 4-1 对各种情形进行了描绘）。

1. 遗漏变量

遗漏变量是引起内生性最常见的原因。在模型 $y_i = \alpha_0 + \alpha_1 x_{1i} + \mu_i$ 中，如果遗漏掉的变量 q 同时也与 x_{1i} 相关，那么将导致 $\mathrm{Cov}(x_{1i}, \mu) \neq 0$。

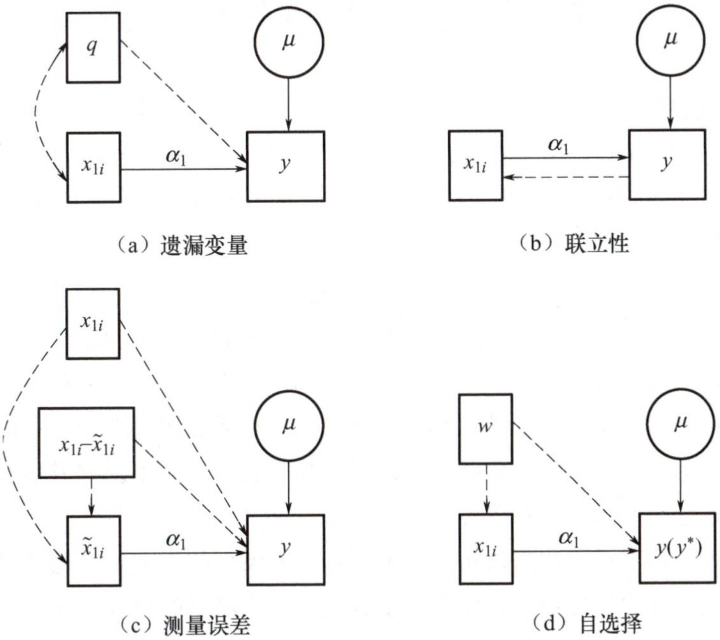

图 4-1　内生性的来源

2. 联立性

如果在模型 $y_i=\alpha_0+\alpha_1 x_{1i}+\mu_i$ 中，不仅存在 x_{1i} 对 y 的影响，还存在 y 对 x_{1i} 的影响，即模型存在一种双向因果关系，那么 $\mathrm{Cov}(x_{1i},\mu)\neq 0$，此时产生的估计偏误被称为联立性偏误（simultaneity bias）。

3. 测量误差

模型 $y_i=\alpha_0+\alpha_1 x_{1i}+\mu_i$ 中的 x_{1i} 存在测量误差，也会导致内生性问题。假定实际中 x_{1i} 的观测值为 $\tilde{x}_{1i}$，则未观测到的部分 $x_{1i}-\tilde{x}_{1i}$ 被纳入随机误差项，从而导致内生性问题。

4. 自选择

自选择（self-selection）也是导致内生性的原因之一。在模型 $y_i=\alpha_0+\alpha_1 x_{1i}+\mu_i$ 中，最常见的自选择情形是我们只能得到部分 y 的观测值 y^*，如果影响 y 能否被观测到的因素 w 同时也影响 x_{1i}，就会导致样本选择偏误的产生。

例 4-1：几乎无处不在的内生性问题。当我们考虑教育的回报率时，如果遗漏了能力，就会导致受教育水平成为一个内生变量；当我们检验个体的英语技能如何影响其劳动力市场表现时，如果对英语技能的衡量存在测量误差，那么也会导致内生性问题；当我们考虑警力规模如何影响犯罪水平时，犯罪水平本身也会影响警力规模，从而导致警力规模是一个内生变量；当我们考察职业技能培训对个体就业的影响时，自选择问题的存在也会导致内生性问题。

4.2 工具变量估计思想的提出

工具变量是纠正估计偏误最常用的方法。工具变量估计由菲利普·莱特（Philip G.Wright）首先提出。菲利普·莱特既是一名诗人，又是一位经济学家。1928 年，菲利普·莱特出版著作《动物油脂和植物油脂的关税》（*The Tariff on Animal and Vegetable Oils*），正是在该书中，他提出了有关工具变量估计的思想。

为了估计关税的影响，需要确定需求曲线的斜率。但是，由于商品的供给和需求是同时被决定的，因此仅仅根据价格和销售量数据无法直接确定需求曲线。在该书的附录中，菲利普·莱特以供给曲线与需求曲线的关系为基础，指出："在缺乏对需求和供给条件深入了解的情况下，为了将其中一条曲线固定下来而另一条曲线改变位置，在统计方法上必须引入额外的因素。此类额外因素既可以是只影响需求条件而不影响成本条件的，也可以是只影响成本条件而不影响需求条件的。"

在这里，无论是"只影响需求条件而不影响成本条件的"变量，还是"只影响成本条件而不影响需求条件的"变量，均体现了工具变量应当满足的要求。菲利普·莱特在书中将这两类变量称为外部变量，其所选取的"只影响需求条件而不影响成本条件的"变量为替代品的价格，选取的"只影响成本条件而不影响需求条件的"变量为每公顷产出。此外，在该书附录中，菲利普·莱特还进一步提出两类工具变量的估计量分别对应单方程情形和联立方程情形。

然而，在之后的一段时间内，菲利普·莱特关于工具变量的阐述并未引起人们的关注。直到 20 世纪 40 年代，奥拉夫·赖尔索尔（Olav Reiersøl）和罗伊·吉尔里（Roy Geary）分别使用工具变量来解决测量误差问题，其中奥拉夫·赖尔索尔在其 1945 年的一篇论文中明确提出了"工具变量"的名称。

4.3 工具变量估计

1. 简单图示

在正式阐述工具变量的估计原理之前，我们先从因果关系的角度出发对工具变量的作用做一个说明。假定变量 x 与 y 之间的关系如图 4-2 所示。由于 $\text{Corr}(x,\mu)\neq 0$，且 μ 是不可观测的，故直接对 x 的系数进行估计将导致估计偏误。若有另一个变量 z，当 z 发生变化时会导致 x 发生变化，进而引起 y 发生变化，即存在路径 $z\to x\to y$。结合图 4-2，该路径意味着变量 z 只能通过 x 来影响 y，并且 z 与 μ 不相关，这意味着我们可以借助 z 的变化所引起的 x 的变化，去识别 x 对 y 的影响。

值得注意的是，在图 4-2 中 z 和 x 之间的关系可能有两种不同的表现形式：一是 z 的变化会导致所有 x 的变化；二是 z 的变化仅仅导致部分 x 的变化。例如，假定 d 为影响个体

决策 X 的变量，那么，d 既可能影响所有人的决策，也可能仅仅影响男性、年轻人或者其他部分个体的决策。实际应用中，前者对应同质（homogeneous）情形下的工具变量估计；后者则对应异质（heterogeneous）情形下的工具变量估计，在因果推断的文献中也被称为局部平均处理效应。本章我们主要讨论同质情形下的工具变量估计，而在第 10 章我们将讨论异质情形。

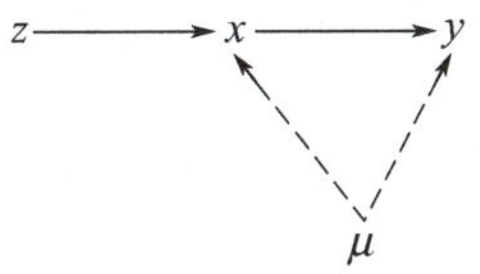

图 4-2　工具变量简单图示

例 4-2：同质情形和异质情形下的工具变量。

（1）秦蒙、刘修岩和李松林（2019）以每个城市的地表粗糙度和历年国际螺纹钢价格的乘积作为城市蔓延度的工具变量。在解释地表粗糙度与城市蔓延度的关系时，作者指出，起伏不平的地形地貌使得土地的密集开发难度增大，因而容易降低城市建筑紧凑度和土地开发密度，结果就是城市蔓延度上升，此处的工具变量是一种典型的同质情形下的工具变量。

（2）从 1970 年开始，为了扩军的需要，美国在志愿服兵役的基础上，推行“抽签”的强制征兵制度，对 19～26 岁的男子根据其生日分配一个 RSN 号码。若 RSN 号码小于门槛号码须应征入伍，否则无须入伍。Angrist（1990）将由 RSN 号码所决定的服役状态作为个体入伍经历的工具变量，这是一种典型的异质情形下的工具变量。

2. 估计过程

我们正式考虑以下模型，

$$y_i = \alpha_0 + \alpha_1 x_i + \mu_i \tag{4-1}$$

其中，x_i 是一个内生变量，这使得 α_1 的估计值是有偏且不一致的，因而我们无法识别出 x_i 对 y 的真实影响。

但是，如果存在一个变量 z_i，一方面 z_i 与内生变量 x_i 高度相关，另一方面 z_i 相对于模型（4-1）而言是一个外生变量，这就使得我们可以借助 $z_i \to x_i \to y_i$ 这一因果链条，通过 z_i 的变化识别出 x_i 对 y_i 的影响。此时，z_i 即所谓的工具变量。由于此时我们刚好为 x_i 寻找到一个工具变量，因此我们将这种情况称为恰好识别的情形。如果在模型中我们能够为 x_i 寻找到多个工具变量，便会出现所谓的过度识别（overidentification）问题。此时若分别以每个工具变量为基础进行估计，则得到的 α_1 的估计值不是唯一的。

以式（4-1）为基础，y_i 和 z_i 的协方差可表示为

$$\mathrm{Cov}(y_i, z_i) = \mathrm{Cov}(\alpha_0 + \alpha_1 x_i + \mu_i, z_i) \tag{4-2}$$

根据我们对工具变量的假设，式（4-2）可简化为

$$\mathrm{Cov}(y_i,z_i)=\mathrm{Cov}(\alpha_1 x_i,z_i)=\alpha_1\mathrm{Cov}(x_i,z_i) \tag{4-3}$$

由此有 $\alpha_1=\dfrac{\mathrm{Cov}(y_i,z_i)}{\mathrm{Cov}(x_i,z_i)}$，相应的工具变量估计量可写为

$$\hat{\alpha}_1=\frac{\widehat{\mathrm{Cov}(y_i,z_i)}}{\widehat{\mathrm{Cov}(x_i,z_i)}}=\frac{\sum(z_i-\bar{z})(y_i-\bar{y})}{\sum(z_i-\bar{z})(x_i-\bar{x})} \tag{4-4}$$

其中，$\bar{x}$、$\bar{z}$ 和 $\bar{y}$ 分别为 x_i、z_i 和 y_i 的均值。可以证明，$\hat{\alpha}_1$ 是 α_1 的无偏且一致的估计量。以一致性为例，我们结合式(4-1)，将 y_i 用 x_i 代入式(4-4)中，有 $\mathrm{plim}\hat{\alpha}_1=\alpha_1+\dfrac{\mathrm{Corr}(z_i,\mu_i)}{\mathrm{Corr}(z_i,x_i)}\times\dfrac{\sigma_{\mu_i}}{\sigma_{x_i}}$，其中 σ_{μ_i} 和 σ_{x_i} 分别为 μ_i 和 x_i 的标准差。由于 $\mathrm{Corr}(z_i,\mu_i)=0$，故 $\mathrm{plim}\hat{\alpha}_1=\alpha_1$，说明 $\hat{\alpha}_1$ 是 α_1 的一致估计量。

在实际应用中，工具变量估计通常基于两阶段最小二乘（two stage least square，2SLS）回归而展开，接下来我们介绍其具体实施过程。假定式（4-1）中 x_i 存在工具变量 z_i，这意味着 z_i 满足：（1）$\mathrm{Cov}(z_i,\mu_i)=0$；（2）$\mathrm{Cov}(z_i,x_i)\neq 0$。2SLS 的第一阶段回归对应如下模型，

$$x_i=\beta_0+\beta_1 z_i+\varepsilon_i \tag{4-5}$$

以第一阶段 x_i 的拟合值 $\hat{x}_i$ 为基础，第二阶段回归为

$$y_i=\alpha_0+\alpha_1\hat{x}_i+\mu_i \tag{4-6}$$

在此基础上直接对式（4-6）实施 OLS 回归，即可得到 α_1 的估计值，即 α_1 的 2SLS 估计量。

根据式（4-5），有 $\beta_1=\dfrac{\mathrm{Cov}(x_i,z_i)}{\mathrm{Var}(z_i)}$，即 $\mathrm{Cov}(x_i,z_i)=\beta_1\mathrm{Var}(z_i)$，代入 $\alpha_1=\dfrac{\mathrm{Cov}(y_i,z_i)}{\mathrm{Cov}(x_i,z_i)}$ 中，有

$$\alpha_1=\frac{\mathrm{Cov}(y_i,z_i)}{\beta_1\mathrm{Var}(z_i)}=\frac{\beta_1\mathrm{Cov}(y_i,z_i)}{\beta_1^2\mathrm{Var}(z_i)}=\frac{\mathrm{Cov}(y_i,\beta_1 z_i)}{\mathrm{Var}(\beta_1 z_i)} \tag{4-7}$$

以式（4-7）为基础，α_1 的估计值可写为 $\hat{\alpha}_1=\dfrac{\mathrm{Cov}(y_i,\hat{\beta}_1 z_i)}{\mathrm{Var}(\hat{\beta}_1 z_i)}$，此即 α_1 的 2SLS 估计量。这意味着，α_1 的估计值可以通过 y 对 $\hat{\beta}_1 z_i$ 的回归得到，其中 $\hat{\beta}_1 z_i$ 正好是第一阶段回归所得到的 x_i 的拟合值。

上述 2SLS 估计过程可以推广到多元回归和过度识别的情况。假定回归模型为 $y_i=\alpha_0+\alpha_1 x_{1i}+\alpha_2 x_{2i}+\cdots+\alpha_k x_{ki}+\mu_i$，其中 x_{1i} 为内生变量，其他解释变量均为外生变量，z_{1i} 和 z_{2i} 是 x_{1i} 的工具变量，针对该模型的 2SLS 估计过程如下所示。

（1）估计模型 $x_{1i}=\beta_0+\beta_1 z_{1i}+\beta_2 z_{2i}+\beta_3 x_{2i}+\cdots+\beta_{k+1}x_{ki}+\varepsilon_i$，得到 x_{1i} 的拟合值 $\hat{x}_{1i}$。

（2）以 x_{1i} 的拟合值 $\hat{x}_{1i}$ 为基础估计模型 $y_i=\alpha_0+\alpha_1\hat{x}_{1i}+\alpha_2 x_{2i}+\cdots+\alpha_k x_{ki}+\mu_i$，此时 $\hat{\alpha}_1$ 即 α_1 的无偏、一致的估计量。

我们对工具变量应当具备的性质做一个总结。首先，根据图 4-2 所示的因果逻辑，作为 x

的工具变量，z 只能通过 x 影响 y，而不能通过其他途径影响 y（包括直接影响 y 或者通过 x 以外的因素影响 y），即工具变量必须满足排他性（exclusiveness）假定；其次，作为工具变量的 z 必须是外生的；最后，作为工具变量的 z 必须与内生变量 x 高度相关。

例 4-3：学校数量和学生成绩。Hoxby（2000）在检验学校数量对学生成绩的影响时，用一个地区的河流数量作为学校数量的工具变量。首先，一个地区的河流数量作为一个自然特征，可以看作是外生的；其次，在河流数量越多的地区，学生上学越不方便，这就需要设立更多的学校，即学校数量更多，因而两者是相关的；最后，河流数量并不会直接影响学生成绩，我们也难以找到除学校数量之外的影响学生成绩的因素。

3. 过度识别约束检验

在模型存在过度识别的情况下，有些工具变量并不一定是外生的，因此，有必要对其有效性进行检验。以对模型 $y_i=\alpha_0+\alpha_1x_{1i}+\alpha_2x_{2i}+\cdots+\alpha_kx_{ki}+\mu_i$ 的 2SLS 估计为基础，我们可以采用萨甘检验（Sargan，1958）来判断该模型是否存在过度识别约束，检验的原假设为

H_0：所有工具变量是有效的。

具体的检验过程如下所示。

（1）采用 2SLS 方法对模型 $y_i=\alpha_0+\alpha_1x_{1i}+\alpha_2x_{2i}+\cdots+\alpha_kx_{ki}+\mu_i$ 进行估计，并将残差记为 $\hat{\mu}_i$。

（2）用残差 $\hat{\mu}_i$ 对所有工具变量以及原始模型中的其他解释变量（即变量 $x_2,\cdots,x_k$）进行回归得到该模型的 R^2，并计算检验统计量 $\text{LM}=nR^2$，$\text{LM}\sim\chi_q^2$，q 为过度识别约束的个数。

（3）在原假设成立的情形下所有工具变量均与 μ_i 不相关，若不能拒绝原假设，则说明所有过度识别约束是有效的。

需要注意的是，我们讨论的是过度识别情形下工具变量的有效性检验，但这并不意味着模型恰好识别时我们不用关心工具变量是否有效，只是因为我们缺乏一个可行的统计量来对此进行检验。在恰好识别的情形下，过度识别约束的个数 $q=0$，此时 LM 检验所对应的自由度为 0，χ^2 统计量没有意义，这使得我们没有办法在恰好识别的情况下对工具变量的有效性进行检验。

例 4-4：金融一体化和经济增长。为了检验金融一体化与经济增长的关系，刘生龙和张捷（2009）采用面板数据估计了以下模型，

$$\text{GRGDP}_{it}=\alpha_0\text{GRGDP}_{i,t-1}+\alpha_1\text{Finopen}_{it}+X\beta+f_i+\mu_{it}$$

其中，GRGDP 表示实际人均 GDP 增长率，Finopen 表示金融一体化程度，X 表示其他控制变量。

由于该模型的解释变量中出现了滞后一期的 GRGDP，这是一个典型的动态面板数据模型，需要采用广义矩估计，作者选取的是系统广义矩估计。在这种方法中，滞后水平变量被用作一阶差分变量的工具变量，而一阶差分变量又被用作水平变量的工具变量，这意

味着我们可以寻找到的工具变量数量大于内生变量数量，故需要进行过度识别约束检验。作者在不同情形下得到的萨甘统计量的 p 值均为 1，说明不能拒绝原假设，从而也说明过度识别约束是有效的。

4. 工具变量估计的问题

在工具变量估计过程中我们必须注意弱工具（weak instrument）问题。弱工具意味着工具变量与内生变量是弱相关的，此时工具变量估计将存在偏误，且并不必然优于 OLS 估计，我们以一致性为例来对此进行说明。

在式（4-1）中，弱相关意味着 $\text{Corr}(z_i,x_i)\to 0$，由于 $\text{plim}\hat{\alpha}_1=\alpha_1+\dfrac{\text{Corr}(z_i,\mu_i)}{\text{Corr}(z_i,x_i)}\times\dfrac{\sigma_{\mu_i}}{\sigma_{x_i}}$，即使此时 $\text{Corr}(z_i,\mu_i)\to 0$，仍可能使 $\dfrac{\text{Corr}(z_i,\mu_i)}{\text{Corr}(z_i,x_i)}\times\dfrac{\sigma_{\mu_i}}{\sigma_{x_i}}$ 较大，进而产生较大的估计偏误。因此，当所选取的工具变量是一个弱工具变量时，还不如直接用 OLS 方法对模型进行估计。

此外，即使我们能够得到一个强工具变量，也并不能保证其满足外生性要求。如前所述，在恰好识别的情况下，我们没有一个合适的统计方法对工具变量的有效性进行检验，而现实中要获取一个过度识别约束的检验环境又并非易事，因此，外生性要求是否成立也是我们在选择工具变量时需要注意的。

4.4 如何寻找工具变量

一个好的工具变量常常出乎我们的意料，但在逻辑上又合情合理。如何寻找一个理想的工具变量并没有一定的规则，但这也并不表示我们在寻找工具变量时是无章可循的。Angrist 和 Krueger（2001）、Bollen（2012）、陈云松（2012）等便从不同角度对寻找工具变量的方法进行了总结。下面我们以现有文献为基础，从不同角度对一些确定工具变量的代表性方法进行总结。需要指出的是，下面所列举的部分工具变量，文献的原作者并未将其作为工具变量来使用，还有部分工具变量对应的是异质性处理效应下的情形。

1. 利用外生冲击作为工具变量

Di Tella 和 Schargrodsky（2004）建立了一个 DID 模型，采用来自阿根廷首都布宜诺斯艾利斯的不同街区的数据，分析了警力规模如何影响犯罪。1994 年 7 月在布宜诺斯艾利斯发生了一次针对犹太人的恐怖袭击，作者将这一袭击事件作为外生冲击，将受到袭击的街区作为处理组展开 DID 估计。若基于 OLS 估计警力规模对犯罪的影响，警力规模很可能是一个内生变量，某个街区是否受到恐怖袭击则可以作为警力规模的工具变量。

张丹丹、李力行和童晨（2018）的论文分析了流动人口失业如何影响犯罪。很显然，如果直接基于 OLS 估计失业对犯罪的影响，很可能会导致估计偏误。因此，我们可以利用最低工资标准变动引发的就业冲击来识别流动人口失业对犯罪的影响。也就是说，最低工资标准的调整可以作为流动人口失业与否的一个工具变量。

2. 利用自然实验作为工具变量

Cruces、Rossi 和 Schargrodsky（2023）利用阿根廷独有的兵役制度研究了诚实的人还是不诚实的人更容易选择公务员这一职业。1901—1994 年阿根廷实施强制征兵制度：每年 4 月前后，每位适龄男子（1958 年规定的年龄下限为 18 岁）会被随机分配一个 1～1000 之间的号码，并且会确定一个门槛号码，若分配的号码大于门槛号码则该适龄男子在身体合格的情况下需要服兵役。为了逃避兵役，一些符合条件的男子就有动机在随后的体检中造假。

作者通过实证研究发现，那些拿到较大号码的人在随后的体检中更有可能不过关，并且他们在未来选择成为公务员的概率也越大。在这项研究中，阿根廷的兵役制度类似于一个自然实验，那些被分配到大于门槛号码的个体更可能在体检中造假，表现出不诚实的行为。因此，个体被分配的号码可以作为诚实与否的工具变量。

3. 用滞后变量作为工具变量

阮荣平、郑风田和刘力（2014）利用中国综合社会调查（CGSS）2006—2010 年的数据检验了宗教信仰对创业的影响。为了克服潜在的内生性问题，他们采用历史上省级层面宗教活动场所的密度作为个体宗教信仰的工具变量，选取的 3 个工具变量所对应的时间点分别为 1949 年、1978 年和 2004 年，这是因为相对于样本所涵盖的时间范围，工具变量的统计时间具有明显的滞后性。

4. 以地理变量和气候变量作为工具变量

陆铭、欧海军和陈斌开（2014）分析了移民对房价的影响。他们以 1974 年中国各城市的平均气温作为 2000 年移民占比及移民占比变化的工具变量，来识别移民对城市房价、房价增长率及房价收入比的影响。

5. 以宏观变量作为微观变量的工具变量

（1）创业与幸福的关系。在讨论创业如何影响个体主观幸福感时，创业很可能是一个内生变量，我们可以将个体所在地区创业的人所占的比重作为个体创业与否的工具变量。

（2）阮荣平、郑风田和刘力（2014）的研究也是采用省级层面宗教活动场所的密度作为微观个体宗教信仰的工具变量。

4.5 应用指南

1. 估计命令

Stata 软件中实施工具变量估计的命令既有官方命令（如 ivregress），也有用户自己开发的命令（如 ivreg2）。接下来我们以 ivregress 命令为基础，对工具变量估计的过程进行介绍。该命令的基本语法结构如下所示。

```
ivregress estimator depvar [varlist1] (varlist2 = varlist_iv) [if] [in]
[weight] [, options]
```

其中，estimator 用于选择具体的估计方法，包括两阶段最小二乘（2sls）、有限信息最大似然（liml）及广义矩估计（gmm）；depvar 用于设定被解释变量；varlist1 指明外生解释变量，varlist2 用于设定内生变量，varlist_iv 表示工具变量，如果存在多个工具变量，不同工具变量之间用空格隔开。

2. 例子

我们借鉴 Baum（2006）的例子来介绍工具变量估计的实施过程，所采用的数据集的名称为 griliches.dta。我们用该数据集来估计个体工资水平的影响因素，被解释变量为 lw（工资对数），解释变量包括：s（受教育年限）、expr（工作经验）、tenure（在当前公司的任职年限）、rns（虚拟变量，住在南方取值为 1）、smsa（城市虚拟变量，大城市取值为 1）。

我们进行 OLS 回归，命令如下。

```
reg lw s expr tenure rns smsa _I*,r
```

其中，_I*表示一系列的年度虚拟变量，具体估计结果如图 4-3 所示。

```
Linear regression                               Number of obs     =        758
                                                F(11, 746)        =      51.10
                                                Prob > F          =     0.0000
                                                R-squared         =     0.4249
                                                Root MSE          =      .3277
```

lw	Coefficient	Robust std. err.	t	P>|t|	[95% conf.	interval]
s	.069673	.0071142	9.79	0.000	.0557066	.0836393
expr	.029799	.0065946	4.52	0.000	.0168528	.0427452
tenure	.0433502	.007247	5.98	0.000	.0291232	.0575772
rns	-.1040919	.0278005	-3.74	0.000	-.1586684	-.0495154
smsa	.1352673	.0262398	5.16	0.000	.0837547	.18678
_Iyear_67	-.0524871	.0460107	-1.14	0.254	-.1428129	.0378387
_Iyear_68	.0793921	.0429966	1.85	0.065	-.0050167	.1638008
_Iyear_69	.2111236	.0409958	5.15	0.000	.1306428	.2916045
_Iyear_70	.2393504	.0514239	4.65	0.000	.1383976	.3403031
_Iyear_71	.228858	.0422469	5.42	0.000	.1459211	.3117949
_Iyear_73	.3261023	.0405073	8.05	0.000	.2465804	.4056241
_cons	4.410852	.0972398	45.36	0.000	4.219955	4.601748

图 4-3 OLS 回归估计结果

但是，OLS 回归因没有控制能力而导致了遗漏变量偏误，因而我们先用智商（iq）作为能力代理变量，命令如下。

```
reg lw s expr tenure rns smsa ig _I*,r
```

相应的估计结果如图 4-4 所示。

```
Linear regression                               Number of obs     =        758
                                                F(12, 745)        =      47.41
                                                Prob > F          =     0.0000
                                                R-squared         =     0.4301
                                                Root MSE          =     .32641
```

lw	Coefficient	Robust std. err.	t	P>|t|	[95% conf.	interval]
s	.0619548	.0075866	8.17	0.000	.0470612	.0768484
expr	.0308395	.0066097	4.67	0.000	.0178637	.0438153
tenure	.0421631	.0072075	5.85	0.000	.0280136	.0563125
rns	-.0962935	.0282561	-3.41	0.001	-.1517645	-.0408224
smsa	.1328993	.0261016	5.09	0.000	.0816578	.1841407
iq	.0027121	.0010854	2.50	0.013	.0005814	.0048428
_Iyear_67	-.0542095	.0457534	-1.18	0.236	-.1440304	.0356114
_Iyear_68	.0805808	.0434269	1.86	0.064	-.0046729	.1658346
_Iyear_69	.2075915	.0408953	5.08	0.000	.1273077	.2878753
_Iyear_70	.2282237	.0515766	4.42	0.000	.1269709	.3294766
_Iyear_71	.2226915	.0417386	5.34	0.000	.1407523	.3046307
_Iyear_73	.3228747	.0398981	8.09	0.000	.2445487	.4012007
_cons	4.235357	.1221175	34.68	0.000	3.995622	4.475092

图 4-4 代理变量估计结果

单独看受教育年限的估计值可以发现，在控制了智商这一变量后，受教育年限的估计值变小（0.0697 变为 0.0620），说明遗漏能力变量会高估受教育年限的回报。但是，智商这一变量很可能存在测量误差，从而导致内生性问题，因此，我们用母亲的受教育水平（med）、知识测试的成绩（kww）、年龄（age）和婚姻状况（mrt）作为智商的工具变量重新进行估计，估计命令如下。

```
ivregress 2sls lw s expr tenure rns smsa _I* (iq=med kww age mrt), r
```

相应的估计结果如图 4-5 所示。

这是一种典型的过度识别的情况，我们需要进行过度识别约束检验，检验命令如下。

```
estat overid
```

相应的检验结果如图 4-6 所示。

```
Instrumental variables 2SLS regression            Number of obs     =        758
                                                  Wald chi2(12)     =     573.14
                                                  Prob > chi2       =     0.0000
                                                  R-squared         =     0.4255
                                                  Root MSE          =     .32491

------------------------------------------------------------------------------
             |               Robust
          lw | Coefficient  std. err.      z    P>|z|     [95% conf. interval]
-------------+----------------------------------------------------------------
          iq |   .0001747   .0041241     0.04   0.966    -.0079085    .0082578
           s |   .0691759   .0132907     5.20   0.000     .0431266    .0952253
        expr |    .029866   .0066974     4.46   0.000     .0167394    .0429926
      tenure |   .0432738   .0073857     5.86   0.000     .0287981    .0577494
         rns |  -.1035897    .029748    -3.48   0.000    -.1618947   -.0452847
        smsa |   .1351148    .026333     5.13   0.000     .0835032    .1867265
   _Iyear_67 |   -.052598   .0457261    -1.15   0.250    -.1422195    .0370235
   _Iyear_68 |   .0794686   .0428231     1.86   0.063    -.0044631    .1634003
   _Iyear_69 |   .2108962   .0408774     5.16   0.000     .1307779    .2910144
   _Iyear_70 |   .2386338   .0529825     4.50   0.000     .1347901    .3424776
   _Iyear_71 |   .2284609   .0426054     5.36   0.000     .1449558     .311966
   _Iyear_73 |   .3258944   .0405569     8.04   0.000     .2464044    .4053844
       _cons |    4.39955    .290085    15.17   0.000     3.830994    4.968106
------------------------------------------------------------------------------
Instrumented: iq
 Instruments: s expr tenure rns smsa _Iyear_67 _Iyear_68 _Iyear_69 _Iyear_70
              _Iyear_71 _Iyear_73 med kww age mrt
```

图 4-5　工具变量估计结果

```
Test of overidentifying restrictions:

Score chi2(3)          =  74.1649  (p = 0.0000)
```

图 4-6　过度识别检验结果

p 值表明可以拒绝原假设，从而说明并非所有的工具变量都是有效的。接下来我们再进行工具变量的相关性检验，命令如下。

```
estat firststage, all forcenonrobust
```

相应的相关性检验结果如图 4-7 所示。

相关性检验结果表明，在 20%的显著性水平下我们才能拒绝原假设（13.7859 > 10.26），说明我们所选取的工具变量不能排除弱工具的问题。进一步地，再对解释变量的内生性进行检验，命令如下。

```
estat endogenous
```

相应的检验结果如图 4-8 所示。

```
First-stage regression summary statistics
```

Variable	R-sq.	Adjusted R-sq.	Partial R-sq.	Robust F(4,742)	Prob > F
iq	0.3360	0.3226	0.0692	12.1666	0.0000

```
Shea's partial R-squared
```

Variable	Shea's partial R-sq.	Shea's adj. partial R-sq.
iq	0.0692	0.0516

```
Minimum eigenvalue statistic = 13.7859

Critical Values                        # of endogenous regressors:    1
H0: Instruments are weak               # of excluded instruments:     4
```

	5%	10%	20%	30%
2SLS relative bias	16.85	10.27	6.71	5.34
	10%	15%	20%	25%
2SLS size of nominal 5% Wald test	24.58	13.96	10.26	8.31
LIML size of nominal 5% Wald test	5.44	3.87	3.30	2.98

图 4-7　工具变量的相关性检验结果

```
Tests of endogeneity
H0: Variables are exogenous

Durbin (score) chi2(1)          =  .457658  (p = 0.4987)
Wu-Hausman F(1,744)             =  .449477  (p = 0.5028)
```

图 4-8　内生性检验结果

内生性检验结果表明我们不能拒绝原假设，说明解释变量是内生的。

上述结果表明解释变量智商存在内生性问题。另外，一方面我们所选取的工具变量存在弱工具的问题，另一方面工具变量也并非全部有效，需要改进，因此我们只选择 med 和 kww 作为工具变量进行估计，命令如下。

```
ivregress 2sls lw s expr tenure rns smsa _I* (iq=med kww), r
```

相应的估计结果如图 4-9 所示。

```
Instrumental variables 2SLS regression            Number of obs   =        758
                                                  Wald chi2(12)   =     376.39
                                                  Prob > chi2     =     0.0000
                                                  R-squared       =     0.0944
                                                  Root MSE        =     .40793

------------------------------------------------------------------------------
             |               Robust
          lw | Coefficient  std. err.      z    P>|z|     [95% conf. interval]
-------------+----------------------------------------------------------------
          iq |   .0243202   .0061042     3.98   0.000     .0123561    .0362842
           s |   .0004625   .0194276     0.02   0.981    -.0376149    .0385398
        expr |    .039129   .0088043     4.44   0.000      .021873    .0563851
      tenure |   .0327048   .0091255     3.58   0.000     .0148191    .0505905
         rns |  -.0341617   .0377085    -0.91   0.365    -.1080689    .0397456
        smsa |   .1140326   .0330754     3.45   0.001      .049206    .1788591
   _Iyear_67 |  -.0679321    .056903    -1.19   0.233    -.1794599    .0435957
   _Iyear_68 |   .0900522   .0585711     1.54   0.124    -.0247451    .2048495
   _Iyear_69 |   .1794505   .0532537     3.37   0.001     .0750753    .2838258
   _Iyear_70 |   .1395755   .0677261     2.06   0.039     .0068349    .2723162
   _Iyear_71 |   .1735613   .0521659     3.33   0.001      .071318    .2758046
   _Iyear_73 |   .2971599   .0492605     6.03   0.000     .2006111    .3937086
       _cons |   2.837153   .4091258     6.93   0.000     2.035281    3.639025
------------------------------------------------------------------------------
Instrumented: iq
 Instruments: s expr tenure rns smsa _Iyear_67 _Iyear_68 _Iyear_69 _Iyear_70
              _Iyear_71 _Iyear_73 med kww
```

图 4-9　工具变量估计结果

在此基础上进行工具变量的有效性检验和弱工具检验，命令如下。

```
estat overid
estat firststage, all forcenonrobust
```

图 4-10 对应工具变量的有效性检验结果，图 4-11 对应弱工具变量检验结果。两个检验结果表明此时的工具变量是有效的，且能够在 15%的显著性水平上拒绝弱工具变量的原假设（18.0051>11.59），从而说明不存在弱工具问题。

```
Test of overidentifying restrictions:

Score chi2(1)              =  .78108  (p = 0.3768)
```

图 4-10　工具变量的有效性检验结果

First-stage regression summary statistics

Variable	R-sq.	Adjusted R-sq.	Partial R-sq.	Robust F(2,744)	Prob > F
iq	0.3196	0.3077	0.0462	15.5046	0.0000

Shea's partial R-squared

Variable	Shea's partial R-sq.	Shea's adj. partial R-sq.
iq	0.0462	0.0308

Minimum eigenvalue statistic = 18.0051

Critical Values　　　　　　　　　　　# of endogenous regressors:　1
H0: Instruments are weak　　　　　　# of excluded instruments:　2

2SLS relative bias	5%	10%	20%	30%
	(not available)			
	10%	15%	20%	25%
2SLS size of nominal 5% Wald test	19.93	11.59	8.75	7.25
LIML size of nominal 5% Wald test	8.68	5.33	4.42	3.92

图 4-11　弱工具变量检验结果

第 5 章　受限被解释变量模型

在某些情形下，被解释变量可能会受到一些限制，导致我们不能观测到其全部数据，此时我们将被解释变量称为受限被解释变量（limited dependent variable），相应的模型被称为受限被解释变量模型。断尾（truncation）和截取（censoring）是受限被解释变量模型最为典型的两种形式。

5.1 断尾回归

1. 基本模型

当被解释变量的取值在某个范围时，我们无法获得其样本信息，这时便产生了断尾现象。断尾可以分为两种情形：一是从下断尾，也称左边断尾，此时我们只能观测到变量大于临界值的样本，而观测不到小于该临界值的样本；二是从上断尾，也称右边断尾，此时我们只能观测到变量小于临界值的样本。

例 5-1：收入统计。假定 y_i 表示某地区不同家庭的年收入，但是如果在统计过程中只收集那些年收入等于或高于贫困线水平（如 2300 元）的家庭数据，那么，我们就只有年收入 $y_i \geqslant 2300$ 元的这部分家庭的信息，因而便产生了所谓的从下断尾。相反，如果我们只收集那些年收入低于贫困线水平的家庭数据，便会产生从上断尾的现象。

下面我们以从下断尾为例，对断尾回归进行分析[①]。假定回归模型的形式如下，

$$y_i^* = \boldsymbol{x}_i\boldsymbol{\beta} + \mu_i \tag{5-1}$$

其中，μ_i 服从均值为 0、方差为 σ^2 的正态分布，即 $\mu_i \sim N(0,\sigma^2)$。在式（5-1）中，由于某种原因，我们只能观测到 y_i^* 大于临界值 c 的样本。也就是说，被解释变量的观测值满足以下条件，

$$y_i = \begin{cases} y_i^* & y_i^* > c \\ \_ & y_i^* \leqslant c \end{cases} \tag{5-2}$$

其中，下划线表示不能得到该情形下的观测值。式（5-1）和式（5-2）描述的便是从下断尾的情况，如果我们以观测到的 y_i 为基础对参数 β 进行估计，实际上只利用了 y_i^* 的部分样本，遗漏了 $y_i^* \leqslant c$ 所包含的观测值。可以证明，在这种情况下若仍采用 OLS 估计，将得到有偏、不一致的估计量。

---

① 从上断尾的分析与从下断尾类似。

2. y_i 的断尾期望

在正式介绍断尾模型的估计之前，我们先给出两个结论。假定连续型随机变量 Z 服从标准正态分布，即 $Z \sim N(0,1)$，$\phi=\phi(z)$ 和 $\Phi=\Phi(z)$ 分别为其密度函数和分布函数，则有以下两个结论。

结论 1： $\phi\left(z|z>c\right)=\dfrac{\phi(z)}{1-\Phi(c)}$

结论 2： $E\left(z|z>c\right)=\dfrac{\phi(c)}{1-\Phi(c)}\equiv\lambda(c)$

其中，$\lambda(c)$ 被称为逆米尔斯比率（inverse Mills ratio）。结论 1 和结论 2 的证明过程如下。

【结论 1 的证明】根据条件概率，有

$$\Phi\left(z|z>c\right)=\frac{P(Z<z;Z>c)}{P(Z>c)}=\frac{P(c<Z<z)}{P(Z>c)}=\frac{\Phi(z)-\Phi(c)}{1-\Phi(c)}$$

据此我们得到相应的密度函数 $\phi\left(z|z>c\right)=\dfrac{\phi(z)}{1-\Phi(c)}$。

【结论 2 的证明】根据期望的定义，有

$$\begin{aligned}E\left(z|z>c\right)&=\int_c^{+\infty}\frac{z\phi(z)}{1-\Phi(c)}\mathrm{d}z=\int_c^{+\infty}\frac{z\dfrac{1}{\sqrt{2\pi}}\mathrm{e}^{-z^2/2}}{1-\Phi(c)}\mathrm{d}z\\&=-\frac{1}{\sqrt{2\pi}}\int_c^{+\infty}\frac{\mathrm{e}^{-z^2/2}}{1-\Phi(c)}\mathrm{d}(-z^2/2)\\&=-\frac{1}{\sqrt{2\pi}}\frac{\mathrm{e}^{-z^2/2}}{1-\Phi(c)}\bigg|_c^{+\infty}=\frac{\phi(c)}{1-\Phi(c)}\equiv\lambda(c)\end{aligned}$$

由于 $E\left(z|z>c\right)=\sigma E\left(\dfrac{z}{\sigma}\bigg|\dfrac{z}{\sigma}>\dfrac{c}{\sigma}\right)=\dfrac{\sigma\phi(c/\sigma)}{1-\Phi(c/\sigma)}$，因此，如果 $Z\sim N(0,\sigma^2)$，结论 2 可推广为

$$E\left(z|z>c\right)=\frac{\sigma\phi(c/\sigma)}{1-\Phi(c/\sigma)}=\sigma\lambda(c/\sigma) \tag{5-3}$$

根据式（5-1）和式（5-2），y_i 的断尾期望 $E\left(y_i|y_i>c\right)$ 可写为

$$\begin{aligned}E\left(y_i|y_i>c\right)&=E\left(y_i|y_i^*>c\right)\\&=E\left(\boldsymbol{x}_i\boldsymbol{\beta}+\mu_i|\boldsymbol{x}_i\boldsymbol{\beta}+\mu_i>c\right)\\&=\boldsymbol{x}_i\boldsymbol{\beta}+E\left(\mu_i|\boldsymbol{x}_i\boldsymbol{\beta}+\mu_i>c\right)\\&=\boldsymbol{x}_i\boldsymbol{\beta}+E\left(\mu_i|\mu_i>c-\boldsymbol{x}_i\boldsymbol{\beta}\right)\end{aligned}$$

结合式（5-3），以逆米尔斯比率表示 y_i 的断尾期望，有

$$E\left(y_i \middle| y_i > c\right) = \boldsymbol{x}_i\boldsymbol{\beta} + \sigma\lambda[(c - x_i\beta)/\sigma] \tag{5-4}$$

式（5-4）表明，如果直接对式（5-1）进行 OLS 估计，将遗漏一个非线性项 $\sigma\lambda[(c-\boldsymbol{x}_i\boldsymbol{\beta})/\sigma]$，该遗漏项被置于随机误差项中。由于该遗漏项与 $\boldsymbol{x}_i$ 相关，会导致模型存在内生性问题，采用 OLS 估计将得到有偏、不一致的估计值。因此，我们一般采用最大似然法对断尾模型进行估计。

3. 断尾模型的最大似然估计

根据结论 1，断尾模型中被解释变量 y_i 的条件密度函数可写为

$$f\left(y_i \middle| y_i > c, \boldsymbol{x}_i\right) = \frac{f(y_i)}{1-F(c)} \tag{5-5}$$

其中，$f(y_i) = \dfrac{1}{\sqrt{2\pi}\sigma}\mathrm{e}^{-\frac{(y_i-\boldsymbol{x}_i\boldsymbol{\beta})^2}{2\sigma^2}}$ 是不存在断尾时 y_i 的密度函数，$F = F(y_i)$ 是相应的分布函数。由于

$$F(c) = P\left(y_i > c \middle| \boldsymbol{x}_i\right) = 1 - P\left(y_i \leqslant c \middle| \boldsymbol{x}_i\right) = 1 - P\left(\frac{y_i - \boldsymbol{x}_i\boldsymbol{\beta}}{\sigma} \leqslant \frac{c - \boldsymbol{x}_i\boldsymbol{\beta}}{\sigma} \middle| x_i\right)$$

$$= 1 - P\left(\frac{\mu_i}{\sigma} \leqslant \frac{c - \boldsymbol{x}_i\boldsymbol{\beta}}{\sigma} \middle| x_i\right) = 1 - \varPhi\left(\frac{c - \boldsymbol{x}_i\boldsymbol{\beta}}{\sigma}\right)$$

因此，式（5-5）可写为

$$f\left(y_i \middle| y_i > c, \boldsymbol{x}_i\right) = \frac{\frac{1}{\sigma}\phi[(y_i - \boldsymbol{x}_i\boldsymbol{\beta})/\sigma]}{\varPhi\left(\dfrac{c - \boldsymbol{x}_i\boldsymbol{\beta}}{\sigma}\right)} \tag{5-6}$$

相应的似然函数为 $L\left(\boldsymbol{\beta} \middle| \boldsymbol{x}_i, y\right) = \prod_{i=1}^{n} f\left(y_i \middle| y_i > c, \boldsymbol{x}_i\right)$，以该似然函数为基础我们就能对断尾模型进行最大似然估计。需要指出的是，由于我们只能观测到 $y_i^* > c$ 情形下的 y_i，只能以这部分样本为基础建立似然函数，因此我们又将其称为部分最大似然估计。

5.2 样本选择模型

在有些情形下，被解释变量的断尾是由某些特定原因导致的，即被解释变量的断尾与其他变量相关，我们将其称为样本选择（sample selection）问题，相应的模型被称为样本选择模型或者 Tobit Ⅱ 模型。

例 5-2：样本选择偏误。样本选择问题的存在，会导致模型产生选择偏误（selection bias）。例如，在对健身费用支出与个体健康状况的关系进行考察时，我们很容易获得那些加入了健身俱乐部的人的信息，但这部分人并非研究健身费用支出如何影响个体健康状况的代表性样本，原因在于那些收入较高的人，他们可能也面临较大的工作压力，健康状况也较差，

从而非常倾向于加入健身俱乐部。此时，影响健身费用支出的变量（如收入水平和工作强度）不可避免地导致了被解释变量的断尾。

1. 模型描述

一个简单的样本选择模型可以通过两个方程来描述，一个是标准的回归方程，另一个则是描述被解释变量决定状况的选择方程，具体如下所示，

$$y_i = \boldsymbol{x}_i\boldsymbol{\beta} + e_{1i} \tag{5-7}$$

$$T_i = 1\,(\boldsymbol{z}_i\boldsymbol{\gamma} + e_{0i} > 0) \tag{5-8}$$

其中，$1(\cdot)$ 是示性函数。式（5-7）中的 $\boldsymbol{\beta}$ 是我们关心的参数。除此之外，我们假定在式（5-7）和式（5-8）中能够得到 $\boldsymbol{x}_i$、$\boldsymbol{z}_i$ 和 T_i 的观测值。式（5-8）意味着当且仅当 $T_i = 1$（即 $\boldsymbol{z}_i\boldsymbol{\gamma} + e_{0i} > 0$）时，式（5-7）中的被解释变量 y_i 才能被观测到。由于 T_i 的取值非 0 即 1，因此不难发现式（5-8）是一个二元选择模型，反映了某个观测值能够被观测到的概率。

进一步地，假定随机误差项 e_{0i} 和 e_{1i} 均服从正态分布，且

$$\begin{pmatrix} e_{0i} \\ e_{1i} \end{pmatrix} \sim N\left[0, \begin{pmatrix} 1 & \rho \\ \rho & \sigma^2 \end{pmatrix}\right] \tag{5-9}$$

即 $e_{0i} \sim N(0,1)$ 和 $e_{1i} \sim N(0,\sigma^2)$，且 e_{0i} 和 e_{1i} 之间的相关系数为 ρ，因而可以将 e_{0i} 和 e_{1i} 的关系表述为

$$e_{1i} = \rho e_{0i} + v_i \tag{5-10}$$

其中，v_i 和 e_{0i} 相互独立，且 $v_i \sim N(0,1)$。

例 5-3：教育的回报率。假定我们要估计受教育年限对个体收入的影响，被解释变量为工资水平，核心解释变量为个体的受教育年限。显然，我们只能观测到那些处于就业状态的人的工资水平，如果令 $\ln \text{wage}_i$ 表示工资水平的对数，edu_i 表示受教育年限，employ_i 表示个体是否就业（就业则取值为 1），$\boldsymbol{X}_i$ 和 $\boldsymbol{Z}_i$ 分别表示影响工资水平和就业的控制变量。我们可以建立以下模型，

$$\ln \text{wage}_i = \alpha_0 + \alpha_1 \text{edu}_i + \boldsymbol{X}_i\boldsymbol{\theta} + \mu_i$$

$$\text{employ}_i = 1\,(\boldsymbol{Z}_i\boldsymbol{\gamma} + \varepsilon_i > 0)$$

2. 存在的问题

对式（5-7）的估计必须以 $T_i = 1$ 为前提条件，然而，在 $T_i = 1$ 的情形下，e_{1i} 的条件期望并不等于 0，

$$
\begin{aligned}
E\left(e_{1i} \middle| T_i = 1, \boldsymbol{z}_i\right) &= E\left(e_{1i} \middle| \boldsymbol{z}_i \boldsymbol{\gamma} + e_{0i} > 0, \boldsymbol{z}_i\right) \\
&= E\left(\rho e_{0i} + v_i \middle| e_{0i} > -\boldsymbol{z}_i \boldsymbol{\gamma}, \boldsymbol{z}_i\right) \\
&= \rho E\left(e_{0i} \middle| e_{0i} > -\boldsymbol{z}_i \boldsymbol{\gamma}, \boldsymbol{z}_i\right) + E\left(v_i \middle| e_{0i} > -\boldsymbol{z}_i \boldsymbol{\gamma}, \boldsymbol{z}_i\right) \\
&= \rho E\left(e_{0i} \middle| e_{0i} > -\boldsymbol{z}_i \boldsymbol{\gamma}, \boldsymbol{z}_i\right) \\
&= \rho \lambda(-\boldsymbol{z}_i \boldsymbol{\gamma}) \neq 0
\end{aligned}
$$

其中，$\lambda = \lambda(\cdot)$ 为逆米尔斯比率。根据以上推导，我们可以将式（5-7）改写为

$$y_i = \boldsymbol{x}_i \boldsymbol{\beta} + \rho \lambda(-\boldsymbol{z}_i \boldsymbol{\gamma}) + \mu_i \tag{5-11}$$

其中，μ_i 为期望为 0 的随机变量。

根据式（5-11）可以看出，如果采用 OLS 方法对式（5-7）进行估计，将遗漏 $\rho\lambda(-\boldsymbol{z}_i\boldsymbol{\gamma})$ 这一项。但因为 $\boldsymbol{z}_i$ 一般与 $\boldsymbol{x}_i$ 相关，因此根据 OLS 方法得到的参数估计量是有偏、不一致的。

3. 赫克曼（Heckman）两步法

Heckman（1979）指出，如果 $\boldsymbol{\gamma}$ 已知，那么我们就能根据式（5-11）得到 $\boldsymbol{\beta}$ 和 ρ 的一致估计值。若 $\boldsymbol{\gamma}$ 未知，则需先对式（5-8）进行 Probit 估计，得到 $\boldsymbol{\gamma}$ 的估计值 $\hat{\boldsymbol{\gamma}}$，并将其代入式（5-11）中，再对式（5-11）进行估计就能得到 $\boldsymbol{\beta}$ 和 ρ 的估计值。具体过程总结如下。

（1）以式（5-8）为基础，用 T_i 对 $\boldsymbol{z}_i$ 进行回归，得到 $\boldsymbol{\gamma}$ 的 Probit 估计值 $\hat{\boldsymbol{\gamma}}$。

（2）将 $\hat{\boldsymbol{\gamma}}$ 代入式（5-11），以 $\hat{\lambda}(-\boldsymbol{z}_i\hat{\boldsymbol{\gamma}})$ 代替 $\lambda(-\boldsymbol{z}_i\boldsymbol{\gamma})$，并用 y_i 对 $\boldsymbol{x}_i$ 和 $\hat{\lambda}(-\boldsymbol{z}_i\hat{\boldsymbol{\gamma}})$ 进行回归，得到 $\hat{\boldsymbol{\beta}}$ 和 $\hat{\rho}$。

由于整个估计过程分为两步，因此我们将其称为赫克曼两步法，相应的估计量也被称为 Heckit 估计量。但需要注意的是，运用这一方法得到的 $\hat{\boldsymbol{\beta}}$ 和 $\hat{\rho}$，对正态性假定比较敏感。除此之外，如果在式（5-7）和式（5-8）中，$\boldsymbol{x}_i = \boldsymbol{z}_i$，那么 $\hat{\lambda}(-\boldsymbol{z}_i\hat{\boldsymbol{\gamma}})$ 与 $\boldsymbol{x}_i$ 之间将存在严重的共线性问题，这将使得参数 $\boldsymbol{\beta}$ 不能识别。因此，为了保证 $\boldsymbol{\beta}$ 能识别，$\boldsymbol{z}_i$ 中至少要包含一个没有出现在 $\boldsymbol{x}_i$ 中的变量。

例 5-4：共线性问题的解释。在例 5-3 中，影响个体工资水平的因素包括年龄、性别、居住地、家庭背景等变量，而通常，这些变量也会影响个体的就业状况。但很显然，为了避免共线性问题，在估计模型 $\text{employ}_i = 1(\boldsymbol{Z}_i\gamma + \varepsilon_i > 0)$ 时，$\boldsymbol{Z}_i$ 中所包含的控制变量不能与模型 $\ln \text{wage}_i = \alpha_0 + \alpha_1 \text{edu}_i + \boldsymbol{X}_i\boldsymbol{\theta} + \mu_i$ 中的 $\boldsymbol{X}_i$ 毫无差别。我们可以在 $\boldsymbol{Z}_i$ 中引入一些不会出现在 $\boldsymbol{X}_i$ 中的变量，本例中我们可以在 $\boldsymbol{Z}_i$ 中引入个体所在地区的就业水平这一变量。

5.3 截取回归

1. 截取的含义

截取回归（censored regression）又称审查回归，专门针对数据存在截取的情形。与断

尾相似的是，如果数据存在截取，我们也不能得到被解释变量的全部观测值。但是，与断尾不同，截取是将所有不能观测到的被解释变量均用临界值来代替。我们以变量 y 的某个观测值 y_i 为例，当其在临界值 c 处存在截取时，取值具有以下特征，

$$y_i = \begin{cases} y_i^* & y_i^* \geqslant c \\ c & y_i^* < c \end{cases} \tag{5-12}$$

从式（5-12）来看，当 y_i^* 不小于临界值 c 时，相应的观测值 y_i 被记为 y_i^*，而当 y_i^* 小于临界值 c 时，观测值 y_i 被全部记录为该临界值。同时，式（5-12）还表明即使变量 y 本身是一个连续型变量，但如果存在截取的情形，那么 y 的分布形式也会发生变化，即变成一个连续分布（$y_i^* \geqslant c$）和一个离散分布（$y_i^* < c$）的混合体。

例 5-5：数据截取的例子。数据收集方面的限制是导致截取的一个原因。例如，当我们对个体收入状况进行调查时，对于“收入在 10000 元以上”这样的选项，我们并不知道个体具体的收入水平，往往会将其收入记为 10000 元。除此以外，现实条件的限制也是导致数据存在截取的原因。例如，当我们收集一场篮球比赛的门票销售数据时，由于场馆容量的限制，在门票需求量大于场馆容量时，我们只能以场馆容量为准记录门票需求人数。

2. 基本模型

截取回归模型由 Tobin（1958）提出，用于分析家庭耐用品消费支出问题，因此截取回归模型也被称为 Tobit 模型①。简便起见，我们假定临界值 $c = 0$②，一个标准的截取回归模型如下所示，

$$y_i^* = \boldsymbol{x}_i\boldsymbol{\beta} + \mu_i \tag{5-13}$$

$$y_i = \begin{cases} y_i^* & y_i^* \geqslant 0 \\ 0 & y_i^* < 0 \end{cases} \tag{5-14}$$

其中，式（5-13）是原始回归模型，式（5-14）是反映 y_i^* 取值规律的模型，y_i 是观测到的 y_i^* 的取值，且 $\mu_i \sim N(0, \sigma^2)$。

如果采用 OLS 方法对式（5-13）中的参数进行估计，得到的参数估计值将是有偏和不一致的。事实上，y_i 的条件期望为

$$\begin{aligned} E\left(y_i|\boldsymbol{x}_i\right) &= P\left(y_i = 0|\boldsymbol{x}_i\right)\times 0 + P\left(y_i \geqslant 0|\boldsymbol{x}_i\right)\times E\left(y_i|\boldsymbol{x}_i; y_i \geqslant 0\right) \\ &= P\left(y_i \geqslant 0|\boldsymbol{x}_i\right)\times E\left(y_i|\boldsymbol{x}_i; y_i \geqslant 0\right) \end{aligned}$$

由于

---

① 5.2 节我们首先给出了 Tobit Ⅱ模型，当然也存在 Tobit Ⅰ模型，Tobit Ⅰ模型指在零值左截取的模型。

② 临界值不为 0 的情况也可以做类似讨论。

$$E\left(y_i|\boldsymbol{x}_i;y_i\geqslant 0\right)=E\left(y_i^*|\boldsymbol{x}_i;y_i\geqslant 0\right)=E\left(\boldsymbol{x}_i\boldsymbol{\beta}+\mu_i|\boldsymbol{x}_i;y_i\geqslant 0\right)$$
$$=\boldsymbol{x}_i\boldsymbol{\beta}+E\left(\mu_i|\boldsymbol{x}_i;\boldsymbol{x}_i\boldsymbol{\beta}+\mu_i\geqslant 0\right)$$
$$=\boldsymbol{x}_i\boldsymbol{\beta}+E\left(\mu_i|\boldsymbol{x}_i;\mu_i\geqslant -\boldsymbol{x}_i\boldsymbol{\beta}\right)$$
$$=\boldsymbol{x}_i\boldsymbol{\beta}+\sigma\lambda(-\boldsymbol{x}_i\boldsymbol{\beta}/\sigma)$$

即 $y_i=\boldsymbol{x}_i\boldsymbol{\beta}+\sigma\lambda(-\boldsymbol{x}_i\boldsymbol{\beta}/\sigma)+e_i$（$e_i$ 为随机误差项），因此，如果我们只对 $y_i\geqslant 0$ 的部分样本进行估计，那么将遗漏非线性变量 $\lambda(-\boldsymbol{x}_i\boldsymbol{\beta}/\sigma)$，该项被纳入随机误差项，从而使得 $\boldsymbol{x}_i$ 与 e_i 相关。同时，由于

$$P\left(y_i\geqslant 0|\boldsymbol{x}_i\right)=P\left(y_i^*\geqslant 0|\boldsymbol{x}_i\right)=P\left(\boldsymbol{x}_i\boldsymbol{\beta}+\mu_i\geqslant 0|\boldsymbol{x}_i\right)=P\left(\mu_i\geqslant -\boldsymbol{x}_i\boldsymbol{\beta}|\boldsymbol{x}_i\right)$$
$$=P\left(\frac{\mu_i}{\sigma}\geqslant -\frac{\boldsymbol{x}_i\boldsymbol{\beta}}{\sigma}|\boldsymbol{x}_i\right)=1-\Phi\left(-\boldsymbol{x}_i\boldsymbol{\beta}/\sigma\right)$$
$$=\Phi\left(\boldsymbol{x}_i\boldsymbol{\beta}/\sigma\right)$$

因此

$$E\left(y_i|\boldsymbol{x}_i\right)=\Phi\left(\boldsymbol{x}_i\boldsymbol{\beta}/\sigma\right)\left[\boldsymbol{x}_i\boldsymbol{\beta}+\sigma\lambda(-\boldsymbol{x}_i\boldsymbol{\beta}/\sigma)\right] \tag{5-15}$$

很显然，$E\left(y_i|\boldsymbol{x}_i\right)$ 是关于解释变量 $\boldsymbol{x}_i$ 的非线性函数，如果以式（5-13）为基础对模型进行估计，将导致 $\boldsymbol{\beta}$ 的参数估计值是有偏和不一致的。

3. 对边际效应的解释

由于 $\lambda(-\boldsymbol{x}_i\boldsymbol{\beta}/\sigma)=\dfrac{\phi(-\boldsymbol{x}_i\boldsymbol{\beta}/\sigma)}{1-\Phi(-\boldsymbol{x}_i\boldsymbol{\beta}/\sigma)}=\dfrac{\phi(-\boldsymbol{x}_i\boldsymbol{\beta}/\sigma)}{\Phi(\boldsymbol{x}_i\boldsymbol{\beta}/\sigma)}$，将其代入式（5-15），得到

$$E\left(y_i|\boldsymbol{x}_i\right)=\Phi\left(\boldsymbol{x}_i\boldsymbol{\beta}/\sigma\right)\boldsymbol{x}_i\boldsymbol{\beta}+\sigma\phi(-\boldsymbol{x}_i\boldsymbol{\beta}/\sigma) \tag{5-16}$$

进一步地，因为 $\dfrac{\partial\phi(z)}{\partial z}=-z\phi(z)$，所以对第 j 个解释变量 x_{ij} 而言，有

$$\frac{\partial[\phi(-\boldsymbol{x}_i\boldsymbol{\beta}/\sigma)]}{\partial x_{ij}}=[(\boldsymbol{x}_i\boldsymbol{\beta}/\sigma)\phi(-\boldsymbol{x}_i\boldsymbol{\beta}/\sigma)](-\beta_j/\sigma)=-\frac{\boldsymbol{x}_i\boldsymbol{\beta}}{\sigma^2}\beta_j\phi(\boldsymbol{x}_i\boldsymbol{\beta}/\sigma) \tag{5-17}$$

其中，β_j 表示解释变量 x_{ij} 的系数。结合式（5-17），第 j 个解释变量 x_{ij} 的边际效应为

$$\begin{aligned}\frac{\partial E\left(y_i|\boldsymbol{x}_i\right)}{\partial x_{ij}}&=\Phi\left(\boldsymbol{x}_i\boldsymbol{\beta}/\sigma\right)\beta_j+\phi\left(\boldsymbol{x}_i\boldsymbol{\beta}/\sigma\right)\frac{\beta_j}{\sigma}\boldsymbol{x}_i\boldsymbol{\beta}-\frac{\boldsymbol{x}_i\boldsymbol{\beta}}{\sigma^2}\sigma\beta_j\phi(\boldsymbol{x}_i\boldsymbol{\beta}/\sigma)\\&=\Phi\left(\boldsymbol{x}_i\boldsymbol{\beta}/\sigma\right)\beta_j\end{aligned} \tag{5-18}$$

其中 $\Phi\left(\boldsymbol{x}_i\boldsymbol{\beta}/\sigma\right)\beta_j$ 意味着在数据存在截取的情形下，解释变量 x_{ij} 对 y_i 所产生的影响由两部分组成：一是直接影响数据被截取的概率 $\Phi\left(\boldsymbol{x}_i\boldsymbol{\beta}/\sigma\right)$，当 $\Phi\left(\boldsymbol{x}_i\boldsymbol{\beta}/\sigma\right)=1$ 时数据总是能够被观察到，因而边际效应成为 β_j，这恰好对应不存在截取时回归模型中 x_{ij} 对 y_i 的边际效应；二是 β_j 通过式（5-13）影响 y_i^*，进而影响 y_i。

同时，根据在 $y\geqslant 0$ 情形下的期望，我们也能计算当 $y_i\geqslant 0$ 时 x_{ij} 对 y_i 的边际效应，

$$\frac{\partial E\left(y_i \middle| \boldsymbol{x}_i; y_i \geqslant 0\right)}{\partial x_{ij}} = \beta_j - \beta_j \frac{\partial \lambda(-\boldsymbol{x}_i \boldsymbol{\beta}_i / \sigma)}{\partial(-\boldsymbol{x}_i \boldsymbol{\beta}_i / \sigma)} \tag{5-19}$$

由于 $\frac{\partial \lambda(c)}{\partial c} = \frac{\phi'(c)}{\Phi(c)} - \frac{\phi^2(c)}{\Phi^2(c)} = -\frac{c\phi(c)}{\Phi(c)} - \frac{\phi^2(c)}{\Phi^2(c)} = -\lambda(c)[c + \lambda(c)]$，代入式（5-19），可得

$$\frac{\partial E\left(y_i \middle| \boldsymbol{x}_i; y_i \geqslant 0\right)}{\partial x_{ij}} = \beta_j \left\{1 - \lambda\left(\frac{\boldsymbol{x}_i \boldsymbol{\beta}}{\sigma}\right)\left[\frac{\boldsymbol{x}_i \boldsymbol{\beta}}{\sigma} + \lambda\left(\frac{\boldsymbol{x}_i \boldsymbol{\beta}}{\sigma}\right)\right]\right\} \tag{5-20}$$

根据式（5-20）可知，$\frac{\partial E\left(y_i \middle| \boldsymbol{x}_i; y_i \geqslant 0\right)}{\partial x_{ij}} < \beta_j$。

4. 截取回归模型的最大似然估计

对于截取回归模型，一般采用最大似然估计。由于 $P\left(y_i \geqslant 0 \middle| \boldsymbol{x}_i\right) = \Phi\left(\boldsymbol{x}_i \boldsymbol{\beta} / \sigma\right)$，因此 $P\left(y_i = 0 \middle| \boldsymbol{x}_i\right) = 1 - \Phi\left(\boldsymbol{x}_i \boldsymbol{\beta} / \sigma\right)$。此外，根据 $P\left(y_i \geqslant 0 \middle| \boldsymbol{x}_i\right) = \Phi\left(\boldsymbol{x}_i \boldsymbol{\beta} / \sigma\right)$，当 $y_i \geqslant 0$ 时，相应的密度函数为

$$f\left(y_i \geqslant 0 \middle| \boldsymbol{x}_i\right) = \frac{1}{\sigma} \phi\left(\frac{y_i - \boldsymbol{x}_i \boldsymbol{\beta}}{\sigma}\right) \tag{5-21}$$

结合 $y_i = 0$ 时的取值概率，y_i 的密度函数可以写为

$$f\left(y_i \middle| \boldsymbol{x}_i\right) = \left[1 - \Phi\left(-\boldsymbol{x}_i \boldsymbol{\beta} / \sigma\right)\right]^{1(y_i = 0)} \left[\frac{1}{\sigma} \phi\left(\frac{y_i - \boldsymbol{x}_i \boldsymbol{\beta}}{\sigma}\right)\right]^{1(y_i \geqslant 0)} \tag{5-22}$$

其中，$1(\cdot)$ 为示性函数。以式（5-22）为基础，我们可以得到相应的对数似然函数，即

$$\begin{aligned} \ln L(\boldsymbol{\beta}) &= \sum_{i=1}^{n} \log f\left(y_i \middle| \boldsymbol{x}_i\right) \\ &= \sum_{y_i = 0} \log\left[1 - \Phi\left(-\boldsymbol{x}_i \boldsymbol{\beta} / \sigma\right)\right] + \sum_{y_i \geqslant 0} \log\left[\frac{1}{\sigma} \phi\left(\frac{y_i - \boldsymbol{x}_i \boldsymbol{\beta}}{\sigma}\right)\right] \end{aligned} \tag{5-23}$$

由式（5-23）便能得到 $\boldsymbol{\beta}$ 的估计值 $\hat{\boldsymbol{\beta}}$。

需要注意的是，由于截取回归模型的估计是以随机误差项服从正态分布这一假设为基础的，因此，如果随机误差项不服从正态分布或者存在异方差问题，就会导致估计偏误。当然，即使随机误差项不服从正态分布，但如果我们知道其具体的分布形式，使用最大似然估计仍有可能得到一致的估计量。同样，如果知道模型存在异方差，并且能够确定误差项方差的具体结构，我们也可以通过调整随机误差项的方差，并在此基础上进行最大似然估计，从而得到一致的估计量。

例 5-6：金融知识与家庭风险资产投资。尹志超、宋全云和吴雨（2014）使用 2013 年中国家庭金融调查数据检验了金融知识对家庭风险资产投资的影响。就那些没有参与到金

融市场的家庭而言，我们观测不到他们的风险资产投资额度，因而这是一个典型的 Tobit 模型。他们建立的模型如下所示，

$$y^* = \alpha_0 + \alpha_1 \text{financial\_literacy} + \boldsymbol{X\beta} + \mu,\ Y = \max(0, y^*)$$

其中，Y 表示家庭中风险资产占金融资产的比重；y^* 表示风险资产占金融资产比重在（0,1）之间的观测值；financial_literacy 和 $\boldsymbol{X}$ 分别表示金融知识和其他控制变量。最终的估计结果表明金融知识不仅显著推动了家庭参与金融（股票）市场，还使得家庭更多地投资于风险资产。

5.4 应用指南

1. 估计命令

本章涉及 3 类模型，我们将逐一介绍各类模型在 Stata 中的估计。对于断尾模型，Stata 的估计命令为 truncreg，其语法如下。

```
truncreg depvar [indepvars] [if] [in] [weight] [, ll(#) ul(#) options]
```

这一命令需要我们指定断尾类型，其中 ll(#)表示左边断尾，ul(#)表示右边断尾，如果同时设置，则表示双边断尾。截取模型的估计命令为 tobit，其语法如下。

```
tobit depvar [indepvars] [if] [in] [weight] [, ll(#) ul(#) options]
```

类似于 truncreg 命令，tobit 命令也需要借助选项 ll(#)和 ul(#)来设定截取点。

样本选择模型的估计命令为 heckman，相应的语法如下。

```
heckman depvar [indepvars], select(varlist_s) [twostep]
```

其中，select(varlist_s)用于设定样本选择模型的被解释变量，如果不设定被解释变量，则默认 depvar 对应的为被解释变量；选项 twostep 表示采用两步法进行估计，默认软件采用最大似然估计。

2. 例子

我们以 Cameron 和 Trivedi（2009）的数据集 mus16data.dta 来介绍上述 3 个命令的具体应用，该数据集是关于美国 21～64 岁个体在 2001 年的医疗支出数据，包含了非住院支出（ambexp）、年龄（age）、女性虚拟变量（female）、受教育年限（educ）及其他 3 个变量（blhisp、totchr 和 ins）。

在该数据集所包含的 3328 个观测值中，有 526 个个体的非住院支出为 0（占比 15.8%），可能存在零值左截取的情况，故我们先进行截取回归，命令如下。

```
tobit ambexp age female educ blhisp totchr ins, ll(0)
```

相应的估计结果如图 5-1 所示。

```
Tobit regression                                 Number of obs     =  3,328
                                                        Uncensored =  2,802
Limits: Lower =     0                                Left-censored =    526
        Upper = +inf                                Right-censored =      0

                                                 LR chi2(6)        = 694.07
                                                 Prob > chi2       = 0.0000
Log likelihood = -26359.424                      Pseudo R2         = 0.0130

------------------------------------------------------------------------------
      ambexp | Coefficient  Std. err.      t    P>|t|     [95% conf. interval]
-------------+----------------------------------------------------------------
         age |   314.1479   42.63366     7.37   0.000      230.557    397.7388
      female |   684.9918   92.85464     7.38   0.000     502.9337    867.0498
        educ |    70.8656   18.57365     3.82   0.000     34.44865    107.2825
      blhisp |   -530.311   104.2669    -5.09   0.000    -734.7448   -325.8772
      totchr |   1244.578   60.51376    20.57   0.000      1125.93    1363.226
         ins |  -167.4714   96.46088    -1.74   0.083    -356.6002    21.65734
       _cons |  -1882.591   317.4305    -5.93   0.000    -2504.971   -1260.212
-------------+----------------------------------------------------------------
var(e.ambexp)|    6635296   179247.7                       6292994     6996217
------------------------------------------------------------------------------
```

图 5-1　截取回归估计结果

然后，我们进行断尾回归，命令如下。

```
truncreg ambexp age female educ blhisp totchr ins, ll(0)
```

相应的估计结果如图 5-2 所示。

```
Truncated regression
Limit: Lower =     0                        Number of obs     =      2,802
       Upper = +inf                         Wald chi2(6)      =      15.31
Log likelihood = -23265.704                 Prob > chi2       =     0.0180

------------------------------------------------------------------------------
      ambexp | Coefficient  Std. err.      z    P>|z|     [95% conf. interval]
-------------+----------------------------------------------------------------
         age |   28484.67   8297.415     3.43   0.001     12222.04    44747.31
      female |   34720.25   12239.17     2.84   0.005     10731.91    58708.58
        educ |   1227.464   1358.951     0.90   0.366    -1436.032     3890.96
      blhisp |  -33178.65    12552.5    -2.64   0.008     -57781.1   -8576.189
      totchr |   42856.17   11053.56     3.88   0.000      21191.6    64520.74
         ins |  -26373.09   10034.05    -2.63   0.009    -46039.46   -6706.724
       _cons |  -372131.9   107513.7    -3.46   0.001    -582854.9   -161408.9
-------------+----------------------------------------------------------------
      /sigma |   17536.11   2559.603     6.85   0.000     12519.38    22552.84
------------------------------------------------------------------------------
```

图 5-2　断尾回归估计结果

最后，我们以该数据集为基础进行样本选择模型估计，我们生成一个虚拟变量 y，令那些非住院支出不为 0 的个体取值为 1（表示能够观测到其支出），非住院支出为 0 的个体取值为 0，命令如下。

```
gen y = ambexp > 0
```

我们在此基础上进行样本选择模型估计，为了避免共线性问题，在模型中多引入了 blhisp、totchr 和 ins 这 3 个变量，命令如下。

```
heckmanambexp age female educ, select (y = age female educ blhisp totchr ins) twostep
```

相应的估计结果如图 5-3 所示。

```
Heckman selection model -- two-step estimates   Number of obs     =      3,328
(regression model with sample selection)              Selected    =      2,802
                                                      Nonselected =        526

                                                Wald chi2(3)      =      24.77
                                                Prob > chi2       =     0.0000
```

	Coefficient	Std. err.	z	P>|z|	[95% conf.	interval]
ambexp						
age	215.296	62.47972	3.45	0.001	92.83799	337.754
female	-253.8699	155.1551	-1.64	0.102	-557.9682	50.22839
educ	-66.37253	27.61768	-2.40	0.016	-120.5022	-12.24289
_cons	2636.402	591.5772	4.46	0.000	1476.932	3795.872
y						
age	.097315	.0270155	3.60	0.000	.0443656	.1502645
female	.6442089	.0601499	10.71	0.000	.5263172	.7621006
educ	.0701674	.0113435	6.19	0.000	.0479345	.0924003
blhisp	-.3744867	.0617541	-6.06	0.000	-.4955224	-.2534509
totchr	.7935208	.0711156	11.16	0.000	.6541367	.9329048
ins	.1812415	.0625916	2.90	0.004	.0585642	.3039187
_cons	-.7177087	.1924667	-3.73	0.000	-1.094937	-.3404809
/mills						
lambda	-3525.635	425.5732	-8.28	0.000	-4359.743	-2691.527
rho	-1.00000					
sigma	3525.635					

图 5-3　基于样本选择模型的估计结果

第 6 章　面板数据模型 I

面板数据（panel data）也称综列数据（longitudinal data），本章将介绍面板数据的分析方法。本章将先介绍面板数据的特征和优势，并结合应用对一些有名的面板数据集进行介绍，然后将从静态面板数据模型出发，对不同类型的模型进行介绍。

6.1　面板数据的特征

简单地讲，面板数据是指针对同样的个体和变量，在不同时间进行重复观测后所收集到的数据集。由此，一个面板数据集通常包含两个维度：横截面维度和时间维度。横截面维度意味着面板数据包含了不同的个体，时间维度则意味着其包含了不同的时间。可将面板数据简单分为微观面板数据和宏观面板数据，前者的横截面个体通常对应个体、家庭等，后者则对应国家、省份等。微观面板数据往往意味着较多的个体和较短的时间跨度，宏观面板数据则意味着较少的个体和较长的时间跨度。

本书主要涉及的是微观面板数据。国内著名的微观面板数据集包括中国家庭追踪调查（China Family Panel Studies，CFPS）、中国劳动力动态调查（China Labor-force Dynamics Survey，CLDS）等；国外著名的微观面板数据集包括美国收入动态追踪调查（Panel Study of Income Dynamics，PSID）、德国社会经济追踪调查（Socio-Economic Panel，SOEP）等。

面板数据的优势主要体现在以下几个方面。

首先，与横截面数据相比，面板数据可以获得更多的动态信息，能够刻画时间序列数据所不能描述的个体差异性。例如，假定有一个横截面数据集，在该数据集中所有个体的平均就业率为 50%，那么，对于这个 50%的含义我们可以有两种解释：（1）总体同质，即样本中的每个个体均有 50%的概率参加工作，50%的概率不参加工作；（2）总体异质，即样本中有 50%的个体一直在工作，而 50%的个体一直不工作。很显然，如果只有横截面数据，我们无法判断上述哪种情形是正确的。但如果有面板数据，则很容易对此进行判断。图 6-1 描述了四个不同的个体在三个不同时期的就业状况，其中不同符号代表不同的个体。根据该图我们可以发现，尽管在 t_1、t_2、t_3 这三个时间点，每个时间点的就业率均为 50%，但是，我们很容易确认，在这三个时间点有些个体一直处于失业或就业的状态，但也有些个体的工作状况随着时间的变化而发生了改变。显然，只有采用面板数据我们才能对此加以辨识。

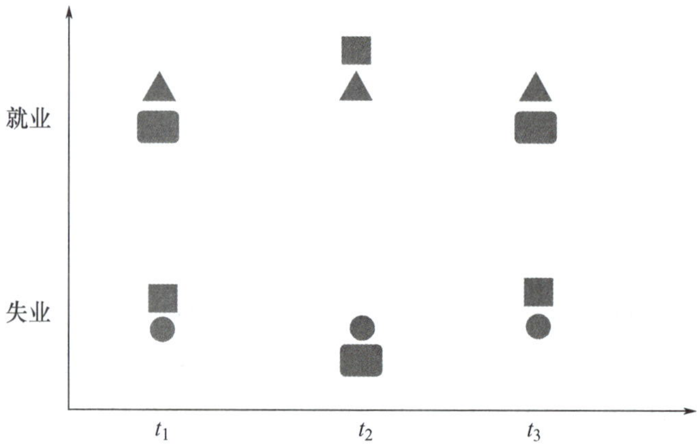

图 6-1　不同个体的就业状况

其次，面板数据还有一个优势是可以帮助我们解决遗漏变量偏误。在横截面模型中，往往会因为存在遗漏变量问题而导致估计偏误。但是，在面板数据中，只要所遗漏的变量不随时间发生变化，我们就可以将这些因素视为误差成分，通过在模型中加以控制来有效解决估计偏误。例如，当我们在估计教育的回报率时，往往会因为遗漏个人能力而导致估计偏误。但是，由于个人能力是不随时间变化的，因此在面板数据中我们可以对其加以控制，通过在估计之前“消去”这一因素来消除其产生的不利影响。

最后，由于面板数据包含了个体和时间两个维度，因此较容易获得大量的观测值，这能够有效缓解估计过程中因自由度损耗而产生的不利影响。例如，我们可以增加截面个体 N 的数量或者扩充时间 T 的涵盖范围。当然，这也使得我们在考察面板数据模型的大样本性质时，采用的方法要与单纯的横截面模型和时间序列模型有所差异。我们既可以先使 N（或者 T）趋于无穷大，得到一个中间极限，再让 T（或者 N）趋于无穷大得到连续极限，也可以使 N 和 T 同时趋于无穷大得到一个共同极限。由于微观面板数据往往是大 N 小 T 的情况，因此我们在考察微观面板数据模型的大样本性质时，通常是使时间 T 固定，而使 N 趋于无穷大。

6.2　静态面板数据模型的估计

线性面板数据模型可以分为两类：一是静态面板数据模型，二是动态面板数据模型，我们首先介绍静态面板数据模型的估计。一个标准的静态面板数据模型可写为

$$y_{it} = \boldsymbol{x}_{it}\boldsymbol{\beta} + \mu_{it} \tag{6-1}$$

其中，下标 $i(i=1,2,\cdots,N)$ 和 $t(t=1,2,\cdots,T)$ 分别对应截面个体和时间，y_{it} 和 $\boldsymbol{x}_{it}$ 分别表示被解释变量和外生解释变量，μ_{it} 为复合误差项，$\boldsymbol{\beta}$ 为待估参数。模型（6-1）中 μ_{it} 可分解为：$\mu_{it}=\alpha_i+\varepsilon_{it}$，此时式（6-1）又被称为单因子效应模型。$\alpha_i$ 为不可观测的异质性，代表的是式（6-1）中误差项 μ_{it} 中不随时间而只随个体变化的部分，ε_{it} 为特异性误差

（idiosyncratic error），于是式（6-1）可以写为

$$y_{it} = \boldsymbol{x}_{it}\boldsymbol{\beta} + \alpha_i + \varepsilon_{it} \tag{6-2}$$

进一步地，如果式（6-2）中的 α_i 与 $\boldsymbol{x}_{it}$ 不相关，即 $\text{corr}(\alpha_i, \boldsymbol{x}_{it}) = 0$，那么该模型被称为随机效应（random effect）模型；反之，如果 $\text{corr}(\alpha_i, \boldsymbol{x}_{it}) \neq 0$，则该模型被称为固定效应（fixed effect）模型。

例 6-1：家庭教育投资与学生成绩。如果我们采用面板数据模型考察家庭教育投资 $\boldsymbol{x}_{it}$ 如何影响学生成绩 y_{it}，此时式（6-2）中的 α_i 也包含了不可观测的家庭环境因素。由于家庭环境不仅会影响学生成绩，也会影响家庭的教育投资决策，即 $\text{corr}(\alpha_i, \boldsymbol{x}_{it}) \neq 0$，因此此时如果我们认为 α_i 是随机效应就不尽合理。

1. 估计

我们采用面板数据来对相关参数进行估计时，一种可行的办法是将不同年份的数据混合到一起直接进行估计，即采用混合最小二乘法（pooled OLS，POLS）估计式（6-2）。该方法得到的参数估计值一致的前提是 $E(\boldsymbol{x}_{it}\alpha_i) = 0$，且 $E(\boldsymbol{x}_{it}\varepsilon_{it}) = 0$，我们称其为同期外生（contemporaneous exogeneity）假定。这一条件往往难以满足，原因在于即使解释变量 $\boldsymbol{x}_{it}$ 与 ε_{it} 不相关，但若 $\boldsymbol{x}_{it}$ 与 α_i 相关，那么基于 POLS 估计式（6-2）得到的结果仍将是不一致的。

由于现实中 α_i 与 $\boldsymbol{x}_{it}$ 相关是更为常见的情形，因此我们先考虑固定效应估计。对式（6-2）在时间维度上求均值，可得到

$$\bar{y}_i = \bar{\boldsymbol{x}}_i\boldsymbol{\beta} + \alpha_i + \bar{\varepsilon}_i \tag{6-3}$$

我们将这一处理称为组间变换（between transformation），其中，$\bar{y}_i = \frac{1}{T}\sum_{t=1}^{T} y_{it}$，$\bar{\boldsymbol{x}}_i = \frac{1}{T}\sum_{t=1}^{T} \boldsymbol{x}_{it}$，$\bar{\varepsilon}_i = \frac{1}{T}\sum_{t=1}^{T} \varepsilon_{it}$。式（6-3）对应一个横截面模型，式（6-2）减去式（6-3）可得

$$y_{it} - \bar{y}_i = (\boldsymbol{x}_{it} - \bar{\boldsymbol{x}}_i)\boldsymbol{\beta} + (\varepsilon_{it} - \bar{\varepsilon}_i) \tag{6-4}$$

在式（6-4）中 α_i 被消去，为了得到 $\boldsymbol{\beta}$ 的一致估计量，我们需保证 $E(\boldsymbol{x}_{it}\varepsilon_{it}) = 0$，其中 $t = 1, 2, \cdots, T$，我们将该条件称为严格外生（strict exogeneity）假定，意味着任何时期的 $\boldsymbol{x}$ 与任何时期的 ε 均不相关。相应的估计量记为 $\hat{\boldsymbol{\beta}}_{\text{FE}}$，称为固定效应估计量（fixed effect estimator）[①]。

例 6-2：严格外生假定的讨论。伍德里奇（2009）对严格外生假定的合理性进行了讨论。假定 mrdrte 表示地区犯罪率，polpc 表示地区的人均警官数，在模型 $\text{mrdrte}_t = \beta_0 + \beta_1\text{polpc}_t + \mu_t$ 中，我们可以认为 μ_t 与现在以及过去的 polpc_t 不相关，但是如果假定 μ_t 与任何时期的 polpc_t 均不相关（即 polpc_t 严格外生）就不尽合理，因为这排除了地区犯罪率对警力规模的一种反馈效应：若当前某些地区的犯罪率 (mrdrte_t) 较高，那么下一时期这些地

---

① 该估计量也称组内估计量（within estimator）。

区的警力规模将变大，即 polpc_{t+1} 变大，从而使得 $\text{corr}(\mu_t, \text{polpc}_{t+1}) \neq 0$ 。

对于固定效应模型，还可采用所谓的一阶差分方法来进行估计。我们写出第 $t-1$ 期的方程，即

$$y_{i(t-1)} = \boldsymbol{x}_{i(t-1)}\boldsymbol{\beta} + \alpha_i + \varepsilon_{i(t-1)} \tag{6-5}$$

用第 t 期的方程减去第 $t-1$ 期的方程，有

$$\Delta y_{it} = \Delta \boldsymbol{x}_{it}\boldsymbol{\beta} + \Delta\varepsilon_{it} \tag{6-6}$$

该方程被称为一阶差分方程，Δ 表示从第 $t-1$ 期到第 t 期的变化。由于个体固定效应 α_i 被差分掉，可以直接用 OLS 方法对式（6-6）进行估计，所得到的估计量 $\hat{\boldsymbol{\beta}}_{\text{FD}}$ 被称为一阶差分估计量（first-difference estimator）。需要指出的是，一阶差分估计存在一定的缺陷：第一，差分的过程使第 1 期的观测值被差分掉，从而给估计效率带来一定的损失；第二，在存在缺失值的情形下，差分的过程会导致更多观测值的损失，也会对估计效率产生不利影响。

此外，我们也可以采用虚拟变量的方法来描述个体固定效应 α_i，将式（6-2）改写为

$$y_{it} = \boldsymbol{x}_{it}\boldsymbol{\beta} + \sum_{i=2}^{N}\gamma_i D_i + \varepsilon_{it} \tag{6-7}$$

由于通常模型会包含一个截距项，因此为了避免完全共线性，我们在式（6-7）中只引入 $N-1$ 个虚拟变量，此时直接对该式进行 OLS 估计也能得到 $\boldsymbol{\beta}$ 的无偏估计量以及个体异质性的估计值。我们将 $\boldsymbol{\beta}$ 在这一情形下的估计量称为最小二乘虚拟变量（least square dummy variable，LSDV）估计量，该估计量与固定效应估计量并无差异，因而通常也被看作另一种形式的固定效应估计。但如果样本中包含了过多的个体（N 很大），则需要在模型中引入很多虚拟变量，此时就不宜采用 LSDV 估计。

上述三种方法均可得到固定效应估计量，但是，无论是一阶差分估计还是 LSDV 估计均有一定的缺陷，因而现实中应用较多的仍是固定效应估计。

2. 推断

经典的 OLS 估计保证参数估计值有效的前提是模型不存在异方差和序列相关问题。但是，在面板数据模型中，复合误差项 $\mu_{it} = \alpha_i + \varepsilon_{it}$ 并不满足上述要求。例如，对于给定的个体 i，序列相关问题难以避免；对于给定的时间 t，异方差问题极易出现。我们接下来以固定效应估计量为基础，介绍其两个方差估计量。

在式（6-4）中，令 $\ddot{y}_{it} = y_{it} - \bar{y}_i$，$\ddot{\boldsymbol{x}}_{it} = \boldsymbol{x}_{it} - \bar{\boldsymbol{x}}_i$，$\ddot{\varepsilon}_{it} = \varepsilon_{it} - \bar{\varepsilon}_i$，即 $\ddot{y}_{it} = \ddot{\boldsymbol{x}}_{it}\boldsymbol{\beta} + \ddot{\varepsilon}_{it}$。如果随机误差项 $\ddot{\varepsilon}_{it}$ 既不存在序列相关也不存在异方差，那么，固定效应估计量 $\hat{\boldsymbol{\beta}}_{\text{FE}}$ 的方差的一致估计量可写为

$$\widehat{\mathrm{Var}}(\hat{\boldsymbol{\beta}}_{\mathrm{FE}}) \xrightarrow{\text{asy}} \hat{\sigma}_{\varepsilon}^{2}\left(\sum_{i=1}^{N} \ddot{\boldsymbol{x}}_{it}' \ddot{\boldsymbol{x}}_{it}\right)^{-1} \tag{6-8}$$

其中，$\hat{\sigma}_{\varepsilon}^{2}=\sum_{i=1}^{N}\sum_{t=1}^{T}\ddot{\varepsilon}_{it}/(NT-N-1)$，$\ddot{\boldsymbol{x}}_{it}'$ 表示 $\ddot{\boldsymbol{x}}_{it}$ 的转置。

在存在序列相关和异方差的情况下，$\hat{\boldsymbol{\beta}}_{\mathrm{FE}}$ 的方差的稳健估计量可写为

$$\widehat{\mathrm{Var}}(\hat{\boldsymbol{\beta}}_{\mathrm{FE}}) \xrightarrow{\text{asy}} (\ddot{\boldsymbol{x}}_{it}' \ddot{\boldsymbol{x}}_{it})^{-1}\left(\sum_{i=1}^{N} \ddot{\boldsymbol{x}}_{it}' \varepsilon\varepsilon' \ddot{\boldsymbol{x}}_{it}\right)^{-1}(\ddot{\boldsymbol{x}}_{it}' \ddot{\boldsymbol{x}}_{it})^{-1} \tag{6-9}$$

其中，$\varepsilon=(\varepsilon_{1t},\varepsilon_{2t},\cdots,\varepsilon_{Nt})'$，$t=1,2,\cdots,T$，$\varepsilon'$ 为 ε 的转置。该方差也被称作聚类稳健方差，与式（6-8）所决定的方差相比，其数值通常更小，在聚类数量较少的情况下该方差估计值将会产生偏误。此外，实际应用中我们还可以采用自举法计算 $\hat{\boldsymbol{\beta}}_{\mathrm{FE}}$ 的方差。

6.3　固定效应和随机效应的选择

如 6.2 节所述，如果解释变量 $\boldsymbol{x}_{it}$ 与 α_i 相关，则为固定效应模型，否则为随机效应模型。以式（6-2）为例，若 α_i 对应的是随机效应，那么就意味着无论是 α_i 还是 ε_{it} 均与 $\boldsymbol{x}_{it}$ 不相关，我们可以直接对其进行 OLS 估计，但估计值并不是有效的。而此时若采用 FGLS 方法，则可以得到 $\boldsymbol{\beta}$ 的一致且有效的估计量 $\hat{\boldsymbol{\beta}}_{\mathrm{RE}}$。考虑模型

$$(y_{it}-\theta\overline{y}_i)=(\boldsymbol{x}_{it}-\theta\overline{\boldsymbol{x}}_i)\boldsymbol{\beta}+\alpha_i(1-\theta)+(\varepsilon_{it}-\theta\overline{\varepsilon}_i) \tag{6-10}$$

其中，$\theta=1-\sqrt{\dfrac{\sigma_{\varepsilon}^{2}}{T\sigma_{f}^{2}+\sigma_{\varepsilon}^{2}}}$，$\theta\in[0,1]$，直接对式（6-10）进行估计，得到的便是基于 FGLS 方法的随机效应估计量 $\hat{\boldsymbol{\beta}}_{\mathrm{RE}}$。显然，如果 $\theta=1$，得到的便是固定效应估计量；如果 $\theta=0$，得到的则是 OLS 估计量。此外，由于在随机效应模型中，$\boldsymbol{x}_{it}$ 与 α_i 不相关，因此，我们也可以以组间变换为基础，直接对式（6-3）进行估计，此时得到的估计量被称为组间估计量 $\hat{\boldsymbol{\beta}}_{\mathrm{BE}}$。

大多数情况下，我们使用面板数据模型来对变量间的关系进行分析的目的是允许 $\boldsymbol{x}_{it}$ 与 α_i 相关，固定效应分析刚好实现了这一目的。更为重要的是，即使是在随机效应的情形下，固定效应模型仍然可以得到无偏和一致的估计量。

然而，随机效应模型也有其优点。由于解释变量 $\boldsymbol{x}_{it}$ 与 α_i 不相关，我们可以直接对式（6-2）实施 OLS 估计，并且由于不存在像一阶差分和固定效应估计一样的作差过程，我们可以估计出一些不随时间变化的变量所具有的影响，而且在随机效应情形下得到的估计量要比固定效应估计量更加有效。因而，如何判断一个模型到底是固定效应模型还是随机效应模型，也是值得关注的问题。

Hausman（1978）为我们提供了一个检验思路。如表 6-1 所示，若估计模型为固定效

应模型，则只有固定效应估计量是无偏一致的，若采用 FGLS 方法进行估计，将得到有偏且不一致的估计量，其与固定效应估计量将存在较大差异。但若估计的是随机效应模型，这两个估计量将不存在差异（见表 6-1）。因此，若 $\hat{\beta}_{\mathrm{FE}}=\hat{\beta}_{\mathrm{RE}}$，则意味着原模型为随机效应模型，反之则为固定效应模型，这就是豪斯曼检验。豪斯曼检验的原假设和备择假设分别为

$$H_0\text{：}\ \hat{\beta}_{\mathrm{FE}}=\hat{\beta}_{\mathrm{RE}}\text{，}\quad H_1\text{：}\ \hat{\beta}_{\mathrm{FE}}\neq\hat{\beta}_{\mathrm{RE}}$$

相应的检验统计量为

$$H=(\hat{\beta}_{\mathrm{RE}}-\hat{\beta}_{\mathrm{FE}})'[\mathrm{Var}(\hat{\beta}_{\mathrm{RE}})-\mathrm{Var}(\hat{\beta}_{\mathrm{FE}})]^{-1}(\hat{\beta}_{\mathrm{RE}}-\hat{\beta}_{\mathrm{FE}}) \tag{6-11}$$

该统计量服从 χ^2 分布，即 $H\sim\chi^2(k)$，其中，k 为解释变量的个数。如果检验结果不能拒绝原假设，我们便可以建立随机效应模型。

表 6-1 不同模型下不同类型估计量的特征

	固定效应估计量 $\hat{\beta}_{\mathrm{FE}}$	随机效应估计量 $\hat{\beta}_{\mathrm{RE}}$	估计量之间的差异
随机效应模型	估计量无偏一致	估计量无偏一致	无
固定效应模型	估计量无偏一致	估计量有偏且不一致	有

例 6-3：公共资本投资的回报。Munnell（1990）基于美国 48 个州在 1970—1986 年的面板数据估计了公共资本投资对产出的影响，设定的模型如下，

$$\ln Y_{it}=\alpha+\beta_1\ln K_{1it}+\beta_2\ln K_{2it}+\beta_3\ln L_{it}+\beta_4\mathrm{Unemp}_{it}+f_i+\mu_{it}$$

其中，Y、K_1、K_2、L 和 Unemp 分别表示产出、公共资本投资、私有资本投资、劳动力投入和失业率。采用组间估计和组内估计得到的结果如表 6-2 所示。

表 6-2 公共资本投资回报模型的估计结果

	β_1	β_2	β_3	β_4
组间估计结果	0.179** (0.072)	0.302*** (0.042)	0.576*** (0.056)	−0.004 (0.010)
组内估计结果	−0.026 (0.029)	0.292*** (0.025)	0.768*** (0.030)	−0.005*** (0.001)

注：***、**、*分别表示 1%、5%、10%的显著性水平。

根据表 6-2 的结果可以发现，两种情况下得到的 β_1 的估计值存在显著差异，由于组间估计只适用于对随机效应模型进行估计，因此上述结果说明可能需要建立固定效应模型。事实上，豪斯曼检验的结果（p 值为 0.001）表明我们可以拒绝原假设，故应设立固定效应模型。

6.4 其他问题

1. 双因子效应模型

当我们将式（6-1）中的复合误差项分解为$\mu_{it}=\alpha_i+\varepsilon_{it}$时，只考虑到模型中存在个体效应，而现实中可能也会存在时间效应，此时，复合误差项的构成可表示为$\mu_{it}=\alpha_i+\gamma_t+\varepsilon_{it}$，其中$\gamma_t$表示时间效应，它可以刻画随时间变化但不随个体变化的不可观测效应。例如，当我们分析石油价格的变化时，γ_t可以表示特定时期战争的影响；当我们考虑一国个体幸福水平的决定因素时，γ_t可以表示该国获得世界杯冠军等事件对个体幸福所产生的暂时性冲击。

此时的估计模型为$y_{it}=\boldsymbol{x}_{it}\boldsymbol{\beta}+\alpha_i+\gamma_t+\varepsilon_{it}$，我们称其为双因子效应模型。其中，$\gamma_t$既可看作固定效应成分，也可看作随机效应成分，我们将针对不同的情形分别讨论对该模型的估计。

首先，若α_i和γ_t均为固定效应成分，那么我们同样可以得到$\boldsymbol{\beta}$的固定效应估计值。定义$\tilde{y}=y_{it}-\bar{y}_i-\bar{y}_t+\bar{\bar{y}}$，$\tilde{\boldsymbol{x}}=\boldsymbol{x}_{it}-\bar{\boldsymbol{x}}_i-\bar{\boldsymbol{x}}_t+\bar{\bar{\boldsymbol{x}}}$，其中$\bar{y}_i=\dfrac{1}{T}\sum_{t=1}^{T}y_{it}$，$\bar{y}_t=\dfrac{1}{N}\sum_{i=1}^{N}y_{it}$，$\bar{\bar{y}}=\dfrac{1}{NT}\sum_{i=1}^{N}\sum_{t=1}^{T}y_{it}$，$\bar{\boldsymbol{x}}_i$、$\bar{\boldsymbol{x}}_t$和$\bar{\bar{\boldsymbol{x}}}$也可以做相似的定义。以此为基础，我们用$\tilde{y}$对$\tilde{\boldsymbol{x}}$进行 OLS 回归，便可得到$\boldsymbol{\beta}$的一致估计量。

其次，如果α_i和γ_t均为随机效应成分，尽管α_i和γ_t与模型中的解释变量不相关，但γ_t将导致不同个体存在相关性。为了保证参数估计值的有效性，我们需采用 GLS 方法来估计模型。定义$y^*=y_{it}-\lambda_1\bar{y}_i-\lambda_2\bar{y}_t+\lambda_3\bar{\bar{y}}$，$\boldsymbol{x}^*=\boldsymbol{x}_{it}-\lambda_1\bar{\boldsymbol{x}}_i-\lambda_2\bar{\boldsymbol{x}}_t+\lambda_3\bar{\bar{\boldsymbol{x}}}$，$\lambda_1$、$\lambda_2$和$\lambda_3$可以看作实施 GLS 估计的过程中所采用的权重。那么，用y^*对$\boldsymbol{x}^*$进行 OLS 回归，便可得到$\boldsymbol{\beta}$的随机效应估计量。

最后，在模型$y_{it}=\boldsymbol{x}_{it}\boldsymbol{\beta}+\alpha_i+\gamma_t+\varepsilon_{it}$中，我们也可以通过引入一系列的时间虚拟变量来刻画$\gamma_t$，将其转化为一个单因子效应模型，进而采用相应的方法对其进行估计。但是，这一方法有可能混淆γ_t与其他变量所产生的影响。例如，假定我们考察工资水平 wage 的决定因素，设定模型$\text{wage}_{it}=\eta_0+\boldsymbol{X\beta}+\alpha_i+\gamma_t+\varepsilon_{it}$，此时引入年度虚拟变量来刻画$\gamma_t$的效应，如果解释变量$\boldsymbol{X}$中未包含年龄，那么在$\gamma_t$中就不可避免地混杂了年龄的影响。

2. 交互效应模型

无论是单因子效应模型还是双因子效应模型，均不能解决既随个体变化又随时间变化的不可观测因素产生的影响。现实中，个体效应可能会随时间而变化，时间上的冲击对于不同个体也可能是不一样的。例如，在考虑个体收入水平的影响因素时，毅力可以看作不可观测的个体效应，但毅力对收入的影响很可能会随着时间的变化而变化。

为了解决这一问题，我们可以在面板数据模型中引入个体效应和时间效应的交互项，即建立交互固定效应（interactive fixed effect）模型，从而将面板数据模型中的个体效应和时间效应拓展至更一般的形式。在此基础上，我们可以先消去交互固定效应，再估计相关参数，或者在估计出交互固定效应后再对其他参数进行估计。

例 6-4：企业产出的影响因素。假设我们想研究某行业不同企业产出的决定因素，设定如下模型，

$$y_{it}=\beta_0+\beta_1X_{it}+\gamma_i+\delta_t+\theta(\gamma_i\delta_t)+\mu_{it}$$

其中，y_{it} 表示企业 i 在第 t 年的产出；X_{it} 表示解释变量；γ_i 包含了那些企业层面的不可观测的因素对企业产出的影响，例如企业文化、企业制度等；δ_t 则捕捉了一些随时间变化但是不随企业变化的影响因素，例如整个行业所受到的不可观测冲击。由于整个行业所受到的不可观测冲击很有可能对不同企业产生不一样的影响，因此我们引入了交互项 $\gamma_i\delta_t$。

3. 数据缺失

面板数据也会存在数据缺失的情况，尤其是在微观面板数据中，我们通常需要针对同一个体进行追踪调查，随着时间的推移，往往会出现因为调查个体退出而导致观测值不可避免地减少的情况。

这类数据又被称为非平衡面板数据。需要注意的是，如果数据缺失是随机导致的，那么就不会对估计结果产生不利影响。然而，很多情形下这种缺失是非随机的，特别是当产生缺失值的原因与模型中的随机误差项相关时，就会导致选择偏误。

如图 6-2 所示，我们关心 x 对 y 的影响。在观测值不存在缺失的情形下，l_1 是对两者关系的一个拟合，若圆圈内的观测值存在缺失，则拟合线变为 l_2。在该图中，缺失值对应的均是 x 和 y 较小的观测值，很可能是由非随机因素引起的，而从拟合线来看，这种缺失使参数估计值的低估表现得极为明显。

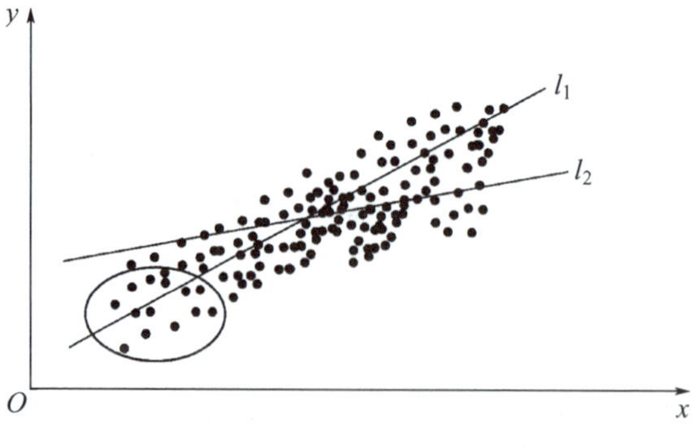

图 6-2　非随机缺失的影响

例 6-5：数据缺失与选择偏误。假设我们正在收集一些有关保险公司偿付能力的数据，如果其中某些公司破产，我们便无法观测到这些公司的财务指标，但这些破产的公司本身

可能就是偿付能力较弱的公司，这使得我们想观测的结果（公司的偿付能力）与观测到这些公司的机会相关，从而导致选择偏误。

如果模型观测值的缺失是非随机的，我们可以从样本选择的角度对相关参数进行估计。此外，我们也可以采用逆概率加权法（inverse probability weighting，IPW）。假定表示数据缺失的示性函数为

$$s_{it} = 1[w_{it}\delta_i + v_{it} > 0] \tag{6-12}$$

其中，s_{it} 为虚拟变量，如果个体 i 在时期 t 的观测值缺失则，$s_{it}=1$，否则 $s_{it}=0$。w_{it} 是一系列影响观测值能否被观测到的因素。该模型本质上是一个二元选择模型，决定了个体 i 在时期 t 的观测值能够被观测到的概率。以式（6-12）为基础，逆概率加权法的实施步骤如下。

步骤 1：估计式（6-12），得到每个观测值能够被观测到的概率 $\hat{p}_{it}$。

步骤 2：以该概率的倒数 $1/\hat{p}_{it}$ 作为权重，估计原始面板数据模型。

但需要注意，逆概率加权法的实施依赖于以下假设：第 1 个时期观测到的信息 z_{i1} 对后续观测值有极强的预测力，这意味着对于 $t=2,\cdots,T$，有

$$p\left(s_{it}=1 \middle| y_{it}, x_{it}, z_{i1}\right) = p\left(s_{it}=1 \middle| z_{i1}\right) \tag{6-13}$$

6.5 动态面板数据模型

1. 基本问题

在面板数据中，被解释变量可能会存在状态依赖性（state dependence）。以模型 $y_{it} = \boldsymbol{x}_{it}\boldsymbol{\beta} + f_i + \varepsilon_{it}$ 为例，这种状态依赖性可以源于两个方面。一是源于不可观测的因素 f_i。即使 ε_{it} 不存在序列相关的问题，但因为 f_i 不随时间变化，所以 $\mathrm{Corr}(y_{it}, y_{i(t-1)}) \neq 0$，我们将这种情形称为伪（spurious）状态依赖性。二是源于被解释变量 y 不同时期的值直接相关。例如，一个国家现在的经济发展水平依赖于其过去的发展水平；一个学生某个学科现在的成绩依赖于其过去的成绩（过去是基础）。我们将 y 的这种相关性称为真实状态依赖，这也是我们在面板数据模型中关注的一种情况。

假定一般化的模型为

$$y_{it} = \rho y_{i(t-1)} + \boldsymbol{x}_{it}\boldsymbol{\beta} + \alpha_i + \varepsilon_{it} \tag{6-14}$$

其中，ρ 衡量了 y_{it} 和 $y_{i(t-1)}$ 之间的相关性，通常假定 $|\rho|<1$，其他变量及参数的定义与 6.2 节一致。式（6-14）在静态面板数据模型的基础上引入了滞后一期的被解释变量，我们称其为动态（dynamic）面板数据模型。

为了简化分析，我们省去解释变量 $\boldsymbol{x}_{it}$，于是有 $E\left(y_{it} \middle| y_{i(t-1)}, \alpha_i\right) = \rho y_{i(t-1)} + \alpha_i$，若 $\alpha_i = 0$，

则意味着 $\mathrm{Corr}(y_{it}, y_{i(t-1)}) = \rho$。但由于 α_i 是不可观测的，在给定 $y_{i(t-1)}$ 的情形下，$E\left(y_{it} \middle| y_{i(t-1)}\right) = \rho y_{i(t-1)} + E\left(\alpha_i \middle| y_{i(t-1)}\right)$，因此 $\mathrm{Corr}(y_{it}, y_{i(t-1)}) \neq \rho$。上述简单推导也说明在 y_{it} 和 $y_{i(t-1)}$ 的相关性中，一部分是两者真实关系的反映，另一部分则是由不可观测的因素 α_i 引起的。由于我们关心的是 $y_{i(t-1)}$ 对 y_{it} 的真实影响，因此如何将其识别出来便成为我们关注的焦点。

2. 估计

在模型 $y_{it} = \rho y_{i(t-1)} + \boldsymbol{x}_{it}\boldsymbol{\beta} + \alpha_i + \varepsilon_{it}$ 中，易知 $\mathrm{Corr}(y_{i(t-1)}, \alpha_i) \neq 0$，因此直接估计模型得到的 ρ 的估计值将是有偏的。若 $\mathrm{Corr}(y_{i(t-1)}, \boldsymbol{x}_{it}) \neq 0$，则 $\boldsymbol{\beta}$ 的估计值也将是有偏的。此外，在这个模型中，y_{it} 与 $y_{i(t-1)}$ 的相关性使得 $y_{i(t-1)}$ 与 ε_{it} 相关，即 $\mathrm{Corr}(y_{i(t-1)}, \varepsilon_{it}) \neq 0$，故采用静态面板数据模型下的固定效应估计将会导致偏误。

事实上，在动态面板数据情形下，式（6-4）变为

$$y_{it} - \bar{y}_i = \rho(y_{i(t-1)} - \bar{y}_{i(t-1)}) + (\boldsymbol{x}_{it} - \bar{\boldsymbol{x}}_i)\boldsymbol{\beta} + (\varepsilon_{it} - \bar{\varepsilon}_i) \tag{6-15}$$

其中，$\bar{y}_{i(t-1)}$ 表示 $y_{i(t-1)}$ 在时间上的均值。由于 $\mathrm{Corr}(y_{i(t-1)} - \bar{y}_{i(t-1)}, \varepsilon_{it} - \bar{\varepsilon}_i) \neq 0$，因此对式（6-15）用固定效应方法进行估计所得到的估计值将是有偏的。

Anderson 和 Cheng（1982）提出了一阶差分加工具变量的估计方法。式（6-14）的一阶差分为

$$\Delta y_{it} = \rho \Delta y_{i(t-1)} + \Delta \boldsymbol{x}_{it}\boldsymbol{\beta} + \Delta\varepsilon_{it} \tag{6-16}$$

由于 $\Delta y_{i(t-1)}$ 为内生变量，如果随机误差项不存在序列相关，则可以用 $y_{i(t-2)}$ 作为 $\Delta y_{i(t-1)}$ 的工具变量。但除了 $y_{i(t-2)}$，y 的更高阶滞后也可以作为工具变量，Arellano 和 Bond（1991）指出，一个更加有效的估计量必须充分利用所有的工具变量，于是他们在此基础上提出了一阶差分加矩估计的方法。

对于一阶差分模型（6-16）而言，在 $t = 3$ 时，有

$$(y_{i3} - y_{i2}) = \rho(y_{i2} - y_{i1}) + (\boldsymbol{x}_{i3} - \boldsymbol{x}_{i2})\boldsymbol{\beta} + (\varepsilon_{i3} - \varepsilon_{i2}) \tag{6-17}$$

在 ε_{it} 不存在序列相关时，由于 $\mathrm{Corr}(y_{i1}, y_{i2} - y_{i1}) \neq 0$，且 $\mathrm{Corr}(y_{i1}, \varepsilon_{i3} - \varepsilon_{i2})=0$，因此 y_{i1} 可以作为 $\Delta y_{i2} = y_{i2} - y_{i1}$ 的工具变量。在 $t = 4$ 时，有

$$(y_{i4} - y_{i3}) = \rho(y_{i3} - y_{i2}) + (\boldsymbol{x}_{i4} - \boldsymbol{x}_{i3})\boldsymbol{\beta} + (\varepsilon_{i4} - \varepsilon_{i3}) \tag{6-18}$$

可以证明，此时 y_{i1} 及 y_{i2} 均为 $\Delta y_{i3} = y_{i3} - y_{i2}$ 的有效工具变量。依次类推，在 $t = T$ 时，$y_{i1}, y_{i2}, \cdots, y_{i(T-2)}$ 均可作为 $\Delta y_{i(T-1)}$ 的工具变量。

定义 $\boldsymbol{y}_{i(t-2)}^{\mathrm{IV}} = (y_{i1}, y_{i2}, \cdots, y_{i(t-2)})$，则 $\boldsymbol{y}_{i1}^{\mathrm{IV}} = (y_{i1})$，$\boldsymbol{y}_{i2}^{\mathrm{IV}} = (y_{i1}, y_{i2})$。进一步地，定义矩阵 $\boldsymbol{Z}$ 为

$$\boldsymbol{Z}=\begin{pmatrix} \boldsymbol{y}_{i1}^{\mathrm{IV}} & 0 & \cdots & 0 \\ 0 & \boldsymbol{y}_{i2}^{\mathrm{IV}} & \cdots & 0 \\ \vdots & \vdots & \ddots & \vdots \\ 0 & 0 & \cdots & \boldsymbol{y}_{i(T-2)}^{\mathrm{IV}} \end{pmatrix} \tag{6-19}$$

矩阵 $\boldsymbol{Z}$ 为一个 $(T-2)$ 行、$\frac{1}{2}(T-1)(T-2)$ 列的矩阵。于是，就式（6-16）而言，根据工具变量的性质有 $E(\boldsymbol{Z}'\Delta\boldsymbol{\varepsilon}_i)=0$，即

$$E\begin{pmatrix} \boldsymbol{y}_{i1}^{\mathrm{IV}\prime}\Delta\varepsilon_{i3} \\ \boldsymbol{y}_{i2}^{\mathrm{IV}\prime}\Delta\varepsilon_{i4} \\ \vdots \\ \boldsymbol{y}_{i(T-2)}^{\mathrm{IV}}{}'\Delta\varepsilon_{iT} \end{pmatrix}=0 \tag{6-20}$$

式（6-20）对应我们所要估计的模型（6-16）的一系列矩条件。由于矩条件存在过度识别，根据广义矩估计的原理，ρ 和 β 的估计值将使 $\frac{1}{N}\sum_{i=1}^{N}\boldsymbol{Z}'\Delta\boldsymbol{\varepsilon}_i$ 取最小值。定义损失函数为

$$\text{Loss}=\left[\frac{1}{N}\sum_{i=1}^{N}\boldsymbol{Z}'\Delta\boldsymbol{\varepsilon}_i\right]' W\left[\frac{1}{N}\sum_{i=1}^{N}\boldsymbol{Z}'\Delta\boldsymbol{\varepsilon}_i\right] \tag{6-21}$$

其中，$\boldsymbol{W}=\left[\frac{1}{N}\sum_{i=1}^{N}(\boldsymbol{Z}'\Delta\hat{\boldsymbol{\varepsilon}}\Delta\hat{\boldsymbol{\varepsilon}}'\boldsymbol{Z})\right]^{-1}$ 为权重矩阵，最小化损失函数（6-21），便可得到相关参数的矩估计量。$\boldsymbol{\beta}$ 的参数估计值 $\hat{\boldsymbol{\beta}}_{\mathrm{GMM}}$ 为

$$\hat{\boldsymbol{\beta}}_{\mathrm{GMM}}=\left(\frac{1}{N}\sum_{i=1}^{N}\tilde{\boldsymbol{X}}_i'\boldsymbol{Z}\right)\boldsymbol{W}\left(\frac{1}{N}\sum_{i=1}^{N}\boldsymbol{Z}'\tilde{\boldsymbol{X}}_i\right)^{-1}\left(\frac{1}{N}\sum_{i=1}^{N}\tilde{\boldsymbol{X}}_i'\boldsymbol{Z}\right)\boldsymbol{W}\left(\frac{1}{N}\sum_{i=1}^{N}\boldsymbol{Z}'\Delta\boldsymbol{y}_i\right) \tag{6-22}$$

其中，$\tilde{\boldsymbol{X}}_i'=(\Delta y_{i(t-1)},\Delta\boldsymbol{x}_{it})$，$\Delta\boldsymbol{y}_i=(\Delta y_{i1},\Delta y_{i2},\cdots,\Delta y_{i(T-2)})'$。可以证明，在大样本情形下 $\hat{\boldsymbol{\beta}}_{\mathrm{GMM}}$ 是 $\boldsymbol{\beta}$ 的一致估计量。

3. 其他问题

（1）系统 GMM 估计。

由于一阶差分 GMM 估计并未考虑水平方程，Blundell 和 Bond（1998）提出了系统 GMM 的估计方法。该方法将水平方程和差分方程结合起来看作一个方程系统进行 GMM 估计，并用滞后水平变量作为差分方程中一阶差分的工具变量，用一阶差分变量作为水平方程中滞后被解释变量的工具变量。

（2）弱工具问题。

尽管 $y_{i(t-2)}$ 以及 y_{it} 更高阶的滞后均可作为 $\Delta y_{i(T-1)}$ 的工具变量，但随着滞后阶数的增加，

工具变量 $\boldsymbol{y}_{i(t-2)}^{\mathrm{IV}}$ 与 $\Delta y_{i(T-1)}$ 之间的相关性越来越弱，这将导致弱工具变量问题的产生。此外，$|\rho|$ 越大（越接近 1），弱工具问题越严重。

（3）ε_{it} 不允许存在自相关。

若 ε_{it} 存在一阶自相关，则 $\mathrm{Corr}(\varepsilon_{i(t-1)},\varepsilon_{i(t-2)})\neq 0$，那么工具变量不满足外生性假定，例如 $\mathrm{Corr}(y_{i(t-2)},\Delta\varepsilon_{it})\neq 0$。$\varepsilon_{it}$ 不允许存在自相关等价于 ε_{it} 的一阶差分 $\Delta\varepsilon_{it}$ 存在一阶自相关，但不存在更高阶的自相关，因此我们可以以 $\Delta\varepsilon_{it}$ 为基础检验 ε_{it} 是否存在自相关。

（4）过度识别问题。

如第 1 章所述，广义矩估计存在过度识别的问题，需要对所有矩条件的有效性进行检验，我们可以借助萨甘检验来解决这一问题。

（5）不随时间变化的变量。

由于对原模型的估计存在一个差分的过程，不随时间变化的变量（如分析工资影响因素时的受教育水平）被差分掉了，因此无法估计这些变量的影响。

（6）模型的应用。

形象地讲，$y_{i(t-1)}$ 对 y_{it} 有影响意味着 y_{it} 随着时间的变化具有可“复制”的特征，但这一“复制”过程更多是由一些不随时间变化的不可观测因素决定的，即 $y_{i(t-1)}$ 和 y_{it} 之间是一种伪状态依赖关系。例如，个体工资水平的时间依赖性主要还是由个体的劳动生产率、性格等因素决定，而不是说工资水平本身存在一种“复制”机制。为此，在模型中引入滞后一期的被解释变量可能并不能帮助我们识别出真实的因果关系。

例 6-6：基础设施的外部性。刘生龙和胡鞍钢（2010）采用中国各省份 1988—2007 年的面板数据，实证检验了基础设施（交通基础设施、能源基础设施和信息基础设施）对全要素生产率（TFP）的影响。为了控制初始条件对各省份 TFP 的影响，他们在模型中引入了滞后一期的 TFP，具体模型设定如下。

$$\ln\mathrm{TFP}_{it}=\alpha+\beta\ln\mathrm{TFP}_{t-1}+\boldsymbol{\gamma}\ln\boldsymbol{I}_{it}+\boldsymbol{\phi}\ln\boldsymbol{X}_{it}+f_i+\varepsilon_{it}$$

其中，$\boldsymbol{I}$ 表示三类基础设施，$\boldsymbol{X}_{it}$ 表示控制变量。这是一个典型的动态面板数据模型，因此，他们分别采用一阶差分 GMM 和系统 GMM 对该模型进行了估计。总体而言，他们的研究结果是交通基础设施和信息基础设施对我国各省份的经济增长有显著的溢出效应，但能源基础设施的影响并不显著。

同时，他们对矩估计中工具变量的有效性进行了检验，包括随机误差项 ε_{it} 的自相关检验及过度识别检验。以系统 GMM 估计为例，在控制了三类基础设施后，针对随机误差项一阶差分 $(\Delta\varepsilon_{it})$ 一阶自相关和二阶自相关检验的 p 值分别为 0.002 和 0.183，说明 $\Delta\varepsilon_{it}$ 存在一阶自相关问题，但是不存在二阶自相关问题，因而能够保证工具变量的外生性。同时，萨甘检验的 p 值为 1，说明不能拒绝原假设，这意味着所有矩条件是有效的。

6.6 应 用 指 南

1. 估计命令

近年来，随着计量经济学理论的发展，有越来越多的软件命令可用于对面板数据进行估计，如 xtreg、xtabond、xtdpdsys、xtabond、xtabond2 及 reghdfe 等。本书将主要结合 Stata 软件的官方命令 xtreg、xtabond、xtdpdsys 来介绍如何估计静态和动态面板数据模型并进行相关的检验。

xtreg 命令的基本语法如下所示。

```
xtreg depvar [indepvars] [if] [in] [, re|be|fe|mle _option]
```

其中，re|be|fe|mle 分别表示随机效应估计（估计方法为广义最小二乘法）、组间估计、固定效应估计（估计方法为组内估计法）及随机效应的最大似然估计。此外，在_option 选项中我们还可以根据实际需要，设定不同的标准误计算方法。

xtabond 命令的语法如下所示。

```
xtabond depvar [indepvars] [if] [in] [, lags(#) _options]
```

其中，lags(#)用于设定滞后项，默认为滞后一期，即只控制被解释变量的滞后一期。

xtdpdsys 命令的语法如下所示。

```
xtdpdsys depvar [indepvars] [if] [in] [, lags(#) _options]
```

此处 lags(#)的作用和设定与 xtabond 命令一致。

2. 例子

我们使用来自 Baum（2006）的数据集 traffic.dta。该数据集包含了美国 56 个州（state）在 1982—1988 年这一期间的 54 个变量的信息，是一个面板数据集，主要变量包括：fatal（交通死亡率）、beertax（啤酒税）、spircons（酒精消费量）、unrate（失业率）、perincK（人均收入，单位为千美元）。

由于 Stata 默认的数据为横截面数据，因此我们首先需要指明数据结构，命令如下。

```
xtset state year
```

数据结构设定如图 6-3 所示。

```
Panel variable: state (strongly balanced)
 Time variable: year, 1982 to 1988
         Delta: 1 unit
```

图 6-3　数据结构设定

这表明我们使用的是一个平衡面板数据，其中截面个体对应不同的州（state），时间变量为不同的年份（year）。接下来我们进行组内估计，命令如下。

```
xtreg fatal beertax spircons unrate perincK, fe
```

估计结果如图 6-4 所示。

```
Fixed-effects (within) regression               Number of obs     =        336
Group variable: state                           Number of groups  =         48

R-squared:                                      Obs per group:
     Within  = 0.3526                                         min =          7
     Between = 0.1146                                         avg =        7.0
     Overall = 0.0863                                         max =          7

                                                F(4,284)          =      38.68
corr(u_i, Xb) = -0.8804                         Prob > F          =     0.0000

------------------------------------------------------------------------------
       fatal | Coefficient  Std. err.      t    P>|t|     [95% conf. interval]
-------------+----------------------------------------------------------------
     beertax |  -.4840728   .1625106    -2.98   0.003    -.8039508   -.1641948
    spircons |   .8169652   .0792118    10.31   0.000     .6610484    .9728819
      unrate |  -.0290499   .0090274    -3.22   0.001    -.0468191   -.0112808
     perincK |   .1047103   .0205986     5.08   0.000      .064165    .1452555
       _cons |   -.383783   .4201781    -0.91   0.362    -1.210841    .4432754
-------------+----------------------------------------------------------------
     sigma_u |  1.1181913
     sigma_e |  .15678965
         rho |  .98071823   (fraction of variance due to u_i)
------------------------------------------------------------------------------
F test that all u_i=0: F(47, 284) = 59.77                    Prob > F = 0.0000
```

图 6-4 组内估计结果

图 6-4 表明固定效应模型采用的是组内估计法。sigma_u 表示不可观测的个体效应 α_i 的方差，sigma_e 表示随机误差项 ε_{it} 的方差，rho 表示 α_i 的方差与 α_i 的方差和 ε_{it} 的方差之和的比值。图 6-4 最下面 F 检验的原假设是不可观测的个体效应在个体间不存在差异，即 $\alpha_i = \alpha_j (i \neq j)$。

我们也可以考虑控制时间效应，建立双因子效应模型，先采用以下命令生成时间效应并进行中心化处理。

```
qui tabulate year, generate(yr)
local j 0
forvalues i = 82 / 87 {
local ++j
rename yr`j' yr`i'
qui replace yr`i' = yr`i' - yr7
}
```

在此基础上采用固定效应模型进行双因子效应估计，命令如下。

```
xtreg fatal beertax spircons unrate perincK yr*, fe
```

估计结果如图 6-5 所示。

```
Fixed-effects (within) regression               Number of obs     =        336
Group variable: state                           Number of groups  =         48

R-squared:                                      Obs per group:
     Within  = 0.4528                                         min =          7
     Between = 0.1090                                         avg =        7.0
     Overall = 0.0770                                         max =          7

                                                F(10,278)         =      23.00
corr(u_i, Xb) = -0.8728                         Prob > F          =     0.0000
```

fatal	Coefficient	Std. err.	t	P>|t|	[95% conf.	interval]
beertax	-.4347195	.1539564	-2.82	0.005	-.7377878	-.1316511
spircons	.805857	.1126425	7.15	0.000	.5841163	1.027598
unrate	-.0549084	.0103418	-5.31	0.000	-.0752666	-.0345502
perincK	.0882636	.0199988	4.41	0.000	.0488953	.1276319
yr82	.1004321	.0355629	2.82	0.005	.0304253	.170439
yr83	.0470609	.0321574	1.46	0.144	-.0162421	.1103638
yr84	-.0645507	.0224667	-2.87	0.004	-.1087771	-.0203243
yr85	-.0993055	.0198667	-5.00	0.000	-.1384139	-.0601971
yr86	.0496288	.0232525	2.13	0.034	.0038554	.0954021
yr87	.0003593	.0289315	0.01	0.990	-.0565933	.0573119
_cons	.0286246	.4183346	0.07	0.945	-.7948812	.8521305
sigma_u	1.0987683					
sigma_e	.14570531					
rho	.98271904	(fraction of variance due to u_i)				

```
F test that all u_i=0: F(47, 278) = 64.52                   Prob > F = 0.0000
```

图 6-5　双因子效应模型估计结果

我们可以对时间效应是否联合显著进行检验，命令如下。

```
test yr82 yr83 yr84 yr85 yr86 yr87
```

检验结果如图 6-6 所示。该结果说明可以拒绝原假设，即时间效应是联合显著的。我们在这里是通过时间虚拟变量来控制时间效应的，但需要注意的是，我们也可以用时间趋势项来控制时间效应。

```
( 1)  yr82 = 0
( 2)  yr83 = 0
( 3)  yr84 = 0
( 4)  yr85 = 0
( 5)  yr86 = 0
( 6)  yr87 = 0

       F(  6,   278) =    8.48
            Prob > F =    0.0000
```

图 6-6　时间效应的联合显著性检验结果

接下来我们采用随机效应模型进行估计，先采用 GLS 估计，命令如下。

```
xtreg fatal beertax spircons unrate perincK, re
```

估计结果如图 6-7 所示。

```
Random-effects GLS regression                   Number of obs     =        336
Group variable: state                           Number of groups  =         48

R-squared:                                      Obs per group:
     Within  = 0.2263                                         min =          7
     Between = 0.0123                                         avg =        7.0
     Overall = 0.0042                                         max =          7

                                                Wald chi2(4)      =      49.90
corr(u_i, X) = 0 (assumed)                      Prob > chi2       =     0.0000

------------------------------------------------------------------------------
       fatal | Coefficient  Std. err.      z    P>|z|     [95% conf. interval]
-------------+----------------------------------------------------------------
     beertax |   .0442768   .1204613     0.37   0.713     -.191823    .2803765
    spircons |   .3024711   .0642954     4.70   0.000     .1764546    .4284877
      unrate |  -.0491381   .0098197    -5.00   0.000    -.0683843   -.0298919
     perincK |  -.0110727   .0194746    -0.57   0.570    -.0492423    .0270968
       _cons |   2.001973   .3811247     5.25   0.000     1.254983    2.748964
-------------+----------------------------------------------------------------
     sigma_u |  .41675665
     sigma_e |  .15678965
         rho |  .87601197   (fraction of variance due to u_i)
------------------------------------------------------------------------------
```

图 6-7　GLS 估计结果

将 GLS 估计结果与固定效应估计（采用组内估计法）的结果进行对比，容易发现，变量 beertax 和 perincK 变得不显著了，并且符号也发生了变化。

接下来我们通过豪斯曼检验判断到底应当设定哪类模型，命令如下。

```
qui xtreg fatal beertax spircons unrate perincK, fe
est sto fix
qui xtreg fatal beertax spircons unrate perincK, re
est sto ran
hausman fix ran
```

检验结果如图 6-8 所示。

```
                 ---- Coefficients ----
             |      (b)          (B)            (b-B)     sqrt(diag(V_b-V_B))
             |      fix          ran         Difference       Std. err.
-------------+----------------------------------------------------------------
     beertax |  -.4840728     .0442768       -.5283495        .1090815
    spircons |   .8169652     .3024711        .514494         .0462668
      unrate |  -.0290499    -.0491381        .0200882            .
     perincK |   .1047103    -.0110727        .115783         .0067112
------------------------------------------------------------------------------
                          b = Consistent under H0 and Ha; obtained from xtreg.
           B = Inconsistent under Ha, efficient under H0; obtained from xtreg.

Test of H0: Difference in coefficients not systematic

    chi2(4) = (b-B)'[(V_b-V_B)^(-1)](b-B)
            = 130.93
Prob > chi2 = 0.0000
(V_b-V_B is not positive definite)
```

图 6-8 豪斯曼检验结果

原假设表明不同情况下的系数不存在系统性差异，豪斯曼检验的 p 值表明我们能够拒绝原假设，即应当建立固定效应模型。

下面，我们仍然以该数据集为基础，介绍动态面板数据模型的估计。我们先采用 xtabond 命令进行一阶差分 GMM 估计，命令如下。

```
xtabond fatal beertax spircons unrate perincK
```

估计结果如图 6-9 所示。

我们没有指明滞后项，默认为控制滞后一期。图 6-9 最下面对工具变量的说明指出，在对差分方程进行估计时，我们用滞后二期的 fatal 作为滞后一期的 Δfatal（fatal 的差分）的工具变量。估计结果表明估计过程中共有 20 个工具变量，我们对此解释如下。

由于整个面板数据集涵盖 1982—1988 年共 7 年的数据，因此截至 1984 年只有 1984 年的 fatal 可作为工具变量，截至 1985 年有 1984 年和 1985 年两年的 fatal 可作为工具变量。依次类推，在 1988 年有 1984—1988 年共 5 年的 fatal 作为工具变量，总共有 15 个工具变量。此外，所有外生变量的一阶差分（4 个）和截距项也被作为工具变量，故总共有 20 个工具变量。

```
Arellano-Bond dynamic panel-data estimation     Number of obs      =       240
Group variable: state                           Number of groups   =        48
Time variable: year
                                                Obs per group:
                                                              min =          5
                                                              avg =          5
                                                              max =          5

Number of instruments =     20                  Wald chi2(5)       =     36.55
                                                Prob > chi2        =    0.0000
One-step results
```

fatal	Coefficient	Std. err.	z	P>|z|	[95% conf.	interval]
fatal						
L1.	.0646171	.1198859	0.54	0.590	-.170355	.2995892
beertax	.1230009	.3097567	0.40	0.691	-.484111	.7301128
spircons	.3824908	.1302817	2.94	0.003	.1271435	.6378382
unrate	.0111099	.011963	0.93	0.353	-.0123373	.034557
perincK	.1400774	.0319513	4.38	0.000	.0774541	.2027008
_cons	-.8647221	.6083914	-1.42	0.155	-2.057147	.3277031

```
Instruments for differenced equation
        GMM-type: L(2/.).fatal
        Standard: D.beertax D.spircons D.unrate D.perincK
Instruments for level equation
        Standard: _cons
```

图 6-9　一阶差分 GMM 估计结果

接下来我们进行系统 GMM 估计，命令如下。

```
xtdpdsys fatal beertax spircons unrate perincK
```

相应的估计结果如图 6-10 所示。

由于无论是一阶差分 GMM 估计还是系统 GMM 估计，均要求随机误差项不能存在自相关问题，否则工具变量就不是有效的，因此我们要对此进行检验。我们在模型中只引入酒精消费量这一变量，检验命令如下。

```
estat abond
```

检验结果如图 6-11 所示。

```
System dynamic panel-data estimation          Number of obs      =       288
Group variable: state                         Number of groups   =        48
Time variable: year
                                              Obs per group:
                                                            min =          6
                                                            avg =          6
                                                            max =          6

Number of instruments =      25               Wald chi2(5)       =     37.21
                                              Prob > chi2        =    0.0000
One-step results
```

fatal	Coefficient	Std. err.	z	P>|z|	[95% conf.	interval]
fatal						
L1.	.3473208	.0841944	4.13	0.000	.1823028	.5123387
beertax	-.1749475	.134049	-1.31	0.192	-.4376788	.0877837
spircons	-.1770115	.07309	-2.42	0.015	-.3202652	-.0337578
unrate	-.0085766	.0129803	-0.66	0.509	-.0340175	.0168643
perincK	-.0055273	.0230069	-0.24	0.810	-.05062	.0395653
_cons	1.857766	.4975947	3.73	0.000	.8824984	2.833034

```
Instruments for differenced equation
        GMM-type: L(2/.).fatal
        Standard: D.beertax D.spircons D.unrate D.perincK
Instruments for level equation
        GMM-type: LD.fatal
        Standard: _cons
```

图 6-10　系统 GMM 估计结果

```
Arellano-Bond test for zero autocorrelation in first-differenced errors
H0: No autocorrelation
```

Order	z	Prob > z
1	-2.8379	0.0045
2	1.5393	0.1237

图 6-11　随机误差项的自相关检验结果

检验结果表明随机误差项的一阶差分存在一阶自相关问题，但是不存在二阶自相关问题，这说明随机误差项不存在自相关问题，工具变量是有效的。

最后，我们进行过度识别约束检验，命令如下。

```
estat sargan
```

检验结果如图 6-12 所示。

```
Sargan test of overidentifying restrictions
H0: Overidentifying restrictions are valid

        chi2(19)     =  23.69591
        Prob > chi2  =    0.2081
```

图 6-12　过度识别约束检验结果

根据 p 值来看，我们不能拒绝原假设，这说明所有过度识别约束是有效的。

第 7 章　面板数据模型Ⅱ

如果将一个一般化的面板数据模型写为 $y_{it}=g(\boldsymbol{x}_{it}\boldsymbol{\beta})+\mu_{it}$，那么 $g(\boldsymbol{x}_{it}\boldsymbol{\beta})$ 不仅决定了解释变量影响被解释变量的具体模式，也决定了面板数据模型的具体形式。基于这一认识，本章从 $g(\boldsymbol{x}_{it}\boldsymbol{\beta})$ 的不同形式出发，介绍其他类型的面板数据模型的估计，这些模型主要包括面板二元选择模型、面板泊松模型、面板 Tobit 模型以及面板分位数模型等。

7.1　面板二元选择模型

1. 问题的提出

遵循横截面情形下的二元选择模型，假定基本模型为

$$y_{it}^{*}=\boldsymbol{x}_{it}\boldsymbol{\beta}+\mu_{it}=\boldsymbol{x}_{it}\boldsymbol{\beta}+\alpha_i+\varepsilon_{it} \tag{7-1}$$

并且有

$$y_{it}=\begin{cases}1 & y_{it}^{*}\geqslant 0\\ 0 & y_{it}^{*}<0\end{cases} \tag{7-2}$$

据此，有

$$p(y_{it}=1)=p(y_{it}^{*}\geqslant 0)=p(\varepsilon_{it}\geqslant -\boldsymbol{x}_{it}\boldsymbol{\beta}-\alpha_i)=F(\boldsymbol{x}_{it}\boldsymbol{\beta}+\alpha_i) \tag{7-3}$$

与横截面数据不同的是，面板数据情形下 $y_{it}=1$ 的概率由 $\boldsymbol{\beta}$ 和 α_i 同时决定。然而，由于 α_i 是不可观测的，因此在估计过程中如何处理 α_i 成为关键。很显然，无论采用一阶差分变换还是组内变换均不能消去 α_i，而若将 α_i 看作一系列反映个体特征的虚拟变量，那么，对于固定的 T 而言，在截面个体 $N\to\infty$ 的过程中，需要估计的参数也会大量增加，这使我们无法得到 α_i 的一致估计量，并且会影响我们所关心的参数估计量的一致性，此即所谓的冗余参数问题（nuisance parameters problem）。

类似于线性面板数据模型，我们也可以根据 $\boldsymbol{x}_{it}$ 和 α_i 的关系，区分这种情况下的固定效应模型和随机效应模型，下面将在此区分的基础上讨论面板二元选择模型的估计。

2. 固定效应估计

类似于横截面情形下的二元选择模型，在面板数据中我们也可以区分 Probit 模型和

Logit 模型。但是，固定效应情形下面板 Probit 模型的冗余参数问题目前仍未得到有效解决，故我们只讨论面板 Logit 模型。

面板 Logit 模型意味着式（7-3）中 $y_{it}=1$ 的概率服从一个逻辑分布，即 $p(y_{it}=1)=\dfrac{\exp(\boldsymbol{x}_{it}\boldsymbol{\beta}+\alpha_i)}{1+\exp(\boldsymbol{x}_{it}\boldsymbol{\beta}+\alpha_i)}$，我们先假定 $\mathrm{Corr}(x_{it},\alpha_i)\neq 0$，讨论面板 Logit 模型的固定效应估计。

在固定效应情形下，为了解决 y_{it} 的联合分布依赖于 $\boldsymbol{x}_{it}$ 和 α_i 的问题，我们引入 α_i 的一个充分统计量（sufficient statistic），并结合条件最大似然估计法来估计模型。Chamberlain（1980）指出，$n_i=\sum_{t=1}^{T}y_{it}$ 可以作为 α_i 的一个充分统计量，从而使得 y_{it} 的联合分布依赖于 $\boldsymbol{x}_{it}$ 和 n_i。

例 7-1：充分统计量的含义。如果样本 X 在给定统计量 $T(X)$ 的取值时的条件分布与 θ 无关，则称统计量 $T(X)$ 是 θ 的充分统计量。简而言之，参数 θ 的一个充分统计量在某种意义上提炼了样本中有关 θ 的全部信息，如果 $T(X)$ 是 θ 的一个充分统计量，则 θ 的任意依赖样本 X 的推断均可借助 $T(X)$ 完成。例如，x 和 y 是满足 $T(x)=T(y)$ 的两个样本点，则不论观测到的是 $X=x$ 还是 $X=y$，我们对 θ 的推断都是一样的，即任何根据样本计算的其他统计量，如 $T(y)$，都不能提供关于 θ 的额外信息，否则我们对 θ 的推断将在 $X=x$ 和 $X=y$ 时存在差异。

为了说明这一点，我们考虑 $T=2$ 的情形。在 $T=2$ 时，n_i 可取值 0、1 和 2，对应 4 种情形：（1）$y_{i1}=0,y_{i2}=0$；（2）$y_{i1}=0,y_{i2}=1$；（3）$y_{i1}=1,y_{i2}=0$；（4）$y_{i1}=1,y_{i2}=1$。易知 $p\left(y_{i1}=0,y_{i2}=0\middle|n_i=0\right)=1$，$p\left(y_{i1}=1,y_{i2}=1\middle|n_i=2\right)=1$，相应的对数似然值均为 0，并不会为我们的估计提供有效信息，故这一部分观测值可以丢掉，只需考虑（2）和（3）两种情形。

给定 $\boldsymbol{x}_{it}$、α_i 和 n_i，情形（2）所对应的概率可转换为

$$p\left(y_{i1}=0,y_{i2}=1\middle|\boldsymbol{x}_{it},\alpha_i,n_i=1\right)=p\left(y_{i2}=1\middle|\boldsymbol{x}_{it},\alpha_i,n_i=1\right)$$

进一步，有

$$\begin{aligned}p\left(y_{i2}=1\middle|\boldsymbol{x}_{it},\alpha_i,n_i=1\right)&=\frac{p\left(y_{i2}=1,n_i=1\middle|\boldsymbol{x}_{it},\alpha_i\right)}{p\left(n_i=1\middle|\boldsymbol{x}_{it},\alpha_i\right)}\\&=\frac{p\left(y_{i2}=1\middle|\boldsymbol{x}_{it},\alpha_i\right)p\left(y_{i2}=0\middle|\boldsymbol{x}_{it},\alpha_i\right)}{p\left(y_{i1}=0,y_{i2}=1\middle|\boldsymbol{x}_{it},\alpha_i\right)+p\left(y_{i1}=1,y_{i2}=0\middle|\boldsymbol{x}_{it},\alpha_i\right)}\\&=\frac{\exp(\boldsymbol{x}_{i2}\boldsymbol{\beta}+\alpha_i)}{\exp(\boldsymbol{x}_{i2}\boldsymbol{\beta}+\alpha_i)+\exp(\boldsymbol{x}_{i1}\boldsymbol{\beta}+\alpha_i)}\end{aligned}$$

从而有

$$p\left(y_{i1}=0,y_{i2}=1\middle|\boldsymbol{x}_{it},\alpha_i,n_i=1\right)=\frac{\exp[(\boldsymbol{x}_{i2}-\boldsymbol{x}_{i1})\boldsymbol{\beta}]}{1+\exp[(\boldsymbol{x}_{i2}-\boldsymbol{x}_{i1})\boldsymbol{\beta}]} \tag{7-4}$$

类似地，对于情形（3）有

$$p\left(y_{i1}=1,y_{i2}=0\middle|\boldsymbol{x}_{it},\alpha_i,n_i=1\right)=\frac{1}{1+\exp[(\boldsymbol{x}_{i2}-\boldsymbol{x}_{i1})\boldsymbol{\beta}]} \tag{7-5}$$

令

$$w_i=\begin{cases}1 & y_{i1}=0,y_{i2}=1\\ 0 & y_{i1}=1,y_{i2}=0\end{cases}$$

则个体 i 的对数似然函数可写为

$$\ln L=w_i\ln\left\{\frac{\exp[(\boldsymbol{x}_{i2}-\boldsymbol{x}_{i1})\boldsymbol{\beta}]}{1+\exp[(\boldsymbol{x}_{i2}-\boldsymbol{x}_{i1})\boldsymbol{\beta}]}\right\}+(1-w_i)\ln\left\{\frac{1}{1+\exp[(\boldsymbol{x}_{i2}-\boldsymbol{x}_{i1})\boldsymbol{\beta}]}\right\} \tag{7-6}$$

值得注意的是，在式（7-6）中引入充分统计量 n_i 后，条件最大似然估计消除了不可观测效应 α_i 。此外，以式（7-6）为基础对个体进行加总就能得到整个样本的条件似然函数，但我们的估计只利用了其中 $n_i=1$ 的这部分样本。

对于一般情形而言，其所对应的对数似然函数更加复杂，但并不妨碍我们实施条件最大似然估计。此时，令 $n_i=\sum_{t=1}^{T}y_{it}$ 对应 α_i 的充分统计量，有

$$\begin{aligned}
&p\left(y_{i1}=y_1,y_{i2}=y_2,\cdots,y_{it}=y_T\middle|\boldsymbol{x}_{it},\alpha_i,n_i=n\right)\\
=&\frac{p\left(y_{i1}=y_1,y_{i2}=y_2,\cdots,y_{it}=y_T\middle|\boldsymbol{x}_{it},\alpha_i\right)}{p(n_i=n)}\\
=&\frac{\prod_{t=1}^{T}p\left(y_{it}=y_t\middle|\boldsymbol{x}_{it},\alpha_i\right)}{\sum p\left(y_{i1}=y_1,y_{i2}=y_2,\cdots,y_{it}=y_T\middle|\boldsymbol{x}_{it},\alpha_i,n_i=n\right)}
\end{aligned} \tag{7-7}$$

式（7-7）中分母的含义是：有很多种不同的可能性使得 $n_i=n$ ，每种可能性对应一个概率，该概率可写为 $p\left(y_{i1}=y_1,y_{i2}=y_2,\cdots,y_{it}=y_T\middle|\boldsymbol{x}_{it},\alpha_i,n_i=n\right)$，因而在求 $p(n_i=n)$ 时就需要将各种不同可能性所对应的概率进行加总，该结果即式（7-7）分母对应的和式。类似于式（7-4）和式（7-5）所对应的结果，式（7-7）与 α_i 无关，说明充分统计量的引入帮我们消除了模型中的不可观测效应，以此为基础在个体层面加总，便能得到一般情形下的条件似然函数。与 $T=2$ 的情形相似的是，由于 $n_i=0$ 和 $n_i=T$ 的对数似然值为 0，因此我们也丢掉了这部分样本。

3. 随机效应估计

在随机效应情形下有 $\mathrm{Corr}(\boldsymbol{x}_{it},\alpha_i)=0$，我们可以直接采用最大似然法对模型进行估计。假定 $\boldsymbol{\Phi}=\boldsymbol{\Phi}(\boldsymbol{x}_{it}\boldsymbol{\beta}+\alpha_i)$ 表示在给定 $\boldsymbol{x}_{it}$ 和 α_i 的情形下的 ε_{it} 的分布函数，在面板 Probit 模型中，这对应一个正态分布函数，个体 i 的似然函数可写为

$$\prod_{t=1}^{T} f\left(y_{it}\left|\boldsymbol{x}_{it},\alpha_i;\beta\right.\right)=\prod_{t=1}^{T}\Phi(\boldsymbol{x}_{it}\boldsymbol{\beta}+\alpha_i)^{y_{it}}\left[1-\Phi(\boldsymbol{x}_{it}\boldsymbol{\beta}+\alpha_i)\right]^{1-y_{it}} \tag{7-8}$$

以式（7-8）为基础，在个体层面加总后的对数似然函数为

$$\ln L=\sum_{i=1}^{N}\ln\left[\prod_{t=1}^{T} f\left(y_{it}\left|\boldsymbol{x}_{it},\alpha_i;\boldsymbol{\beta}\right.\right)\right] \tag{7-9}$$

由于在 $f(\cdot)$ 中包含了 α_i，因此我们不能直接以式（7-9）为基础得到 $\boldsymbol{\beta}$ 的最大似然估计值。然而，我们可以先将 α_i 从 $f(\cdot)$ 中析出，然后通过积分将其消掉，从而使式（7-9）只包含 $y_{it}(t=1,2,\cdots,T)$ 的联合分布。具体而言，假定 α_i 的密度函数为 $g(\alpha)=\dfrac{1}{\sigma_\alpha}\phi\left(\dfrac{\alpha}{\sigma_\alpha}\right)$，$\phi(\cdot)$ 表示正态分布对应的密度函数，σ_α 为 α 的标准差，据此，在个体层面加总后的对数似然函数可写为

$$\begin{aligned}\ln L&=\sum_{i=1}^{N}\ln\left[\int_{-\infty}^{+\infty}\prod_{t=1}^{T} f\left(y_{it}\left|\boldsymbol{x}_{it},\alpha_i;\boldsymbol{\beta}\right.\right)g(\alpha)\mathrm{d}\alpha\right]\\&=\sum_{i=1}^{N}\ln\left\{\int_{-\infty}^{+\infty}\prod_{t=1}^{T} f\left(y_{it}\left|\boldsymbol{x}_{it},\alpha_i;\boldsymbol{\beta}\right.\right)\left[\frac{1}{\sigma_\alpha}\phi\left(\frac{\alpha}{\sigma_\alpha}\right)\right]\mathrm{d}\alpha\right\}\end{aligned} \tag{7-10}$$

以式（7-10）中的函数为基础，我们便能得到面板 Probit 模型下 $\boldsymbol{\beta}$ 及 σ_α 的随机效应估计值。类似地，如果将式（7-8）中的正态分布函数替换为面板 Logit 模型对应的逻辑分布函数，那么，基于对数似然函数（7-10）得到的估计量为面板 Logit 模型下的随机效应估计量。

例 7-2：收入差距对家庭金融资产投资决策的影响。周广肃、樊纲和李力行（2018）采用 CFPS 2010 年、2012 年和 2014 年共 3 期的面板数据，检验了收入差距对家庭金融资产投资决策的影响，设定的面板 Probit 模型如下所示。

$$p(y_{ijt}=1)=\Phi(\beta_0+\beta_1\mathrm{Inequality}_{jt}+\beta_2\mathrm{County}_{jt}+\beta_3X_{ijt}+\beta_4\mathrm{Prov}+\beta_5\delta_t)$$

其中，y_{ijt} 表示 j 县 i 家庭在第 t 年是否进行金融资产投资，是则取值为 1，否则取值为 0；$\mathrm{Inequality}_{jt}$ 表示 j 县在第 t 年的收入不平等状况；$\Phi(\cdot)$ 表示正态分布。在该模型中，作者除控制家庭层面的变量 X_{ijt} 之外，还控制了县层面的变量 County_{jt} 和省份虚拟变量 Prov。尽管作者控制了时间效应(变量 δ_t)，然而并没有控制家庭层面的个体效应，其原因是什么呢？

7.2　面板泊松模型

我们可以将横截面情形下的泊松模型扩展到面板数据。令 α_i 表示面板数据模型中不可观测的个体效应，$u_{it}=\exp(\boldsymbol{x}_{it}\boldsymbol{\beta})$。那么，根据泊松模型的设定，$y_{it}$ 可写为

$$y_{it}=\alpha_i u_{it}+\mu_{it}$$

其期望为

$$E\left(y_{it}\middle|\boldsymbol{x}_{it},\alpha_i\right)=\lambda_{it}=\alpha_i\exp(\boldsymbol{x}_{it}\boldsymbol{\beta})=\exp(\tilde{\alpha}_i+\boldsymbol{x}_{it}\boldsymbol{\beta}) \tag{7-11}$$

其中，$\alpha_i=\exp(\tilde{\alpha}_i)$。对于个体 i 而言，相应的似然函数可以写为

$$f\left(y_i\middle|\boldsymbol{x}_{it},\alpha_i,\boldsymbol{\beta}\right)=\prod_{t=1}^{T}\frac{\exp[-\alpha_i\exp(\boldsymbol{x}_{it}\boldsymbol{\beta})][\alpha_i\exp(\boldsymbol{x}_{it}\boldsymbol{\beta})]^{y_{it}}}{y_{it}!} \tag{7-12}$$

从式（7-12）可以看出，相比横截面泊松模型，面板泊松模型的复杂之处在于其包含了不可观测的因素 α_i，并且无论是在固定效应还是随机效应情形下，我们都需要考虑其产生的干扰。

1. 随机效应估计

在随机效应的情形下，$\mathrm{Corr}(\boldsymbol{x}_{it},\alpha_i)=0$。以式（7-12）为基础（类似于面板二元选择模型中对随机效应估计的处理），我们通过假定 α_i 的具体分布形式来解决其不可观测的问题。令 α_i 的密度函数为 $g(\alpha)$，由于 $\alpha_i=\exp(\tilde{\alpha}_i)>0$，我们通常假定 α_i 对应一个 Gamma 分布[①]，相应的密度函数为 $g(\alpha_i)=\dfrac{\alpha_i^{\eta-1}\mathrm{e}^{-\eta\alpha_i}\eta^{\eta}}{\Gamma(\eta,\eta)}$，其中 $\Gamma(\eta,\eta)$ 为对应的 Gamma 分布的分布函数，由此可知，$\alpha_i\sim\Gamma(\eta,\eta)$，且 $E(\alpha_i)=1$，$\mathrm{Var}(\alpha_i)=\dfrac{1}{\eta}$。据此，我们可以先将 α_i 从式（7-12）中析出，以其分布函数为基础通过积分将其消掉，然后得到只包含 y_{it} 的边缘密度函数，最后在个体层面加总得到关于整个样本的对数似然函数，并对相关参数进行估计。

2. 固定效应估计

固定效应意味着 $\mathrm{Corr}(\boldsymbol{x}_{it},\alpha_i)\neq 0$。在面板泊松模型中，我们可以采用不同的方法对参数进行估计。首先，以式（7-12）为基础，在个体层面加总后得到以下对数似然函数，

$$\begin{aligned}\ln L&=\ln\left[\prod_{i=1}^{N}\prod_{t=1}^{T}\frac{\exp[-\alpha_i\exp(\boldsymbol{x}_{it}\boldsymbol{\beta})][\alpha_i\exp(\boldsymbol{x}_{it}\boldsymbol{\beta})]^{y_{it}}}{y_{it}!}\right]\\&=\sum_{i=1}^{N}\left[-\alpha_i\sum_{t=1}^{T}\exp(\boldsymbol{x}_{it}\boldsymbol{\beta})+\ln\alpha_i\sum_{t=1}^{T}y_{it}+\sum_{t=1}^{T}y_{it}\boldsymbol{x}_{it}\boldsymbol{\beta}-\sum_{t=1}^{T}\ln(y_{it}!)\right]\end{aligned} \tag{7-13}$$

---

① 令 x 为服从 Gamma 分布的随机变量，$\Gamma(\alpha,\beta)$ 为其分布函数，α 和 β 为相应的参数，那么 x 的密度函数为 $f(x;\alpha,\beta)=\dfrac{x^{\alpha-1}\mathrm{e}^{-\beta x}\beta^{\alpha}}{\Gamma(\alpha,\beta)}$，$E(x)=\alpha/\beta$，$\mathrm{Var}(x)=\alpha/\beta^2$，记为 $x\sim\Gamma(\alpha,\beta)$。

以式（7-13）为基础，我们将 α_i 视为一个参数，对 α_i 求偏导数，得到的最大化的一阶条件为

$$\frac{\partial(\ln L)}{\partial\alpha_i}=\frac{1}{\alpha_i}\sum_{t=1}^{T}y_{it}-\sum_{t=1}^{T}\exp(\boldsymbol{x}_{it}\boldsymbol{\beta})=0 \tag{7-14}$$

可得

$$\hat{\alpha}_i=\frac{\sum_{t=1}^{T}y_{it}}{\sum_{t=1}^{T}\exp(\boldsymbol{x}_{it}\boldsymbol{\beta})}$$

进一步地，我们将 $\hat{\alpha}_i$ 代入式（7-13），得到一个只关于 $\boldsymbol{\beta}$ 的函数，我们将其称为集中对数似然函数（concentrated logarithmic likelihood function），对 $\boldsymbol{\beta}$ 求偏导数，便能得到面板泊松模型下 $\boldsymbol{\beta}$ 的最大似然估计值。由于在整个估计过程中我们先确定了 α_i 的估计值，使得对数似然函数只是关于 $\boldsymbol{\beta}$ 的函数，因此即使我们将 α_i 视为一个参数，也不会产生冗余参数问题。

其次，类似于对面板二元选择模型的处理，我们也可以借助一个充分统计量来解决似然函数中 α_i 不可观测的问题，即用 $n_i=\sum_{t=1}^{T}y_{it}$ 作为 α_i 的一个充分统计量，在此基础上进行条件最大似然估计。但若 $n_i=0$，则 $y_{i1}=y_{i2}=\cdots=y_{iT}=0$，因此在估计过程中 y_{it} 的所有观测值为 0 的个体将被丢掉。

最后，除上述两种方法之外，我们还可以采用矩估计方法对 $\boldsymbol{\beta}$ 进行估计。

例 7-3：气温如何影响犯罪。Behrer 和 Bolotnyy（2022）采用得克萨斯州不同县的日度数据，基于一个面板泊松模型估计了气温是如何影响犯罪的。作者强调他们之所以选择泊松模型，是因为犯罪数据既有计数特征，又呈现偏态分布，并且许多县没有犯罪记录，导致数据中存在大量零值，而泊松模型更容易处理这些零值。基于此，他们假定 y 年 m 月 i 县第 d 天的犯罪水平 C_{idmy} 的均值 $\mu(X_{idmy})$ 可以通过一个指数函数来刻画，即 $E(C_{idmy})=\mu(X_{idmy})=\exp(X_{idmy}\theta)$，其中 X_{idmy} 和 θ 分别表示相应的解释变量和参数。所设定的估计模型如下所示，

$$\log[\mu(X_{idmy})]=\beta_k\sum T_{idmyk}+\rho_l\sum R_{idmyl}+\delta_y+\psi_i+\eta_d+\varOmega_m$$

其中，k 表示气温窗口，基于气温从 40℉到 100℉的变化，作者每隔 5℉设置一个气温窗口，共包括 14 个气温窗口，即 $k=14$，并将气温窗口 60～65℉设为基准组；R_{idmyl} 是反映降水状况的指标；η_d、$\varOmega_m$ 和 δ_y 分别表示日度、月度、年度时间效应；ψ_i 表示县固定效应。

7.3　面板 Tobit 模型

我们基于面板 Tobit 模型来讨论面板数据情形下被解释变量取值受限的情况。类似地，我们也将区分固定效应和随机效应两种情形，并对相应的估计方法进行介绍。总体而言，如果能够保证随机效应假设成立，面板 Tobit 模型的估计就较为容易，只是估计值的计算存在一定的复杂性。但是，在固定效应情形下，我们并不能得到一个一致的估计量。

一般的面板 Tobit 模型可写为

$$y_{it}^{*} = \boldsymbol{x}_{it}\boldsymbol{\beta} + \alpha_i + \varepsilon_{it} \tag{7-15}$$

其中，$\varepsilon_{it} \sim N(0,\sigma_{\varepsilon}^{2})$。根据面板 Tobit 模型的设定，如果 $y_{it}^{*} \geqslant 0$，则 $y_{it} = y_{it}^{*}$；如果 $y_{it}^{*} < 0$，则 $y_{it} = 0$，或者记 y_{it} 为缺失①。参照横截面情形下似然函数的形式，对于个体 i 而言，其似然函数可写为

$$f\left(y_i \middle| \boldsymbol{x}_{it},\alpha_i,\boldsymbol{\beta},\sigma_{\varepsilon}^{2}\right) = \prod_{t=1}^{T}\left[1-\Phi(-\boldsymbol{x}_{it}\boldsymbol{\beta}-\alpha_i/\sigma_{\varepsilon})\right]^{1(y_{it}=0)}\left[\frac{1}{\sigma_{\varepsilon}}\phi\left(\frac{y_{it}-\boldsymbol{x}_{it}\boldsymbol{\beta}-\alpha_i}{\sigma_{\varepsilon}}\right)\right]^{1(y_{it}\geqslant 0)} \tag{7-16}$$

其中，$I=1(\cdot)$ 为示性函数，$\Phi(\cdot)$ 和 $\phi(\cdot)$ 分别表示标准正态分布的分布函数和密度函数。

1. 随机效应估计

在随机效应情形下，假定 $\alpha_i \sim N(0,\sigma_{\alpha}^{2})$。对于个体 i 而言，式（7-16）也是关于 α_i 的函数，但在随机效应情形下我们可以通过积分将 α_i 从似然函数中消去，即在式（7-16）中，我们以 α_i 作为积分变量，通过对 y_{it} 和 α_i 的联合密度函数进行积分，得到只关于 y_{it} 的边缘密度函数。假定积分后的似然函数为 $f\left(y_i \middle| \boldsymbol{x}_{it},\boldsymbol{\beta},\sigma_{\varepsilon}^{2},\sigma_{\alpha}^{2}\right)$，则

$$f\left(y_i \middle| \boldsymbol{x}_{it},\boldsymbol{\beta},\sigma_{\varepsilon}^{2},\sigma_{\alpha}^{2}\right) = \int f\left(y_i \middle| \boldsymbol{x}_{it},\alpha_i,\boldsymbol{\beta},\sigma_{\varepsilon}^{2}\right)\frac{1}{\sqrt{2\pi\sigma_{\alpha}^{2}}}\exp\left(\frac{-\alpha_i}{2\sigma_{\alpha}^{2}}\right)^{2}\mathrm{d}\alpha_i \tag{7-17}$$

式（7-17）对应的积分没有解析解，因此一般采用高斯积分（Gaussian quadrature）得到其数值解。在此基础上，我们在个体层面进行加总，便能得到关于整个样本的对数似然函数，即

$$\ln L = \ln\prod_{i=1}^{N} f\left(y_i \middle| \boldsymbol{x}_{it},\boldsymbol{\beta},\sigma_{\varepsilon}^{2},\sigma_{\alpha}^{2}\right) = \sum_{i=1}^{N}\ln f\left(y_i \middle| \boldsymbol{x}_{it},\boldsymbol{\beta},\sigma_{\varepsilon}^{2},\sigma_{\alpha}^{2}\right) \tag{7-18}$$

以式（7-18）所对应的对数似然函数为基础，便能得到 β 的最大似然估计值。但是在实际应用中，$\mathrm{Corr}(\boldsymbol{x}_{it},\alpha_i)=0$ 是一个较强的假定，因此面板 Tobit 模型的随机效应估计仍存在一定的缺陷。此外，无论是断尾还是截取均极易扭曲变量的真实分布，因而也会导致最大似然估计的结果产生偏误。

---

① 其他情形可做类似讨论。

2. 固定效应估计

固定效应意味着 $\mathrm{Corr}(\boldsymbol{x}_{it},\alpha_i)\neq 0$。将 α_i 视为一系列参数，并用对数似然函数对 $\boldsymbol{\beta}$ 、σ_ε^2 及 $\alpha_i(i=1,2,\cdots,N)$ 求导，便能得到 $\boldsymbol{\beta}$ 的最大似然估计值 $\hat{\boldsymbol{\beta}}$ 。但是，由于冗余参数问题的存在，此时的 $\hat{\boldsymbol{\beta}}$ 并非 $\boldsymbol{\beta}$ 的一致估计量。

例 7-4：收入差距对家庭金融资产投资强度的影响。 周广肃、樊纲和李力行（2018）检验了收入差距对家庭金融资产投资强度的影响，设定的面板 Tobit 模型如下所示，

$$y_{ijt}^* = \beta_0 + \beta_1 \mathrm{Inequality}_{jt} + \beta_2 \mathrm{County}_{jt} + \beta_3 X_{ijt} + \beta_4 \mathrm{Prov} + \beta_5 \delta_t + \mu_{ijt}$$

$$Y_{ijt} = \max(0, y_{ijt}^*)$$

其中，y_{ijt}^* 表示家庭风险金融资产占所有金融资产的比重。同样地，在该模型中，作者也没有控制家庭层面的不可观测效应。由于我们观测不到 $y_{ijt}^*=0$ 的家庭风险金融资产的比重，因此这是一个典型的零值左截取模型［因而 $Y_{ijt}=\max(0,y_{ijt}^*)$］，这也正是本章所讨论的面板 Tobit 模型。

7.4 面板分位数模型

面板分位数模型通过将分位数回归和面板数据结合，使我们能够在控制不可观测的个体效应后，对被解释变量条件分布的不同分位点上各种变量间的关系进行分析。由于分位数回归无须对误差项的分布做具体的假设，即使是在非正态分布及存在异常值的情况下也具有较好的稳健性，因此，相比单纯的面板数据模型，面板分位数模型更灵活、稳健。

类似地，面板分位数模型也可区分为随机效应和固定效应两类，但是，目前的文献主要集中于在固定效应假设下探讨面板分位数模型的估计方法，因此我们主要介绍固定效应情形下面板分位数模型的估计方法。

1. 基本模型

对于一般的面板数据模型 $y_{it}=\boldsymbol{x}_{it}\boldsymbol{\beta}+\alpha_i+\varepsilon_{it}$ 而言，如果采用分位数回归方法对其进行参数估计，则首先需要建立以下条件分位数模型。

$$Q_{y_{it}}\left(\tau \middle| \boldsymbol{x}_{it},\alpha_i\right)=\boldsymbol{x}_{it}\boldsymbol{\beta}(\tau)+\alpha_i \tag{7-19}$$

其中，$\tau[\tau\in(0,1)]$ 表示分位数，$\tau=P\left(y_{it}<y_\tau \middle| \boldsymbol{x}_{it},\alpha_i\right)=F_{y_{it}|\boldsymbol{x}_{it},\alpha_i}(y_\tau)$，$Q_{y_{it}}\left(\tau \middle| \boldsymbol{x}_{it},\alpha_i\right)$ 表示在给定 $(\boldsymbol{x}_{it},\alpha_i)$ 的情况下 y_{it} 的第 τ 条件分位数，$\boldsymbol{\beta}(\tau)$ 表示第 τ 分位数下所对应的系数。在式（7-19）中，我们假定不可观测的个体效应 α_i 在不同分位点是一样的，即 α_i 不随分位点变化。根据我们的讨论目的，令 $\mathrm{Corr}(\boldsymbol{x}_{it},\alpha_i)\neq 0$，即 α_i 对应的是固定效应。

2. 估计方法

为了估计式（7-19），可以先通过差分或者组内变换消除固定效应 α_i，再对参数 $\boldsymbol{\beta}$ 进行分位数回归。尽管变换后能够消除 α_i，但是相应的条件分位数函数也发生了变化，回归方程中解释变量和被解释变量的含义也发生了变化，$\boldsymbol{\beta}(\tau)$ 的含义也不同于变化之前。换句话说，此时得到的并非式（7-19）中 $\boldsymbol{\beta}(\tau)$ 的估计值。因此，现实中我们通常将 α_i 视为待估参数，采用不同的方法对模型进行估计。

（1）FE-QR 估计。

遵循横截面分位数回归模型的估计方法，我们可以直接求解以下最小化问题，得到 α_i 及 $\boldsymbol{\beta}$ 的估计值，

$$\min_{\alpha_i \in R^n, \boldsymbol{\beta} \in R^n} \frac{1}{NT}\sum_{i=1}^{N}\sum_{t=1}^{T}\rho_\tau(y_{it} - \boldsymbol{x}_{it}\boldsymbol{\beta} - \alpha_i) \tag{7-20}$$

$\rho_\tau(u) = u[\tau - 1(u<0)]$ 为检查函数，其中 $1(\cdot)$ 为示性函数，即

$$\rho_\tau(u) = \begin{cases} u(\tau-1) & u<0 \\ u\tau & u \geqslant 0 \end{cases} \tag{7-21}$$

通过求解式（7-20）最小化问题得到的 $\boldsymbol{\beta}$ 的估计值被称为固定效应分位数估计值，即所谓的 FE-QR 估计值。但是，现实中的面板数据集往往具有大 N 小 T 的特征，若据此去估计 α_i，将导致自由度产生较大的损失，从而对估计效率产生不利影响。此外，尽管在满足一定条件的情况下，当 N 和 T 同时趋近于无穷时，FE-QR 估计值是一致的，但在 T 固定的情况下该估计值却是不一致的。

（2）惩罚分位数估计。

Koenker（2004）在加权分位数回归的基础上引入了一个惩罚项①（penalty），从而提出了惩罚分位数估计方法。基于以下最小化问题可以得到加权分位数估计结果。

$$\min_{\alpha_i \in R^n, \boldsymbol{\beta} \in R^n} \frac{1}{NT}\sum_{k=1}^{q}\sum_{i=1}^{N}\sum_{t=1}^{T}\omega_k\rho_\tau(y_{it} - \boldsymbol{x}_{it}\boldsymbol{\beta} - \alpha_i) \tag{7-22}$$

其中，k 为解释变量个数，ω_k 为权重系数，是 q 个分位数 $\{\tau_1, \tau_2, \cdots, \tau_q\}$ 对 α_i 的权重影响因子，代表了各分位点在检查函数中的相对地位。为了维持式（7-22）中目标函数的线性特征，我们引入线性惩罚项 $l_1 = \sum_{i=1}^{N}|\alpha_i|$ 并以其代替高斯惩罚项，最小化问题变为

$$\min_{\alpha_i \in R^n, \boldsymbol{\beta} \in R^n} \frac{1}{NT}\sum_{k=1}^{q}\sum_{i=1}^{N}\sum_{t=1}^{T}\omega_k\rho_\tau(y_{it} - \boldsymbol{x}_{it}\boldsymbol{\beta} - \alpha_i) + \lambda\sum_{i=1}^{N}|\alpha_i| \tag{7-23}$$

其中，$\lambda > 0$ 是调节惩罚水平的参数。求解式（7-23）所对应的最小化问题便能得到惩

---

① 所谓惩罚，是指对损失函数中的某些参数做一些限制，以防止模型出现过拟合的情况。惩罚项一般包括线性惩罚项 l_1 和高斯惩罚项 l_2，前者对应绝对值之和的形式，后者对应平方和的形式。

罚分位数估计情形下 $\boldsymbol{\beta}$ 的估计值。对于经常面临的大 N 小 T 问题，上述方法可以有效降低估计 α_i 所导致的方差。但是，在 N 较大时，式（7-23）最小化问题的求解方法较为复杂，并且依赖于调节参数 λ 的恰当选取。

（3）两步估计。

两步估计是指通过设定一个辅助回归，先得到 α_i 的估计值，再对参数 $\boldsymbol{\beta}$ 进行估计。具体而言，两步估计法是从随机系数模型出发的，

$$y_{it} = \boldsymbol{x}_{it}\boldsymbol{\theta}(u_{it}) + \alpha_i \tag{7-24}$$

其中，u_{it} 为在区间 $[0,1]$ 上服从均匀分布的随机变量，且与 $\boldsymbol{x}_{it}$ 和 α_i 相互独立。辅助方程对应一个均值回归模型，其具体形式为

$$y_{it} = \boldsymbol{x}_{it}\boldsymbol{\theta}_\mu + \alpha_i + v_{it} \tag{7-25}$$

在式（7-25）中，$\boldsymbol{\theta}_\mu = E[\boldsymbol{\theta}(u_{it})]$，$v_{it} = \boldsymbol{x}_{it}[\boldsymbol{\theta}(u_{it}) - \boldsymbol{\theta}_\mu]$，易知 $E\left(v_{it} \middle| \boldsymbol{x}_{it}, \alpha_i\right) = 0$。具体的两步估计过程如下，

步骤 1：估计式（7-25），得到 $\boldsymbol{\theta}_\mu$ 的估计值 $\hat{\boldsymbol{\theta}}_\mu$，据此构造 $\hat{\alpha}_i = \frac{1}{T}\sum_{t=1}^{T}(y_{it} - \boldsymbol{x}_{it}\hat{\boldsymbol{\theta}}_\mu)$。

步骤 2：令 $\hat{y}_{it} = y_{it} - \hat{\alpha}_i$，用 $\hat{y}_{it}$ 对 $\boldsymbol{x}_{it}$ 进行面板分位数估计，即可得到两步估计量 $\hat{\boldsymbol{\theta}}(\tau)$，相应的最小化问题变为

$$\min_{\boldsymbol{\theta}} \frac{1}{NT}\sum_{i=1}^{N}\sum_{t=1}^{T}\rho_\tau(\hat{y}_{it} - \boldsymbol{x}_{it}\boldsymbol{\theta}) \tag{7-26}$$

例 7-5：中央官员来源与地方经济增长。张平、赵国昌和罗知（2012）采用 1985—2007 年我国省级面板数据，从 3 个方面（具有某省籍贯、具有某省长期工作经历、由某省晋升至中央）衡量各省的中央官员数量，检验了中央官员来源对省区经济增长的影响。考虑到我国省际经济发展的差异，中央官员对于经济发展处在不同阶段的省区可能具有不同的作用，因此，作者还采用分位数回归的方法考察了中央官员来源对具有不同经济增长速度的省区是否存在异质性影响。基于分位数回归的研究结果表明，中央官员来源对经济增长速度较慢地区的影响更为明显。

7.5 应用指南

1. 估计命令

Stata 软件中用于面板二元选择模型的估计命令包括 xtlogit 和 xtprobit，但 xtprobit 只能估计随机效应模型，故我们只介绍 xtlogit 命令，其语法如下。

```
xtlogit depvar [indepvars] [if] [in] [weight] [, re|fe options]
```

其中，re|fe 用于设定随机效应和固定效应。

面板泊松模型的估计命令为 xtpoisson，其语法如下。

```
xtpoisson depvar [indepvars] [if] [in] [weight] [, re|fe options]
```

类似地，re|fe 用于设定随机效应和固定效应。

Stata 软件中估计面板 Tobit 模型的命令为 xttobit，该命令只能用于对随机效应模型的估计，其语法如下。

```
xttobit depvar [indepvars] [if] [in] [weight] [, ll(#) ul(#) options]
```

该命令需要设定截取点，其中，ll(#)表示左截取，ul(#)表示右截取，同时设置则表示两边截取。

另外，xtqreg 命令可用于在 Stata 软件中对固定效应情形下的面板分位数模型进行估计，其语法如下。

```
xtqreg depvar indepvars [if] [in] [, quantile(#) options]
```

其中，quantile(#)用于设定分位点，默认为中位数回归。

2. 例子

我们以面板数据集 poverty.dta 为基础来介绍前面 4 个命令的应用。该数据集包含了 2012 年和 2013 年共两年 2523 个家庭的信息，可用于检验家庭贫困状况（pov，贫困则 pov=1）如何影响家庭创业决策（entre，创业则 entre=1），具体包括以下变量。

（1）户主变量：年龄（age）、性别（gender，男性=1）、婚姻状况（marriage，已婚=1）、受教育年限（edu）。

（2）家庭变量：家庭收入（famincome）、家庭住房面积（houarea）。

（3）地区变量：GDP 增长率（gdp_rate）、失业率（unemploy）。

我们先定义三个全局宏（globalmacro），然后采用 xtlogit 命令来进行面板二元选择模型估计（随机效应估计），语法如下。

```
global x1 age gender marriage edu
global x2 famincome houarea
global x3 gdp_rate unemploy
xtlogit entre pov $x1 $x2 $x3, re
```

相应的估计结果如图 7-1 所示。

```
Random-effects logistic regression              Number of obs     =  2,467
Group variable: id                              Number of groups  =  2,029

Random effects u_i ~ Gaussian                   Obs per group:
                                                              min =      1
                                                              avg =    1.2
                                                              max =      2

Integration method: mvaghermite                 Integration pts.  =     12

                                                Wald chi2(9)      =  54.01
Log likelihood = -882.05493                     Prob > chi2       = 0.0000

------------------------------------------------------------------------------
       entre | Coefficient  Std. err.      z    P>|z|     [95% conf. interval]
-------------+----------------------------------------------------------------
         pov |  -.3615319   .3972126    -0.91   0.363    -1.140054    .4169905
         age |  -.0131722   .0126318    -1.04   0.297      -.03793    .0115856
      gender |   .7965759   .3760148     2.12   0.034     .0596004    1.533551
    marriage |   .7099051   .4811117     1.48   0.140    -.2330564    1.652867
         edu |   .1730347   .0864761     2.00   0.045     .0035447    .3425248
   famincome |   .1724164   .0289231     5.96   0.000     .1157282    .2291047
     houarea |   .0006796   .0004252     1.60   0.110    -.0001537    .0015129
    gdp_rate |  -8.143026   3.457936    -2.35   0.019    -14.92046   -1.365596
    unemploy |  -.1210025   .2168308    -0.56   0.577     -.545983     .303978
       _cons |  -4.410043   1.018682    -4.33   0.000    -6.406622   -2.413463
-------------+----------------------------------------------------------------
    /lnsig2u |   1.859925   .2742322                       1.32244     2.39741
-------------+----------------------------------------------------------------
     sigma_u |   2.534414    .347509                      1.937154     3.31582
         rho |   .6612965   .0614235                      .5328506    .7696902
------------------------------------------------------------------------------
LR test of rho=0: chibar2(01) = 51.93                 Prob >= chibar2 = 0.000
```

图 7-1　面板二元选择模型估计结果

数据集同时也包含了家庭创业经历的信息，变量 number 衡量了家庭创业次数，我们以该变量为被解释变量，采用面板泊松模型来估计户主、家庭及地区层面的变量如何影响家庭创业经历，固定效应和随机效应两种情形下的估计命令如下。

```
xtpoisson number $x1 $x2 $x3, fe
est sto FE
xtpoisson number $x1 $x2 $x3, re
est sto RE
esttab FE RE, mtitle
```

其中，est sto FE 和 est sto RE 表示分别将固定效应和随机效应结果保存下来并命名为 FE 和 RE，最后一行则表示将结果列示在同一表格中，两种结果的比较如图 7-2 所示。

	(1) FE	(2) RE
number		
age	-0.00513	0.000292
	(-0.47)	(0.18)
gender	-0.322	-0.0400
	(-1.48)	(-0.92)
marriage	-0.126	0.0477
	(-0.30)	(0.88)
edu	0.175*	0.00857
	(2.15)	(0.71)
famincome	0.00832	0.00402
	(0.78)	(1.39)
houarea	-0.00000460	-0.0000578
	(-0.01)	(-0.76)
gdp_rate	-1.532	-0.322
	(-0.97)	(-0.71)
unemploy	-0.839	0.0189
	(-1.64)	(0.82)
_cons		0.688***
		(5.83)

图 7-2 两种结果的比较

接下来我们考察家庭贫困状况如何影响家庭创业资产积累。由于只有那些创业的家庭我们才能观测到其创业资产，因此我们采用左截取的面板 Tobit 模型来进行估计，其中被解释变量为 asset，表示家庭创业资产，命令如下。

```
xttobit asset pov $x1 $x2 $x3, ll(0)
```

相应的估计结果如图 7-3 所示。

作为一个面板分位数回归的例子，我们采用数据集 nlswork.dta 来估计任期（tenure）对工资水平（ln_wage）的影响。我们直接以线性面板数据模型为基础进行估计，命令如下。

```
xtreg ln_wage tenure, fe
```

相应的估计结果如图 7-4 所示。

图 7-4 中的估计结果表明任期对工资水平存在积极影响，为了进一步考察这种影响在不同工资水平的个体之间是否存在差异，我们选择了 0.1、0.25、0.5、0.75 和 0.9 这 5 个分位数进行面板分位数回归，命令如下。

```
xtqreg ln_wage tenure, quantile(0.1 0.25 0.5 0.75 0.9)
```

```
Group variable: id                          Number of groups  =   2,029
Random effects u_i ~ Gaussian               Obs per group:
                                                         min =       1
                                                         avg =     1.2
                                                         max =       2

Integration method: mvaghermite             Integration pts.  =      12

                                            Wald chi2(9)      = 486.85
Log likelihood = -1188.0318                 Prob > chi2       = 0.0000
```

asset	Coefficient	Std. err.	z	P>|z|	[95% conf.	interval]
pov	-.2456088	.2583601	-0.95	0.342	-.7519854	.2607678
age	-.0075151	.0078484	-0.96	0.338	-.0228976	.0078674
gender	.475742	.227156	2.09	0.036	.0305245	.9209595
marriage	.290217	.292923	0.99	0.322	-.2839016	.8643356
edu	.0880125	.0521045	1.69	0.091	-.0141105	.1901356
famincome	.2126381	.0102582	20.73	0.000	.1925323	.2327438
houarea	.000496	.0002618	1.89	0.058	-.0000172	.0010091
gdp_rate	-3.356063	2.088345	-1.61	0.108	-7.449144	.7370176
unemploy	-.0598767	.1373402	-0.44	0.663	-.3290585	.2093051
_cons	-3.223599	.5933819	-5.43	0.000	-4.386606	-2.060591
/sigma_u	1.693759	.1078324	15.71	0.000	1.482411	1.905107
/sigma_e	1.025064	.1017506	10.07	0.000	.8256364	1.224492
rho	.7319209	.0528337			.6195605	.8245744

```
LR test of sigma_u=0: chibar2(01) = 65.33          Prob >= chibar2 = 0.000
```

图 7-3　面板 Tobit 模型估计结果

```
Fixed-effects (within) regression           Number of obs     =     28,101
Group variable: idcode                      Number of groups  =      4,699

R-squared:                                  Obs per group:
     Within  = 0.0972                                    min =           1
     Between = 0.1966                                    avg =         6.0
     Overall = 0.1373                                    max =          15

                                            F(1,23401)        =    2520.15
corr(u_i, Xb) = 0.1395                      Prob > F          =     0.0000
```

ln_wage	Coefficient	Std. err.	t	P>|t|	[95% conf.	interval]
tenure	.0341807	.0006809	50.20	0.000	.0328462	.0355153
_cons	1.570329	.0027935	562.14	0.000	1.564854	1.575805
sigma_u	.39172445					
sigma_e	.30357621					
rho	.62477177	(fraction of variance due to u_i)				

```
F test that all u_i=0: F(4698, 23401) = 7.80                 Prob > F = 0.0000
```

图 7-4　线性固定效应模型估计结果

面板分位数回归结果如图 7-5 所示。

0.1 Quantile regression

	Coefficient	Std. err.	z	P>|z|	[95% conf.	interval]
tenure	.0392989	.0011056	35.55	0.000	.037132	.0414658

0.25 Quantile regression

	Coefficient	Std. err.	z	P>|z|	[95% conf.	interval]
tenure	.0370599	.0007966	46.52	0.000	.0354986	.0386212

0.5 Quantile regression

	Coefficient	Std. err.	z	P>|z|	[95% conf.	interval]
tenure	.0339486	.0005555	61.12	0.000	.03286	.0350373

0.75 Quantile regression

	Coefficient	Std. err.	z	P>|z|	[95% conf.	interval]
tenure	.0312072	.0007002	44.57	0.000	.0298349	.0325796

0.9 Quantile regression

	Coefficient	Std. err.	z	P>|z|	[95% conf.	interval]
tenure	.0294218	.0009203	31.97	0.000	.027618	.0312256

图 7-5　面板分位数回归结果

图 7-5 中的回归结果表明，任期对工资水平的影响在不同工资水平的个体之间存在一定的差异，具体表现为对低工资水平的个体影响更强烈一些，但这种影响差异并不明显。

第 8 章　处 理 效 应

本章我们对不同类型的处理效应（treatment effect）进行介绍。在因果推断的分析框架下，处理效应是度量因果效应的关键概念，它通过比较实际观测值和反事实观测值来揭示某个干预变量（或者处理变量）所引起的结果变量的变化。处理效应这一概念在计量经济学中是随着对因果推断方法的发展而逐渐形成的，其历史可以追溯至对因果关系的认识及对因果推断方法的探索。它不仅在经济学研究中受到重视，还广泛应用于医疗卫生、心理学、环境科学等领域。

8.1　处理效应的定义

假定 D 为处理变量，$D=1$ 表示个体接受了处理（treatment），$D=0$ 表示个体未接受处理。这种处理既可以是受到了某项政策的影响，也可以是参与到某个项目中，总之是会使个体结果发生变化的介入和干预。通常，我们将接受处理的个体所在的组称为处理组，未接受处理的个体所在的组称为控制组。Y 为结果变量，描述了个体在不同情形下的结果。

如果令 Y_i^1 和 Y_i^0 分别表示个体 i 在接受处理 $(D=1)$ 和未接受处理 $(D=0)$ 两种情形下的结果，则可以定义个体层面的处理效应。具体而言，个体 i 的处理效应是指个体因接受处理而产生的效应，这种效应是处理后的结果与未接受处理时的潜在的反事实结果之间的差异。数学上，我们可将其表示为

$$\text{ITE}_i = Y_i^1 - Y_i^0 \tag{8-1}$$

但是，在个体 i 接受处理的情况下，我们只能观测到 $Y_i^1 | D_i = 1$，而观测不到 $Y_i^0 | D_i = 1$，因此，我们又将 Y_i^0 称为个体 i 在接受处理情形下的反事实结果，这也意味着我们通过直接比较 Y_i^1 和 Y_i^0 来计算 ITE_i 是不可行的。

例 8-1：学历与工资水平。如果个体 i 接受过大学教育，如本科毕业，那我们只能观测到其具有本科学历的工资水平，而观测不到其未上大学的工资水平（反事实结果），因而我们也无法通过直接对比这两种状态下个体的工资水平，来判断接受大学教育对工资水平的影响。

在实际应用中，我们更加关心所谓的平均处理效应（average treatment effect），其表达式为

$$\text{ATE} = E(Y_i^1 - Y_i^0) \tag{8-2}$$

式（8-2）的含义是总体中接受处理的个体与未接受处理的个体之间结果变量的平均差异，我们也可将其写为 $\text{ATE}=E(Y_i^1)-E(Y_i^0)$。相应地，我们还可以定义其他两种效应：处理组的平均处理效应 (ATET) 和控制组的平均处理效应 (ATEN)，两种效应的表达式分别为

$$\text{ATET}=E\left(Y_i^1-Y_i^0\middle|D=1\right) \tag{8-3}$$

$$\text{ATEN}=E\left(Y_i^1-Y_i^0\middle|D=0\right) \tag{8-4}$$

显然，ATET 和 ATEN 分别是对处理组、控制组计算平均处理效应所得到的结果。在应用过程中，我们更加关心处理组的平均处理效应，因为它最为直接地反映了处理变量所产生的影响。进一步地，ATE 可表示为两种效应的加权平均，即

$$\text{ATE}=\text{ATET}\times p(D=1)+\text{ATEN}\times p(D=0) \tag{8-5}$$

其中，$p(D=1)$ 和 $p(D=0)$ 分别表示个体接受处理和未接受处理的概率。

例 8-2：教育政策对学生成绩的处理效应。假设有一项正在试行的教育政策旨在提高学生的学习成绩，处理组为所有受该政策影响的学生，控制组为所有不受该政策影响的学生，结果变量为学习成绩。在这个例子中，平均处理效应表示处理组学生与控制组学生在学习成绩上的平均差异，若 $\text{ATE}>0$，说明处理组学生相对于控制组学生在学习成绩上有所提高，但这并不必然是实施该政策所产生的作用。处理组的平均处理效应表示在受到该政策影响的学生中，因政策干预而引起的学习成绩的平均变化（对于受到该政策影响的学生而言，其他因素可能也会导致他们的学习成绩发生变化），$\text{ATET}>0$，说明在政策干预后，处理组学生的学习成绩有所改善，教育政策对处理组学生产生了积极影响。控制组的平均处理效应表示在不受该政策影响的学生中，因为没有接受该政策的干预而导致的学习成绩的平均变化，反映了控制组学生在学习成绩方面的一般变化趋势，$\text{ATEN}>0$，暗示在正常教育条件下，控制组学生的学习成绩可能有提高的趋势。

假定 X_i 表示其他协变量，如果我们在对处理效应进行评价时也同时考虑协变量的作用，那么，上面定义的三种处理效应可以视为关于 X_i 的函数，即

$$\text{ATE}(X_i)=E\left(Y_i^1-Y_i^0\middle|X_i\right) \tag{8-6}$$

$$\text{ATET}(X_i)=E\left(Y_i^1-Y_i^0\middle|D=1,X_i\right) \tag{8-7}$$

$$\text{ATEN}(X_i)=E\left(Y_i^1-Y_i^0\middle|D=0,X_i\right) \tag{8-8}$$

8.2 识别假设

估计处理效应的第一个重要前提是个体处理稳定性假设（stable unit treatment value assumption，SUTVA）成立。

该假设意味着某个个体是否接受处理对其他个体不存在影响，即不同个体是否受到政策影响是相互独立的。我们所观测到的个体处理结果，只依赖于该个体自身的处理状态，而与其他个体的处理状态无关。如果该假设不成立，那么处理组个体对控制组个体将存在溢出效应，使得控制组个体也不可避免地受到政策的影响，从而导致我们不能对处理组和控制组进行严格的区分。

例 8-3：个体处理稳定性假设不成立的情况。企业从其内部某个部门选择部分员工进行培训，该部门被选进培训项目的员工构成处理组，未被选进培训项目的员工构成控制组。但是，由于这些员工在同一部门工作，接受培训的员工极有可能与没有接受培训的员工交流培训内容，导致未进入培训项目的员工并不能算真正的控制组。

第二个前提涉及重叠性假设（overlap assumption）。该假设也称共同支撑（common support）假设。在给出该假设的具体内容之前，我们先定义所谓的倾向得分（propensity score）：在给定协变量 X_i 的情形下，倾向得分衡量了个体 i 接受处理的概率，即 $p\left(D_i=1\middle|X_i\right)$。在此基础上，重叠性假设的具体内容可表述为：对于个体 i 而言，在给定协变量 X_i 的情况下，其倾向得分的取值区间为 $(0,1)$，即 $0<p\left(D_i=1\middle|X_i\right)<1$。

简而言之，重叠性假设意味着在给定协变量的情形下，个体接受处理的概率不能等于 0 或者 1，保证了存在一个共同区域，使得每个个体都有一定的概率接受处理或不接受处理，从而排除了所有个体均接受处理或者均不接受处理的极端情况。

8.3 选择偏误

1. 非随机指派和选择偏误

我们也可以通过所谓的潜在结果（potential outcome）模型讨论处理效应。假定 Y_i 是我们实际观测到的结果，则 Y_i 可表示为

$$Y_i=Y_i^0+D_i(Y_i^1-Y_i^0) \tag{8-9}$$

其中，Y_i^1 和 Y_i^0 为独立同分布的随机变量，式（8-9）说明我们实际观测到的结果 Y_i 由个体所处的状态 D_i 所决定，由于任何个体不能同时以两种状态存在，因此我们不能同时观测到 Y_i^1 和 Y_i^0。

接下来我们省略下标 i。易知

$$E\left(Y\middle|D=1\right)-E\left(Y\middle|D=0\right)=E\left(Y^1\middle|D=1\right)-E\left(Y^0\middle|D=0\right) \tag{8-10}$$

显然，如果处理变量 D 与结果变量 Y^1、Y^0 是相互独立的，即个体是否接受处理是随机指派（random assignment）的，那么

$$E\left(Y^1\middle|D=1\right)-E\left(Y^0\middle|D=0\right)=E(Y^1)-E(Y^0)=E(Y^1-Y^0)=\text{ATE} \tag{8-11}$$

上述推导过程说明，如果个体的处理状态是随机决定的，即 $(Y^0,Y^1)\perp D$ ，那么我们可以直接用处理组和控制组结果变量的均值之差去估计平均处理效应，此即平均处理效应的均值之差（difference-in-means，DIM）估计量。此外，基于对式（8-2）、式（8-3）和式（8-4）的直接比较，若 $(Y^0,Y^1)\perp D$ 成立， ATE 、 ATET 和 ATEN 是等价的，即 $\text{ATE}=\text{ATET}=\text{ATEN}$ 。

然而，如果个体的处理状态不是随机决定的，例如个体是否接受处理存在选择效应，那么 DIM 估计量将会导致选择偏误（selection bias）。以式（8-9）为基础，有

$$E\left(Y\middle|D=1\right)=E\left[Y^0+D(Y^1-Y^0)\middle|D=1\right]=E\left(Y^0\middle|D=1\right)+E\left(Y^1-Y^0\middle|D=1\right) \tag{8-12}$$

$$E\left(Y\middle|D=0\right)=E\left[Y^0+D(Y^1-Y^0)\middle|D=0\right]=E\left(Y^0\middle|D=0\right) \tag{8-13}$$

用式（8-12）减去式（8-13），并用式（8-10）替换，有

$$E\left(Y^1\middle|D=1\right)-E\left(Y^0\middle|D=0\right)=\underbrace{E\left(Y^0\middle|D=1\right)-E\left(Y^0\middle|D=0\right)}_{\text{选择偏误}}+\underbrace{E\left(Y^1-Y^0\middle|D=1\right)}_{\text{ATET}} \tag{8-14}$$

很显然，从式（8-14）来看，如果个体的处理状态不是随机决定的，那么 $E\left(Y^1\middle|D=1\right)-E\left(Y^0\middle|D=0\right)\neq\text{ATE}$ 。我们之所以将 $E\left(Y^0\middle|D=1\right)-E\left(Y^0\middle|D=0\right)$ 称为选择偏误，是因为此时选择效应的存在使得 $E\left(Y^0\middle|D=1\right)\neq E\left(Y^0\middle|D=0\right)$ 。

例 8-4：存在选择偏误的例子。假设一个免费医疗项目正在招募志愿者，其目的是评价某项治疗技术的健康效应。容易知道，那些预知自己当下健康状况没那么好的个体，更容易接受招募成为志愿者，从而导致该项目的处理组个体并不是根据随机分配原则确定的。

2. 基于可观测变量的选择

在有些情况下，个体是否接受处理受到一些可观测变量的影响，也就是说，选择偏误是由可观测变量所产生的。此时，我们可以通过引入一个条件独立性假设（conditional independence assumption，CIA）来解决估计处理效应时存在的选择偏误。该假设也称可忽略性（ignorability）假设或者无混淆性（unconfoundedness）假设。

条件独立性假设的含义是在给定协变量 X 时，处理变量与随机误差项无关，即

$$(Y^0,Y^1)\perp D\middle|X \tag{8-15}$$

该假设表明在给定了协变量后，个体是否接受处理是随机决定的。也就是说，是否接受处理是由可观测变量决定的，因此，我们又将其称为基于可观测变量的选择（selection on observables）假设。该假设的一个更弱的形式为条件均值独立性假设（conditional mean independence，CMI），我们可以将其写为

$$E\left(Y^1\middle|X,D\right)=E\left(Y^1\middle|X\right),\quad E\left(Y^0\middle|X,D\right)=E\left(Y^0\middle|X\right) \tag{8-16}$$

式（8-16）意味着在给定 X 的情况下，处理变量 D 与结果变量 Y^1 和 Y^0 的均值是相互独立的。

我们接下来证明条件独立性假设能够消除基于可观测变量的选择偏误。仍然以潜在结果模型（8-9）为基础，在给定变量 D 和 X 的情况下，直接取期望，并结合式（8-16），有

$$\begin{aligned}E\left(Y\middle|X,D\right)&=E\left(Y^0\middle|X,D\right)+D\left[E\left(Y^1\middle|X,D\right)-E\left(Y^0\middle|X,D\right)\right]\\&=E\left(Y^0\middle|X\right)+D\left[E\left(Y^1\middle|X\right)-E\left(Y^0\middle|X\right)\right]\end{aligned}$$

进一步，有 $E\left(Y\middle|X,D=1\right)=E\left(Y^1\middle|X\right)$，以及 $E\left(Y\middle|X,D=0\right)=E\left(Y^0\middle|X\right)$，并结合式（8-10），有

$$E\left(Y^1\middle|X,D=1\right)-E\left(Y^0\middle|X,D=0\right)=E\left(Y^1\middle|X\right)-E\left(Y^0\middle|X\right)=\text{ATE}(X) \tag{8-17}$$

类似于式（8-11），式（8-17）表明在满足条件独立性假设的前提下，我们仍然可以用处理组和控制组结果变量的均值之差去估计平均处理效应。也就是说，如果满足条件独立性假设，基于可观测变量的选择并不会导致估计偏误。

3. 基于不可观测变量的选择

然而，很多情况下选择偏误的产生不仅与可观测变量有关，也与不可观测变量有关。也就是说，除一些可观测的因素之外，一些不可观测的因素也会同时影响处理变量 D 和结果变量 Y，此时条件独立性假设也不能帮助我们有效消除选择偏误。由于式（8-16）所对应的条件不再成立，我们可以直接根据式（8-14）写出以下结果，

$$E\left(Y^1\middle|X,D=1\right)-E\left(Y^0\middle|X,D=0\right)=\left[E\left(Y^0\middle|X,D=1\right)-E\left(Y^0\middle|X,D=0\right)\right]+\text{ATET}(X) \tag{8-18}$$

式（8-18）说明，在存在不可观测因素导致的选择偏误的情况下，DIM 估计量将导致估计偏误。

例 8-5：利用随机对照试验解决选择偏误。假设我们要对一种新药物的治疗效果进行评价，为了进行有效的因果推断，可以设计一个随机对照试验（randomized controlled trial，RCT）。我们可以招募一群患者，通过随机分配（如抽签）将他们分成两组，以确保在试验之前两组之间的任何差异均是随机的。之后，对于处理组的参与者，我们提供新药物，而对于控制组的参与者，我们则给予安慰剂治疗或者与以往相同的药物治疗（不包含新的药物成分）。如此，经过一段时间后再对两组患者之间的差异进行比较。以上随机对照试验使得处理组和控制组的确定接近随机指派模式，从而能够帮助我们有效克服

选择偏误。

例 8-6：迪弗洛的研究。2019 年诺贝尔经济学奖得主之一迪弗洛（Esther Duflo）是发展经济学领域的杰出学者，她的一系列研究均与随机对照试验有关。例如，在肯尼亚采用信息干预和价格补贴等方法改变农民使用化肥的决策；研究不同形式的职业培训对个体劳动力市场表现的影响；研究教育补贴和艾滋病毒预防对早孕和性传播疾病的影响。

总而言之，在估计处理效应的过程中，如何消除选择偏误是我们要解决的主要问题，由此也产生了不同的解决方法。一些方法（如匹配方法）试图解决基于可观测变量而产生的偏误，另一些方法（如对局部平均处理效应的估计）则试图解决基于不可观测变量而产生的偏误，还有一些方法（如双重差分、断点回归等）则试图同时解决由可观测变量和不可观测变量导致的偏误。

8.4 其他问题

1. 处理效应和偏效应的联系

传统的最小二乘估计的是解释变量影响被解释变量的偏效应，关心的是一个变量的变化是否会引起另一个变量概率分布发生变化，故我们也称其为对概率因果关系（probabilistic causality）的识别。而对处理效应的估计则是基于反事实分析而展开的，强调对同一个体在两种不同处理状态下的结果进行比较，我们不能观测到的状态就是反事实结果，故处理效应衡量的是反事实因果关系（counterfactual causality），可以看作是对传统的最小二乘回归分析框架的一个推广。

对于一般的回归模型 $y=\beta x+\mu$ 而言，假定 y 和 x 为连续型变量，可得

$$\mathrm{d}y/\mathrm{d}x=\beta+\mathrm{d}\mu/\mathrm{d}x \tag{8-19}$$

如果在式（8-19）中，$\mathrm{d}\mu/\mathrm{d}x=0$，我们就可将 β 看作是 x 对 y 产生的偏效应。而在反事实分析的框架下，解释变量 x 是一个二元变量，我们令 x_0 和 x_1 分别对应控制组和处理组，Y_0 和 Y_1 分别对应被解释变量 y 在这两种不同情况下的结果，并将 Y_0 和 Y_1 写为 $Y_0=\beta x_0+\mu_0$ 和 $Y_1=\beta x_1+\mu_1$，在此基础上用 Y_1 减去 Y_0，并且令 $\Delta y=Y_1-Y_0$，$\Delta x=x_1-x_0$，$\Delta\mu=\mu_1-\mu_0$，可得

$$\Delta y/\Delta x=\beta+\Delta\mu/\Delta x \tag{8-20}$$

很显然，从式（8-19）和式（8-20）来看，我们都是在用 x 的变化去解释 y 的变化。但需要注意的是，在一般的回归模型 $y=\beta x+\mu$ 中，x 对 y 的偏效应能够被准确识别的前提条件是 μ 的均值独立于 x，即 x 外生，而在因果推断的框架下，前提条件是 $\mu\perp D|x$，并未

要求 μ 与 x 相互独立。

2. 不良控制

条件独立性假设和条件均值独立性假设在考虑处理变量与结果变量的独立性时，均要求对协变量加以控制。但是，如果协变量选择不合理，就会导致不良控制（bad control）问题。那么，在对处理效应进行估计时，所控制的协变量是否越多越好？如果不是，我们又应当如何选择恰当的协变量呢？

对上述问题的简单回答是，我们应当根据需要选择恰当的协变量，而非越多越好，所研究问题的理论背景、具体环境、已有的经验证据以及自身的判断均可作为选择依据。然而，我们仍想知道是否有一些方法可以指导我们选择恰当的协变量，以避免产生不良控制问题。如图 8-1 所示，接下来我们基于对结果变量 Y、处理变量 D 和协变量 X 之间的关系的讨论，来确定如何选择恰当的协变量。

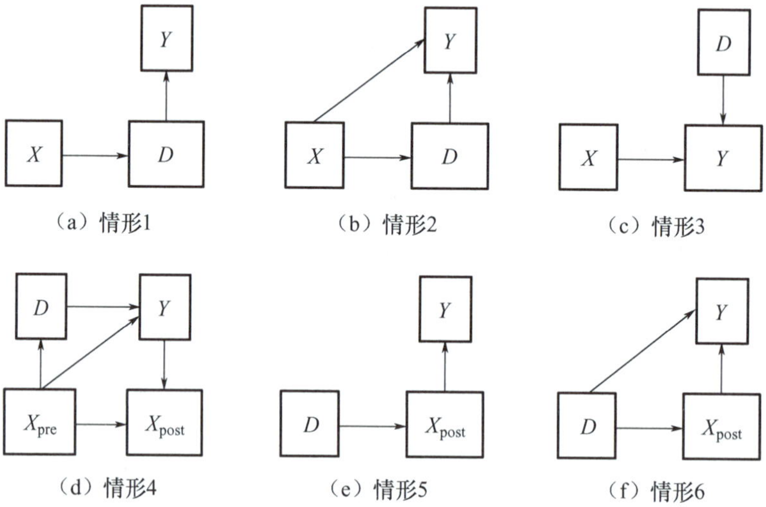

图 8-1 协变量的选择

情形 1：不需要控制。X 和 Y 之间没有直接的联系，故无须控制。

情形 2：需要控制。此时 X 不仅能够通过 D 影响 Y，还会直接影响 Y，故需要加以控制。

情形 3：不需要控制。尽管 X 会直接影响 Y，但 X 和 D 之间无任何联系，故无须控制。

情形 4：需要控制 X_{pre} 而无须控制 X_{post}。其中，X_{pre} 表示未干预协变量，X_{post} 表示后干预协变量，这是一种典型的自选择情况。因为 X_{post} 是其他变量的结果，所以无须加以控制，而只考虑 X_{pre} 的情形类似于情形 2，需要控制 X_{pre}。

例 8-7：考虑学生参加课外辅导班。为了提高学习成绩 (Y)，有些学习态度不太积极的学生选择了参加辅导班 $(D=1)$。在参加辅导班的过程中，随着学习成绩的提高，这些学生的学习态度可能也会变得更主动、积极。因此，学习态度在这个例子中是后干预协变量 (X_{post})，而 X_{pre} 则包括学习环境（如所在班级）、父母的受教育水平等变量。

情形 5：无须控制。在这种情况下，X_{post} 是一个中间变量，X_{post} 对 Y 的影响反映的是 D 对 Y 的影响，其自身对 Y 并无直接影响。

情形 6：视情况而定。如果我们只考虑 D 对 Y 的总效应，则无须控制 X_{post}；如果我们关心 D 对 Y 的直接影响，则需要控制 X_{post}。

第 9 章 匹配方法

从本章开始，我们将讨论处理效应的估计方法，本章先讨论匹配方法。匹配方法的核心思想是将处理组和控制组的个体按可观测特征进行匹配，合理地选择处理组和控制组中具有相似特征的个体，以减少或者消除处理组和控制组个体间的差异。该方法假定，在控制了协变量之后，具有相同特征的个体对于干预具有相同的反应。因此，匹配方法能够帮助我们有效消除基于可观测变量产生的选择偏误。

首先，我们将介绍匹配方法的前提假设，并对具体假设的含义进行解释。其次，我们将分别对协变量匹配（covariate matching）和倾向得分匹配（propensity-score matching）方法进行介绍。最后，我们还将讨论两个问题，一是不同匹配方法的原理，二是多处理组情形下的匹配估计，并且对与匹配估计相关的问题进行简要总结和评述。

9.1 识别假设

我们首先介绍应用匹配方法时涉及的一些基本假设。

第一个假设是条件独立性假设（CIA）。该假设意味着在给定协变量 X 的情形下，接受处理与否是随机决定的。该假设的一个更弱的形式为条件均值独立性（CMI）假设。如第 8 章所述，只要给定 CMI 假设，我们便能消除选择偏误，正确估计处理效应。

例 9-1：考虑一个技能培训项目对工资水平的影响。假定是否参与该培训项目 (D) 由个体的工作经验 (x) 决定，工资水平为 Y。显然，工作经验同时也会影响工资水平，但是在控制工作经验后，我们可以认为条件独立性假设成立，即 $Y \perp D|x$。在不控制工作经验的情况下，因为那些工作经验更少的人，更有可能参与该培训项目，并且工作经验对工资水平也存在不可忽视的影响，所以条件独立性假设不成立。从匹配的角度看，控制工作经验相当于我们找到了工作经验一致的两个个体，但他们在是否参与该培训项目上存在区别，据此，我们就可以通过比较两者的工资差异，将该培训项目的影响效应估计出来。

第二个假设是重叠性假设。该假设意味着对于个体 i 而言，在给定协变量 X_i 的情况下，其倾向得分的取值区间为 $(0,1)$，即 $0 < p\left(D_i = 1|X_i\right) < 1$。简而言之，该假设要求协变量 X_i 在处理组和控制组中的分布存在一定的差异，否则将导致我们无法对部分个体进行匹配。

现实中，重叠性假设不成立的情况往往是处理组中协变量 X_i 的支撑区间仅仅是控制组中 X_i 的一个子集，其原因在于干预的发生往往是基于个体的自愿参与，且参与的这些人在协变量上又具有相似的特征，从而使得我们能够在控制组观察到所有人，而在处理组只能观察到部分人，这种情况的发生将导致可供匹配的样本被缩减。

例 9-2：仍然考虑技能培训项目对工资水平的影响。假定工作经验可以简单划分为两类：工作经验丰富 $(x=1)$ 和工作经验不丰富 $(x=0)$。如果处理组全为工作经验不丰富的个体，那么对于处理组个体 i 而言，有 $p\left(D_i=1|x_i\right)=1$。我们会发现，在控制组中那些工作经验丰富的个体将找不到恰当的匹配对象。如表 9-1 所示，对于控制组的个体 6 而言，我们在处理组中找不到工作经验与之匹配的个体，从而使得其反事实结果无法识别。

表 9-1 技能培训项目与工资水平：不满足重叠性假设

个体	是否为处理组	工作经验是否丰富
1	$D=1$	不丰富
2	$D=1$	不丰富
3	$D=1$	不丰富
4	$D=0$	不丰富
5	$D=0$	不丰富
6	$D=0$	丰富

第三个假设是平衡性（balancing）假设。该假设可表示为：$D\perp X|$匹配后，即在匹配实施之后，协变量或者倾向得分在处理组和控制组的分布是一致的。这一假设是确保匹配之后处理组和控制组可以直接进行比较的基础，如果该假设不成立，我们就需要重新考虑模型的构建或者采用其他估计方法。

例 9-3：跨方言区流动与收入。为了检验劳动力跨方言区流动对收入的影响，我们将跨方言区流动的个体视为处理组，在同一方言区流动的个体视为控制组，并采用匹配方法对流动方式与收入的关系进行了检验。图 9-1 描述了匹配前后平衡性假设的具体检验结果。可以发现，在匹配前，处理组和控制组的倾向得分分布存在显著差异，平衡性假设不成立；而在匹配后，两组的差异几乎可以忽略不计，平衡性假设成立，说明匹配效果良好。

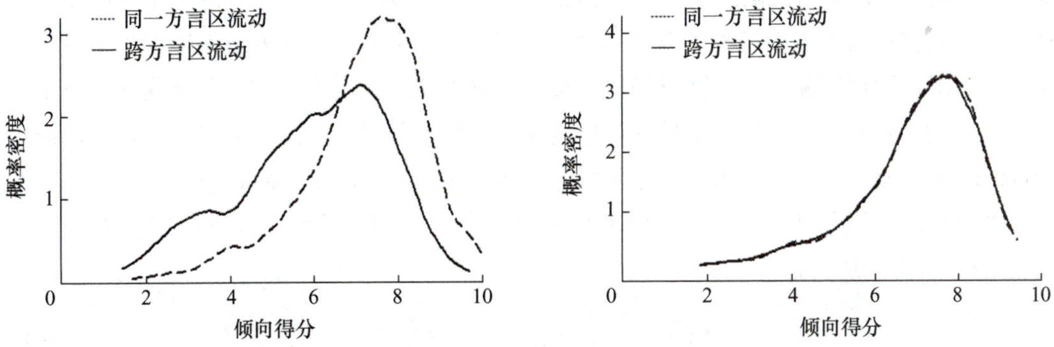

（a）匹配前 （b）匹配后

图 9-1 平衡性假设检验

9.2 匹配估计

我们已经证实，如果条件独立性假设成立，就可以消除可观测变量导致的选择偏误。事实上，如果条件独立性假设成立，那么我们便可基于个体的可观测特征，对处理组和控制组进行匹配，这也正是运用匹配方法估计处理效应的合理性所在。

1. 匹配估计的原理

匹配估计的原理简单直接，我们以对 ATET 的估计来说明这一点。根据定义，$\text{ATET}=E\left(Y_i^1-Y_i^0\middle|D_i=1\right)=E\left(Y_i^1\middle|D_i=1\right)-E\left(Y_i^0\middle|D_i=1\right)$，其中 $E\left(Y_i^0\middle|D_i=1\right)$ 对应的是反事实结果。如果我们能够估计出 $E\left(Y_i^0\middle|D_i=1\right)$，ATET 便可识别，其估计值可写为 $\widehat{\text{ATET}}=E\left(Y_i^1\middle|D_i=1\right)-\hat{E}\left(Y_i^0\middle|D_i=1\right)$。

如果协变量中只包含一个分量，估计 $E\left(Y_i^0\middle|D_i=1\right)$ 的一个简单思路是用控制组中的个体 j 与处理组中的个体 i 进行匹配，如果 i 和 j 在协变量上不存在差异，而只在是否接受处理上存在差异，我们便可用 j 的结果作为 i 的反事实结果。但是，有时候我们难以从处理组和控制组中分别找到完全不存在差异的协变量，并且协变量通常包含了多个分量，因此，我们可以通过一个距离函数来测度协变量之间的距离，用距离最短的 i 和 j 来进行匹配。同时，还要解决匹配的非唯一性问题，如果我们能够同时为个体 i 寻找到多个 j，那么可以用这多个 j 的结果变量的均值作为 i 的反事实结果。

实际应用中，我们可以采用两种方法来进行匹配。一是直接以处理组个体和控制组个体为基础，基于协变量进行匹配，该方法被称为协变量匹配（covariates matching）。二是先计算处理组和控制组个体的倾向得分，再以倾向得分为基础进行匹配，此即倾向得分匹配（propensity score matching）。

2. 协变量匹配

简而言之，以协变量本身作为匹配对象的方法被称为协变量匹配。当协变量为离散型变量时，我们可以采用精确匹配（exact matching），如在例 9-2 中将处理组中工作经验不丰富的个体与控制组中工作经验不丰富的个体直接匹配。但是，当协变量为连续型变量时，精确匹配就会遭遇匹配困难，而且当协变量中包含多个不同的变量时，即使这些变量全为离散型变量，要同时围绕这些变量进行精确匹配也将十分困难，会产生维数诅咒（curse of dimensionality）问题，因而我们只能采用近似匹配（approximate matching）的方法。

令 $m_1(X_i)=E\left(Y_i^1\middle|D_i=1,X_i\right)$，$m_0(X_i)=E\left(Y_i^0\middle|D_i=0,X_i\right)$，记 $\hat{m}_1(X_i)$ 和 $\hat{m}_0(X_i)$ 为 $m_1(X_i)$ 和 $m_0(X_i)$ 的估计量。显然

$$\widehat{\text{ATE}}=\frac{1}{N}\sum_{i=1}^{N}\left[\hat{m}_1(X_i)-\hat{m}_0(X_i)\right] \tag{9-1}$$

其中，N 表示样本量。

此外，若我们能得到 $E\left(Y_i^0 \middle| D_i=1, X_i\right)$ 和 $E\left(Y_i^1 \middle| D_i=0, X_i\right)$ 的估计值，便能确定 ATET 和 ATEN 的估计值。我们可以基于反事实结果对 $E\left(Y_i^0 \middle| D_i=1, X_i\right)$ 和 $E\left(Y_i^1 \middle| D_i=0, X_i\right)$ 进行估计，这正是匹配方法的估计思路。

具体而言，在对 ATET 进行估计时，我们可以以 $m_0(X_i)$ 作为 $E\left(Y_i^0 \middle| D_i=1, X_i\right)$ 的反事实结果；在对 ATEN 进行估计时，我们可以以 $m_1(X_i)$ 作为 $E\left(Y_i^1 \middle| D_i=0, X_i\right)$ 的反事实结果。也就是说，ATET 和 ATEN 的估计值可分别写为

$$\widehat{\text{ATET}} = \frac{1}{N_1}\sum_{i=1}^{N_1}\left[Y_i^1 - \hat{m}_0(X_i)\right] \tag{9-2}$$

$$\widehat{\text{ATEN}} = \frac{1}{N_0}\sum_{i=1}^{N_0}\left[\hat{m}_1(X_i) - Y_i^0\right] \tag{9-3}$$

其中，N_1 和 N_0 分别表示匹配后处理组和控制组的观测值个数。但是，从式（9-2）和式（9-3）来看，ATET 和 ATEN 能够被估计出的前提是确定恰当的 $\hat{m}_0(X_i)$ 和 $\hat{m}_1(X_i)$。协变量匹配的解决思路如下。

以 ATET 的估计值为例，为了找到与处理组个体 i 对应的反事实结果 $m_0(X_i)$，可以从控制组中选择那些特征最接近于 X_i 的个体，这些个体的结果变量所对应的值就成为我们估计 $m_0(X_i)$ 的基础。根据所采用的匹配方法不同，最终为处理组个体所匹配到的“最接近于 X_i 的个体”也不同，我们将在 9.3 节对此进行介绍。

例 9-4：采用协变量匹配对数据进行预处理。Azoulay、Graff Zivin 和 Wang（2010）以生命科学领域（生物和医学）112 位杰出科学家为例，研究了这些科学家的猝死如何影响其合作者的科研产出。在他们的研究中，与猝死的杰出科学家合作的研究者是处理组，与仍然健在的杰出科学家合作的研究者是控制组。在采用双重差分法进行估计之前，他们从不同角度对样本进行了匹配，保证了处理组和控制组研究者的科研产出在杰出科学家猝死前具有相同的变化趋势，处理组和控制组的年龄具有相似的分布，处理组和控制组的研究者与杰出科学家具有相似的合作特征，等等。

3. 倾向得分匹配

为了解决维数诅咒问题，Rosenbaum 和 Rubin（1983）提出了倾向得分匹配估计。该方法的基本原理是通过一个函数关系，将多维协变量转换成一维的得分变量（即倾向得分变量）后，再以倾向得分变量为基础进行匹配。在进行倾向得分匹配时，我们也要求，在给定了倾向得分的情形下匹配变量和结果变量是相互独立的。省略下标 i，假定 $p(X)$ 表示倾向得分，即 $p(X) = p\left(D=1 \middle| X\right)$，这意味着

$$(Y^0, Y^1) \perp D \mid p(X) \tag{9-4}$$

如果条件独立性假设成立，我们很容易证明这一点。事实上，式（9-4）等价于在给定 $p(X)$ 的情形下，D 的分布不依赖于 Y，即

$$p\left[D=1|Y,p(X)\right]=p\left[D=1|p(X)\right],\quad p\left[D=0|Y,p(X)\right]=p\left[D=0|p(X)\right] \tag{9-5}$$

由于 $p\left(D=1|X\right)+p\left(D=0|X\right)=1$，因此我们仅以 $D=1$ 为例来证明式（9-5）。由于 $p\left[D=1|Y,p(X)\right]=E\left[D|Y,p(X)\right]$，因此根据期望迭代定理①，有

$$E\left[D|Y,p(X)\right]=E\left\{E\left[D|Y,p(X),X\right]|Y,p(X)\right\} \tag{9-6}$$

进一步地，有

$$\begin{aligned}E\left\{E\left[D|Y,p(X),X\right]|Y,p(X)\right\}&=E\left[E\left(D|Y,X\right)|Y,p(X)\right]\\&=E\left[E\left(D|X\right)|Y,p(X)\right]\\&=E\left[p(X)|Y,p(X)\right]=p(X)\end{aligned} \tag{9-7}$$

式（9-7）中最后一步是因为条件独立性假设成立，所以 $E\left[p(X)|Y,p(X)\right]=p(X)$。上述推导意味着 $p\left[D=1|Y,p(X)\right]=p(X)$。类似地，有

$$\begin{aligned}p\left[D=1|p(X)\right]=E\left[D|p(X)\right]&=E\left\{E\left[D|p(X),X\right]|p(X)\right\}\\&=E\left[E\left(D|X\right)|p(X)\right]=p(X)\end{aligned} \tag{9-8}$$

综合式（9-7）和式（9-8），有 $p\left[D=1|Y,p(X)\right]=p\left[D=1|p(X)\right]$，由此证明，若条件独立性假设成立，则式（9-4）也成立。这意味着在给定倾向得分的情况下，处理组和控制组的指派可以看作是随机的，从而也为我们识别处理效应提供了保证。Frolich（2007）证明，倾向得分匹配和协变量匹配所得到的估计量收敛到相同的极限，这意味着在应用中基于倾向得分来进行匹配便足以帮助我们解决可观测变量导致的选择偏误。在实证中，由于倾向得分是在给定协变量的情形下个体接受处理的概率，它本质上可以通过一个二元选择模型来进行估计，因此，我们往往采用 Logit 模型或者 Probit 模型来

---

① 对于随机变量 X 和 Y，根据期望迭代定理，有 $E(Y)=E_X\left[E\left(Y|X\right)\right]$。如果 X 和 Y 是连续型随机变量，证明如下，

$$\begin{aligned}E_X\left[E\left(Y|X\right)\right]&=\int E\left(Y|X\right)f_X(x)\mathrm{d}x=\int\left[\int yf_{Y|X}\left(y|x\right)\mathrm{d}y\right]f_X(x)\mathrm{d}x=\iint yf_{Y|X}\left(y|x\right)f_X(x)\mathrm{d}x\mathrm{d}y\\&=\iint yf_{X,Y}(x,y)\mathrm{d}x\mathrm{d}y=\int y\left[\int f_{X,Y}(x,y)\mathrm{d}x\right]\mathrm{d}y=\int yf_Y(y)\mathrm{d}y=E(Y)\end{aligned}$$

如果 X 和 Y 是离散型随机变量，证明如下，

$$\begin{aligned}E_X\left[E\left(Y|X\right)\right]&=\sum_x E\left(Y|X=x\right)p(x)=\sum_x\left[\sum_y yp\left(y|x\right)\right]p(x)=\sum_x\sum_y yp\left(x,y\right)\\&=\sum_y y\sum_x p\left(x,y\right)=\sum_y yp(y)=E(Y)\end{aligned}$$

对倾向得分进行估计。

例 9-5：技能培训对个体收入的影响。即使我们发现处理组个体（参与技能培训的人）的收入水平要比控制组个体（未参与技能培训的人）更高，也不能就此认定技能培训对收入具有积极的提升作用，诸如性别、年龄、受教育水平、工作经验等变量也是影响收入的重要因素，并且这些变量在处理组和控制组中的分布往往也存在差异。我们可以以这些变量为基础估计每个个体的倾向得分（接受技能培训的概率），在此基础上通过倾向得分匹配对技能培训的因果效应进行估计。

9.3 不同的匹配方法

1. 最近邻匹配（nearest neighbor matching）

预先设定一个卡尺（caliper），将在卡尺范围内与处理组个体距离最近的一个或者多个控制组个体作为匹配对象。这里的“卡尺”可以理解为半径，也就是说，我们预先设定一个半径，然后在该半径范围内进行匹配[①]。当匹配对象个数等于 1 时，对应 1 对 1 匹配；当匹配对象个数大于 1 时，对应 1 对多匹配。如果是协变量匹配，距离通常以马氏距离来计算；如果是倾向得分匹配，则以欧氏距离来计算。

2. 半径匹配（radius matching）

半径匹配也称卡尺匹配（caliper matching），其与最近邻匹配不同的是，在预先设定了卡尺之后，所有在卡尺范围内的控制组个体都被作为匹配对象。由此，基于最近邻匹配和半径匹配得到的估计量可写为

$$\widehat{\text{ATET}} = \frac{1}{N_1}\sum_{i\in\{D=1\}}\left[Y_i - \sum_{j\in C(i)} h(i,j)Y_j\right] \tag{9-9}$$

$$\widehat{\text{ATEN}} = \frac{1}{N_0}\sum_{i\in\{D=0\}}\left[\sum_{j\in C(i)} h(i,j)Y_j - Y_i\right] \tag{9-10}$$

$$\widehat{\text{ATE}} = \left(\frac{1}{N}\sum_i D_i\right)\widehat{\text{ATET}} + \left(\frac{1}{N}\sum_i (1-D_i)\right)\widehat{\text{ATEN}} \tag{9-11}$$

其中，N_1 和 N_0 分别表示匹配后处理组和控制组所包含的观测值个数，$C(i)$ 表示与 i 相匹配的个体集合，$h(i,j)$ $[0 < h(i,j) \leqslant 1]$ 表示个体 i 的匹配对象 j 所被赋予的权重，与 i 和 j 之间的距离正相关。

---

① 这里还可以进一步区分出有放回匹配和无放回匹配两种情形，二者的区别在于是否只能匹配一次。

3. 核匹配（kernel matching）

核匹配是将所有控制组个体都作为匹配对象，并以控制组个体倾向得分与处理组个体倾向得分的距离作为权重进行加权。以 ATET 为例（ATE 和 ATEN 可做类似推导），其基于核匹配的估计量可写为

$$\widehat{\text{ATET}}=\frac{1}{N_1}\sum_{i\in\{D=1\}}\left\{Y_i^1-\sum_{j\in\{D=0\}}\left[\frac{K(p_j-p_i/h)}{\sum_{j\in\{D=0\}}K(p_j-p_i/h)}\right]Y_j^0\right\} \tag{9-12}$$

其中，p_i 和 p_j 分别为个体 i 和 j 的倾向得分，$K(\cdot)$ 是核函数，可采用高斯核函数、叶帕涅奇尼科夫核函数等，h 为带宽，类似于半径匹配中的半径。

此外，核匹配是以核函数为基础计算匹配的权重，如果我们将权重的确定由核函数改为局部线性（local linear）回归，则对应局部线性回归匹配，因而局部线性回归匹配也可以看作是核匹配的一种特殊形式。

4. 分层匹配（stratification matching）

分层匹配是将样本划分为几个不同的层次，然后在每个层次内进行独立的匹配。需要注意的是，分层要能捕捉到潜在的系统性差异，每个层次可以依据某个特定的变量或者是多个变量来确定。

例 9-6：分层匹配的例子。假设我们要对一项教育政策的实施效果进行评价，主要是想知道这项政策对学生成绩的影响。由于不同学生的家庭收入存在显著差异，而家庭收入又是影响学生成绩的重要变量，因此，我们可以根据学生的家庭收入水平进行分层（如高收入、中等收入和低收入），然后在不同等级的收入水平上对处理组和控制组个体进行匹配。

9.4 多处理组的匹配估计

我们可以将匹配方法的思想扩展到多元处理的情况。假定处理变量 D 可以在 $\{0,1,\cdots,M\}$ 上取值，也就是说，处理变量可以描述 $M+1$ 种不同的处理状态。假定这 $M+1$ 种不同的处理状态是互斥的，那么，估计处理效应的条件独立性假设可写为

$$(Y^0,Y^1,\cdots,Y^M)\perp D|X \tag{9-13}$$

相应的重叠性假设为 $0<p\left(D_i=d|X_i\right)<1$，其中 $d\in\{0,1,\cdots,M\}$。

如果我们从 $\{0,1,\cdots,M\}$ 中任选两种不同的处理状态 m 和 l，平均处理效应可以定义为

$$\text{ATE}(m,l)=E\left(Y_i^m-Y_i^l\right) \tag{9-14}$$

ATET 和 ATEN 可写为

$$\text{ATET}(m,l)=E\left(Y_i^m-Y_i^l\,\middle|\,D=m\right) \tag{9-15}$$

$$\text{ATEN}(m,l)=E\left(Y_i^m-Y_i^l\,\middle|\,D=l\right) \tag{9-16}$$

以上述假设为基础，我们就可以对不同的处理效应进行估计。显然，当处理变量 D 是离散型变量时，我们可以在每个 $D=d$ 值上分别估计类似于 $m_1(X_i)$ 和 $m_0(X_i)$ 的 $m_d(X_i)$。如果处理变量是连续型变量，我们可以利用所有观测值来估计 $m_d(X_i)$，并对接近于 d 的观测值赋予更大的权重。

例 9-7：多维处理的匹配估计。如果在例 9-5 中我们根据不同培训类型进一步将所有个体划分为 3 组：接受就业技能培训的群体、接受职业规划培训的群体和未接受培训的群体，那么，我们面对的就是一个多维处理的情况。为了采用匹配方法进行估计，我们可以先针对每种培训类型计算个体被分配到该组的倾向得分，再分别在其他组找到具有相似倾向得分的个体来进行匹配，进而估计出各种培训类型的处理效应。

9.5 其他问题

在实施匹配估计的过程中，我们应当注意以下问题，这些问题也正好反映了匹配估计存在的不足。

1. 需要有足够大的样本

在匹配过程中，我们试图保持处理组和控制组在所有可观测特征上是平衡的。如果样本较小，可能会导致匹配困难增加，甚至会出现某些处理组个体难以匹配成功的情况。因此，在采用匹配方法进行估计时，我们通常要求有足够大的样本。

2. 处理组个体和控制组个体的倾向得分差距不能太大

第一，较小的倾向得分差距可以方便我们找到相似的个体来进行匹配，提高匹配成功的可能性。第二，较小的倾向得分差距意味着处理组个体和控制组个体在可观测特征上更加相似，能够保证匹配的个体在处理组和控制组之间的特征分布更为平衡。

3. 无法控制不可观测的因素

匹配估计的一个不可忽视的缺陷是，由于匹配估计主要依赖可观测特征创建匹配样本，因此这一方法并未考虑不可观测的因素。如果处理组和控制组在一些不可观测的特征上存在系统性差异，那么匹配方法就无法对此加以纠正，也就是说，匹配估计无法解决不可观测变量导致的选择偏误。

4. 条件独立性假设无法验证

条件独立性假设要求在给定可观测特征的前提下，处理组和控制组的指派是随机的。

然而，我们并不知道我们是否控制了恰当的可观测变量，也就是说，事先我们并不知道哪些变量是应当控制的，哪些是不需要控制的，这就使得对条件独立性假设的验证存在困难。另外，我们所观测到的违反了条件独立性假设的现象，也极有可能是由不可观测的特征所导致的，而对此我们也不能直接进行验证。

虽然我们无法直接验证条件独立性假设是否成立，但在实际应用中，一些所谓的证伪检验（falsification tests）可以帮助我们间接地对该假设进行检验。例如，我们可以选取全部来自处理组或者控制组的个体对处理效应进行估计，如果条件独立性假设成立，此时估计出的处理效应应当为0，如果估计出的处理效应不等于0，我们就可以推断条件独立性假设不成立。

5. 平衡性检验

平衡性检验的作用是确保处理组和控制组在匹配之后，可观测特征具有相似的分布。我们可以通过图示的方法对此进行检验，即直接绘制处理组和控制组在可观测特征或者倾向得分上的核密度图（分布曲线），通过比较两组的核密度图，直观地评估它们是否重叠，从而判断平衡性检验是否通过。此外，我们也可以基于标准化差异（standardized differences）方法，分别对每个协变量匹配前后在处理组和控制组之间的差异进行比较。匹配后处理组和控制组的差异越小，说明平衡性检验越容易通过。另外，拟 R^2 也可以帮助我们对此进行辅助判断。

9.6 应用指南

1. 估计命令

在 Stata 软件中用户开发的命令 psmatch2 可以帮助我们进行倾向得分匹配估计。该命令的语法格式如下。

```
psmatch2 depvar [indepvars] [if] [in] [, outcome(varlist) pscore(varname)
neighbor(integer) radius caliper(real) mahalanobis(varlist) ai(integer)
population altvariance kernel llr kerneltype(type) bwidth(real) spline
nknots(integer) common trim(real) noreplacement descending odds index logit
ties quietly w(matrix) ate]
```

我们结合实际，对该命令的常用选项进行介绍。

depvar、indepvars 和 outcome 分别用来指明处理变量、协变量和结果变量；pscore 用于指明进行倾向得分估计时的协变量（系统默认与 indepvars 中指明的协变量一致）；neighbor、radius、caliper 和 mahalanobis 分别表示最近邻匹配、半径匹配、卡尺匹配及马氏距离匹配；kernel、llr 和 spline 表示核匹配、局部线性回归匹配和样条匹配，kerneltype 和 bwidth 用于设定核函数类型和带宽；nknots(integer)用于指定样条匹配时的内节点数量；ai(integer)和 population 用于设定方差计算选项，ai 表示报告 Abadie 和 Imbens（2006）的方差，population 表示计算总体方差（系统默认计算样本方差）；common 表示只对共同取值区间内的个体进行匹配（系统默认对所有个体匹配）；odds 表示采用几率比进行匹配（系统默认采用倾向得分匹配）；logit 表示采用 Logit 模型估计倾向得分（系统默认采用 Probit 模型）；noreplacement 表示无放回匹配；ate 表示同时汇报 3 类处理效应（系统默认只汇报 ATET）。

2. 例子

我们利用 Stata 内置数据集 NLSW88（National Longitudinal Survey of Youth 1988）介绍倾向得分匹配的具体应用。该数据集由美国劳工统计局调查收集，可用于研究劳动力市场参与、就业和收入等方面的问题，共有 2246 个观测值，涵盖受访者的基本人口学特征、受教育程度、就业状况及其他相关方面的信息。我们想利用该数据集评价一下加入工会对个体工资水平的影响。我们先使用以下命令进行 1 对 1 的最近邻匹配估计。

```
psmatch2 treated (age age_squared race married collgrad industry occupation
tenure hours), out(wage) n(1) caliper(0.05) ate
```

相应的估计结果如图 9-2 所示。

```
Probit regression                                       Number of obs =  2,209
                                                        LR chi2(9)    = 149.25
                                                        Prob > chi2   = 0.0000
Log likelihood = -1051.5094                             Pseudo R2     = 0.0663

------------------------------------------------------------------------------
     treated | Coefficient  Std. err.      z    P>|z|     [95% conf. interval]
-------------+----------------------------------------------------------------
         age |   .1496902   .2790016     0.54   0.592    -.3971428    .6965232
 age_squared |    -.00186   .0035322    -0.53   0.598    -.0087828    .0050629
        race |   .2149541    .064363     3.34   0.001      .088805    .3411032
     married |  -.0848044   .0663839    -1.28   0.201    -.2149146    .0453057
    collgrad |   .1043457   .0779196     1.34   0.181    -.0483739    .2570653
    industry |   .0347101   .0108702     3.19   0.001      .013405    .0560153
  occupation |   .0534373   .0089116     6.00   0.000     .0359709    .0709037
      tenure |   .0389583   .0055019     7.08   0.000     .0281748    .0497419
       hours |   .0064358   .0032107     2.00   0.045     .0001428    .0127287
       _cons |   -5.10941   5.482918    -0.93   0.351    -15.85573    5.636912
------------------------------------------------------------------------------

----------------------------------------------------------------------------------------
        Variable     Sample |    Treated     Controls   Difference         S.E.   T-stat
----------------------------+-----------------------------------------------------------
            wage  Unmatched | 8.68018547   7.59319657   1.0869889    .302692289     3.59
                        ATT | 8.68018547   7.62090944   1.05927603   .373356298     2.84
                        ATU | 7.59319657   8.15071916   .557522585            .        .
                        ATE |                           .661325811            .        .
----------------------------+-----------------------------------------------------------
Note: S.E. does not take into account that the propensity score is estimated.

           | psmatch2:
 psmatch2: |   Common
 Treatment |  support
assignment | On suppor |     Total
-----------+-----------+----------
 Untreated |     1,752 |     1,752 
   Treated |       457 |       457 
-----------+-----------+----------
     Total |     2,209 |     2,209 
```

图 9-2 1 对 1 最近邻匹配估计结果

图 9-2 上面对应的是采用 Probit 模型进行倾向得分估计的结果，中间对应的是 3 种不同处理效应的估计结果，ATT、ATU 和 ATE 分别对应处理组的处理效应、控制组的处理效应和平均处理效应，该部分同时也报告了匹配前（Unmatched）的估计结果。该图的下面详细指出了匹配的效果，在总共 2246 个观测值中，有 1752 个控制组观测值和 457 个处理组观测值在共同取值范围内，匹配样本共有 2209 个观测值。当然，我们也可以通过修改相应的选项，得到采用其他匹配方法估计的处理效应结果。

上述命令不能报告 ATU 和 ATE 的标准误，但我们可以采用自举法（bootstrap）来计算，命令如下。

```
set seed 10000
bootstrap r(att) r(atu) r(ate), reps(500): psmatch2 treated (age age_squared race married collgrad industry occupation tenure hours), out(wage) n(1) caliper(0.05) ate
```

计算出的结果如图 9-3 所示。

```
Bootstrap results                                   Number of obs = 2,209
                                                    Replications  =   500

      Command: psmatch2 treated (age age_squared race married collgrad industry occupation tenure hours),
                   out(wage) n(1) caliper(0.05) ate
        _bs_1: r(att)
        _bs_2: r(atu)
        _bs_3: r(ate)
```

	Observed coefficient	Bootstrap std. err.	z	P>|z|	Normal-based [95% conf. interval]	
_bs_1	1.059276	.4441319	2.39	0.017	.1887935	1.929759
_bs_2	.5575226	.3438932	1.62	0.105	-.1164958	1.231541
_bs_3	.6613258	.3033238	2.18	0.029	.066822	1.25583

图 9-3 采用自举法计算标准误

其中，_bs_1、_bs_2 和 _bs_3 分别表示 ATT、ATU 和 ATE 的估计结果，根据进行 500 次重复抽样所得到的标准误，可以发现 ATT 的估计值在 5%的水平上显著。

此外，我们也可以在进行估计后，采用 pstest 命令对匹配样本是否满足平衡性假设进行检验，检验命令如下。

```
pstest age age_squared race married collgrad industry occupation tenure hours, both graph
```

平衡性检验结果如图 9-4 所示。

图 9-4 上半部分对匹配前后不同协变量的均值差异进行了比较，以年龄变量为例，匹配前处理组均值为 39.258，控制组均值为 39.114，而匹配后控制组均值变为 39.234。t 值表示对处理组和控制组是否存在差异（均值是否相等）进行检验的 t 统计量的值。以年龄这

一变量为例，匹配前后 t 统计量对应的 p 值分别为 0.369 和 0.901，表示在匹配前后该变量在处理组和控制组之间均存在显著差异。

Variable	Unmatched Matched	Mean Treated	Mean Control	%bias	%reduct |bias|	t-test t	t-test p>|t|	V(T)/V(C)
age	U	39.258	39.114	4.7		0.90	0.369	0.96
	M	39.258	39.234	0.8	83.4	0.12	0.901	1.15
age_squared	U	1550.3	1539.3	4.6		0.86	0.388	0.97
	M	1550.3	1547.2	1.3	71.7	0.20	0.839	1.15
race	U	1.3654	1.2603	21.4		4.23	0.000	1.25*
	M	1.3654	1.3632	0.4	97.9	0.07	0.948	1.07
married	U	.60394	.65354	-10.3		-1.97	0.049	.
	M	.60394	.61488	-2.3	77.9	-0.34	0.735	.
collgrad	U	.32166	.21575	24.0		4.76	0.000	.
	M	.32166	.27352	10.9	54.5	1.59	0.112	.
industry	U	8.7221	8.04	22.2		4.32	0.000	1.18
	M	8.7221	8.9081	-6.0	72.7	-0.93	0.355	1.25*
occupation	U	5.7024	4.3436	37.0		7.71	0.000	1.78*
	M	5.7024	5.7265	-0.7	98.2	-0.09	0.929	1.05
tenure	U	7.892	5.505	42.0		8.38	0.000	1.36*
	M	7.892	7.8286	1.1	97.3	0.16	0.875	1.01
hours	U	38.716	36.868	18.6		3.37	0.001	0.70*
	M	38.716	38.604	1.1	94.0	0.18	0.860	0.81*

* if variance ratio outside [0.83; 1.20] for U and [0.83; 1.20] for M

Sample	Ps R2	LR chi2	p>chi2	MeanBias	MedBias	B	R	%Var
Unmatched	0.066	149.25	0.000	20.5	21.4	63.9*	1.55	57
Matched	0.008	9.86	0.362	2.7	1.1	20.8	0.92	29

* if B>25%, R outside [0.5; 2]

图 9-4　平衡性检验结果

图 9-4 还报告了匹配前后倾向得分估计模型的联合显著性检验结果。可以发现，匹配后 Pseudo R2 值从 0.066 下降到 0.008，与此同时，似然比检验的卡方统计值及 p 值也说明，在匹配前匹配变量是联合显著的（如匹配前 p 值为 0.000），而匹配后这些变量不再显著（p 值为 0.362）。

我们也可以结合 pscore 命令，通过画出并对比倾向得分在匹配前后的密度曲线，对匹配效果进行评价，具体命令如下。

```
    pscore treated age age_squared race married collgrad industry occupation
tenure hours, pscore(myscore)
    pstest myscore, density both
```

匹配效果检验结果如图 9-5 所示。

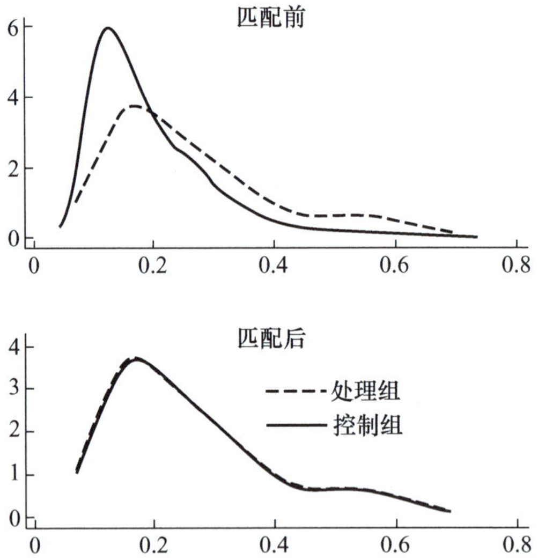

图 9-5　匹配效果检验结果

图 9-5 上半部分描绘了匹配前处理组和控制组倾向得分的分布情况，可以发现两组的分布存在显著差异，但是也存在共同的取值区间，说明满足重叠性假设。从匹配后的结果来看，处理组和控制组的倾向得分分布重合，说明匹配效果良好。

第 10 章　局部平均处理效应

本章将讨论如何用局部平均处理效应（local average treatment effect，LATE）来对干预效果进行评价。我们可以将局部平均处理效应理解为采用工具变量法在某一特定子群体上对处理效应的估计，这意味着局部平均处理效应通常与处理变量的内生性问题联系在一起。事实上，即使不考虑不可观测的因素，现实中我们也无法对那些可观测的混淆变量全部加以控制，因而处理变量的内生性是一个普遍存在的问题。由于不可观测变量带来的内生性问题往往也会导致处理效应在不同个体上存在异质性，因此，局部平均处理效应也可以被看作是存在异质性处理情形下的工具变量估计。

本章我们将对局部平均处理效应的理论背景进行介绍，在此基础上，我们从识别处理效应时存在不可观测因素这一前提出发，采用工具变量法对处理效应进行估计，并证明这种情况下所估计的实际上是局部平均处理效应。然后，我们将介绍在考虑协变量的情况下，如何对局部平均处理效应进行估计。本章的部分内容参考了 Cerulli（2015）的研究。

10.1　不可观测因素的影响

我们之前在讨论处理效应的估计时，均忽视了不可观测因素的影响，这从条件独立性假设就可以看出。条件独立性假设只强调在给定协变量 X 的情况下，处理变量 D 与结果变量 Y 是不相关的。如果将影响结果变量的变量分为可观测变量和不可观测变量，就意味着处理变量与其他不可观测变量也是不相关的。

然而，即使我们在应用过程中能够控制所有可观测变量，在对处理效应进行估计时也难以完全消除不可观测变量的影响，这种影响主要表现在以下两个方面。

一是会导致处理效应的估计存在偏误（我们在介绍选择偏误时已经指出了这一问题）。假定 U 表示不可观测变量，这意味着

$$E\left(Y^1 \middle| X,D\right) \neq E\left(Y^1 \middle| X\right),\quad E\left(Y^0 \middle| X,D\right) \neq E\left(Y^0 \middle| X\right) \tag{10-1}$$

但是，有

$$E\left(Y^1 \middle| X,D,U\right) = E\left(Y^1 \middle| X,U\right),\quad E\left(Y^0 \middle| X,D,U\right) = E\left(Y^0 \middle| X,U\right) \tag{10-2}$$

二是不可观测变量的存在会导致处理效应在不同个体之间存在异质性。简而言之，令

$Y^1 = Y^1(X,U)$，$Y^0 = Y^0(X,V)$，U 和 V 表示不可观测变量，则平均处理效应可写为

$$\text{ATE} = E\left[Y^1(X,U)\middle|D=1\right] - E\left[Y^0(X,V)\middle|D=0\right] \tag{10-3}$$

显然，从式（10-3）来看，即使我们控制了协变量 X，若不可观测变量在处理组和控制组之间存在差异，即 $U \neq V$，也将导致ATE在不同子群之间存在差异。

例 10-1：政府援助与家庭教育投资。假设政府推出了一项援助计划，旨在为低收入家庭提供经济支持，以促进其对子女的教育投资。我们想了解这项援助计划对家庭教育投资的平均处理效应。在这个例子中，那些在价值观上更强调教育重要性的家庭更有可能接受援助，从而使得是否接受政府援助受到不可观测因素的影响。此外，这些不可观测因素也会导致政府援助的影响在不同家庭之间存在异质性。例如，对于那些不那么强调教育重要性的家庭，政府援助的处理效应可能相对较小，因为这些家庭在教育投资上可能有其他优先考虑的因素。

10.2 工具变量估计

如果因不可观测因素导致处理变量存在内生性问题，那么我们可以通过工具变量来识别真实的处理效应。接下来我们从工具变量的角度出发，解释在处理变量存在内生性问题的情形下，如何对处理效应进行估计。

假定 D_i 表示个体 i 的处理状态，接受处理时，$D_i = 1$，否则 $D_i = 0$。Y_i 为结果变量，且 Y_i^1 表示个体接受处理时的结果，Y_i^0 表示个体未接受处理时的结果。接下来我们省略下标 i，假定 z 是一个外生的工具变量，决定了一个随机指派的结果，$z = 1$ 表示个体进入处理组，$z = 0$ 则表示个体进入控制组。但是，个体拥有自主选择权，他可以决定是否与变量 z 所指定的结果保持一致，这意味着当 $z = 1$ 时，部分个体可能不会选择进入处理组，当 $z = 0$ 时，部分个体可能也不会选择进入控制组。因此，若 $D \neq z$，则意味着根据实验结果有些应当进入处理组（或控制组）的个体最终并未进入该组[①]。我们将 D 和 z 的关系表示为

$$D = D(z) = \begin{cases} D_1 & z = 1 \\ D_0 & z = 0 \end{cases} \tag{10-4}$$

其中，D_1 和 D_0 均可取值为 0 和 1。据此，所有个体可分为 4 类，如表 10-1 所示。需要注意的是，现实中我们并不能观测到个体 i 到底属于哪种类型，只能观测到其所对应的结果 $\{D_i, z_i\}$。例如，当观测到结果 $z = 1$ 和 $D = 1$ 时，我们并不知道在 $z = 0$ 的情形下个体将做何种选择。

① 正因如此，如果 z 的结果由一个实验所决定，我们就将该实验称为不完美遵从实验（imperfect compliance experiment）。

表 10-1 4 种不同类型的个体

个体	特征
第一类：绝不接受者（never-takers）	无论 z 是多少，总是选择不进入处理组
第二类：对抗者（defiers）	当 $z=0$ 时，$D_0=1$；当 $z=1$ 时，$D_1=0$
第三类：遵从者（compliers）	当 $z=0$ 时，$D_0=0$；当 $z=1$ 时，$D_1=1$
第四类：总是接受者（always-takers）	无论 z 是多少，总是选择进入处理组

例 10-2：Angrist（1990）分析了个体入伍经历对他们日后工资的影响。在 1970 年之前，美国实行志愿服兵役的制度，而从 1970 年开始，美国在志愿服兵役的基础上推行“抽签”的强制征兵制度。根据该制度，一年中的每一天被赋予一个随机选择号码（RSN），每位年龄介于 19～26 岁的男子均根据其生日分配一个 RSN。美国国防部在此基础上根据征兵人数的需要，公布一个门槛号码（如在 1970 年这一号码为 195），RSN 小于或等于门槛号码的男子须应征入伍。据此，我们可以将 z 定义如下。

$$z=\begin{cases}1 & \text{RSN}\leqslant 195\\ 0 & \text{RSN}>195\end{cases}$$

根据表 10-1，从个体最终服兵役的状态 (s) 来看，本例中样本所包含的 4 个群体分别如下。

第一类：绝不接受者。对应的是那些永远都会选择逃避服兵役的人。

第二类：对抗者。这类人行为不太理性，因为当不需要服兵役时，这些人反而要去服兵役。

第三类：遵从者。这类人服兵役的状态与随机选择号码决定的状态保持一致，即若 $z=0$，则 $s=0$，若 $z=1$，则 $s=1$。

第四类：总是接受者。对应的是那些永远都会选择服兵役的人。

由于我们假定 z 是外生决定的，因此它与 Y 不相关，且与 D_1 和 D_0 到底取值为 0 还是 1 也不相关，即

$$\left\{(Y^{01},Y^{00},Y^{10},Y^{11}),D_1,D_0\right\}\perp z \tag{10-5}$$

其中，$(Y^{01},Y^{00},Y^{10},Y^{11})$ 分别对应在 $D=D_0$ 和 $D=D_1$ 情况下 Y 的可能结果，当 $D=D_0$ 时，Y 可取值 Y^{00} 和 Y^{01}；当 $D=D_1$ 时，Y 可取值 Y^{10} 和 Y^{11}。但是，z 和 D 是相关的，即

$$p\left[D(z=1)=1\right]\neq p\left[D(z=0)=1\right] \tag{10-6}$$

以此为基础，D 对 Y 的影响可表示为

$$b=\frac{E\left(Y|z=1\right)-E\left(Y|z=0\right)}{E\left(D|z=1\right)-E\left(D|z=0\right)}=\frac{A}{B} \tag{10-7}$$

此时式（10-7）对应的估计量也称沃尔德（Wald）估计量，其含义很容易理解：分子 A 衡量了 z 对 Y 产生的影响，分母 B 衡量了 z 对 D 产生的影响。由于 z 对 Y 的影响只能通过 D 发生作用（$z \to D \to Y$），因此，式（10-7）实际上反映的便是 D 对 Y 的影响。据此，b 还可写为

$$b = \frac{\mathrm{Cov}(Y,z)/\mathrm{Var}(z)}{\mathrm{Cov}(D,z)/\mathrm{Var}(z)} = \frac{\mathrm{Cov}(Y,z)}{\mathrm{Cov}(D,z)} \tag{10-8}$$

这实际上就是基于以下模型对 α_1 进行工具变量估计得到的结果。

$$Y = \alpha_0 + \alpha_1 D + \text{error} \tag{10-9}$$

相应地，b 的估计值 $\hat{b}$ 可写为

$$\hat{b} = \frac{\dfrac{\sum_i Y_i z_i}{\sum_i z_i} - \dfrac{\sum_i Y_i(1-z_i)}{\sum_i (1-z_i)}}{\dfrac{\sum_i D_i z_i}{\sum_i z_i} - \dfrac{\sum_i D_i(1-z_i)}{\sum_i (1-z_i)}} \tag{10-10}$$

根据大数定理，易知 $\hat{b}$ 是 b 的一致估计量，即 $\hat{b} \xrightarrow{p} b$。

10.3 局部平均处理效应估计

本节我们将对工具变量估计的性质进行讨论。可以证明，如果平均处理效应为常数，即 $\mathrm{ATE} = E\left(Y^1 - Y^0\right) = \alpha$，那么，$\hat{b}$ 将是 ATE 的一致估计量；如果 ATE 为非常数，例如 $\mathrm{ATE} = \alpha + v_i$，其中 v_i 表示不可观测的异质性处理效应，那么 $\hat{b}$ 也不再是 ATE 的一致估计量。

1. ATE 为常数，即 $\mathrm{ATE} = \alpha$

根据定义有

$$\begin{cases} Y = DY^1 + (1-D)Y^0 \\ D = zD_1 + (1-z)D_0 \end{cases} \tag{10-11}$$

将式（10-11）的第二项代入第一项，有

$$Y = Y^0 + D_0(Y^1 - Y^0) + z(D_1 - D_0)(Y^1 - Y^0) \tag{10-12}$$

据此有

$$E\left(Y\middle|z=1\right)=E(Y^0)+E\left[D_0(Y^1-Y^0)\right]+E\left[(D_1-D_0)(Y^1-Y^0)\right] \tag{10-13}$$

$$E\left(Y\middle|z=0\right)=E(Y^0)+E\left[D_0(Y^1-Y^0)\right] \tag{10-14}$$

根据式（10-7），以及式（10-13）和式（10-14），有

$$\begin{cases} A=E\left(Y\middle|z=1\right)-E\left(Y\middle|z=0\right)=E\left[(D_1-D_0)(Y^1-Y^0)\right]=\alpha E(D_1-D_0) \\ B=E\left(D\middle|z=1\right)-E\left(D\middle|z=0\right)=E(D_1-D_0) \end{cases}$$

据此有

$$b=\frac{A}{B}=\frac{\alpha E(D_1-D_0)}{E(D_1-D_0)}=\alpha=\text{ATE} \tag{10-15}$$

由此可以证明，当 ATE $=\alpha$ 为常数时，$\hat{b}$ 是 ATE 的一致估计量。

2. ATE 为非常数，即 ATE $\neq\alpha$

此时，$E(Y^1-Y^0)\neq\alpha$，且

$$A=E\left(Y\middle|z=1\right)-E\left(Y\middle|z=0\right)=E\left[(D_1-D_0)(Y^1-Y^0)\right] \tag{10-16}$$

令 $\Delta D=D_1-D_0$，可知 $\Delta D\in\{1,0,-1\}$，假定相应的概率为 $p=\{p_1,p_0,p_{-1}\}$。根据期望迭代定理有

$$A=E\left[(D_1-D_0)(Y^1-Y^0)\right]=E\left\{E\left[(D_1-D_0)(Y^1-Y^0)\middle|D_1-D_0\right]\right\} \tag{10-17}$$

以式（10-17）为基础，有

$$\begin{aligned} A&=E\left[(D_1-D_0)(Y^1-Y^0)\right]=E\left\{E\left[(D_1-D_0)(Y^1-Y^0)\middle|D_1-D_0\right]\right\} \\ &=p_1E\left[(D_1-D_0)(Y^1-Y^0)\middle|D_1-D_0=1\right]+ \\ &\quad p_0E\left[(D_1-D_0)(Y^1-Y^0)\middle|D_1-D_0=0\right]+ \\ &\quad p_{-1}E\left[(D_1-D_0)(Y^1-Y^0)\middle|D_1-D_0=-1\right] \end{aligned}$$

即

$$\begin{aligned} A=&\,p(D_1-D_0=1)E\left[(Y^1-Y^0)\middle|D_1-D_0=1\right]- \\ &\,p(D_1-D_0=-1)E\left[(Y^1-Y^0)\middle|D_1-D_0=-1\right] \end{aligned} \tag{10-18}$$

不妨令 $D_1\geqslant D_0$①，在式（10-16）中 $D_1-D_0=-1$ 是不可能发生的事情，故

$$A=E\left(Y\middle|z=1\right)-E\left(Y\middle|z=0\right)=p(D_1-D_0=1)E\left(Y^1-Y^0\middle|D_1-D_0=1\right) \tag{10-19}$$

---

① 如果假定 $D_0\geqslant D_1$，结论也保持不变。

对于 B 而言，此时仍然有

$$B=E\left(D|z=1\right)-E\left(D|z=0\right)=E(D_1-D_0) \tag{10-20}$$

由于 $D_1-D_0=1$，因此有

$$B=E(D_1-D_0)=p(D_1-D_0=1) \tag{10-21}$$

综上所述，在 ATE 为非常数的情况下，工具变量估计量为

$$b=\frac{A}{B}=\frac{p(D_1-D_0=1)E\left(Y^1-Y^0|D_1-D_0=1\right)}{p(D_1-D_0=1)}=E\left(Y^1-Y^0|D_1-D_0=1\right) \tag{10-22}$$

显然，此时 $b=E\left(Y^1-Y^0|D_1-D_0=1\right)\neq E(Y^1-Y^0)=\text{ATE}$。同时，在 $D_1-D_0=1$ 成立的情况下，有 $D_1=1$ 和 $D_0=0$，即当 $z=1$ 时，$D=D_1=1$，当 $z=0$ 时，$D=D_0=0$，这恰好对应的是整个样本中的遵从者。由此表明，在 ATE 为非常数的情况下，当以 z 作为 D 的工具变量时，估计的仅仅是整个样本中遵从者的平均处理效应，因而我们将其称为局部平均处理效应。由于此时对处理效应的估计只利用了遵从者这部分样本，局部平均处理效应也被称为遵从者平均因果效应（complier average causal effect，CACE）。

如果说对 ATET 和 ATEN 的估计分别是基于处理组和控制组而展开的，是由处理变量 D 的不同取值所驱动的，那么，我们就可以将局部平均处理效应估计看作是由工具变量 z 驱动的。从这一角度来看，LATE 与 ATET 和 ATEN 具有相似性。

3. *局部平均处理效应的估计*

正式地，令 $\text{LATE}=E\left(Y^1-Y^0|D_1-D_0=1\right)$，式（10-19）可写为

$$A=E\left(Y|z=1\right)-E\left(Y|z=0\right)=\text{LATE}\times p(D_1-D_0=1)$$

从而有

$$\text{LATE}=\frac{E\left(Y|z=1\right)-E\left(Y|z=0\right)}{p(D_1-D_0=1)} \tag{10-23}$$

根据式（10-21），有

$$\begin{aligned}p(D_1-D_0=1)&=E(D_1)-E(D_0)=E\left(D|z=1\right)-E\left(D|z=0\right)\\&=p\left(D=1|z=1\right)-p\left(D=1|z=0\right)\end{aligned} \tag{10-24}$$

将式（10-24）代入式（10-23），有

$$\text{LATE}=\frac{E\left(Y|z=1\right)-E\left(Y|z=0\right)}{p\left(D=1|z=1\right)-p\left(D=1|z=0\right)} \tag{10-25}$$

式（10-25）是我们估计局部平均处理效应的基础，其估计值可写为

$$\widehat{\text{LATE}}=\frac{\bar{Y}^1-\bar{Y}^0}{\bar{D}_1-\bar{D}_0} \tag{10-26}$$

10.4　存在协变量时局部平均处理效应的估计

目前为止，我们讨论的对局部平均处理效应的估计均没有考虑协变量。接下来我们将在模型中引入协变量，进一步讨论局部平均处理效应的估计。在讨论之前，我们先对相关假设进行介绍。

1. 假设

假设 1： z 是随机决定的，但 D 依赖于 z，即 $D=D(z)$，且

$$D(z)=\begin{cases}D_1 & z=1\\ D_0 & z=0\end{cases}$$

其中，D_1 和 D_0 的取值均可为 0 和 1。

假设 2： 在给定协变量 X 的情况下，z 与 Y 不相关，与 D_1 和 D_0 的具体取值也不相关，即

$$\left\{(Y^{01},Y^{00},Y^{10},Y^{11}),D_1,D_0\right\}\perp z\,|\,X$$

假设 3： z 与 D 相关，即 $p\left[D(z=1)=1\right]\neq p\left[D(z=0)=1\right]$。

例 10-3：工具变量的性质考察。 在例 10-2 所涉及的研究中，Angrist（1990）用变量 z 作为服兵役状态 s 的工具变量。从工具变量需要满足的性质来看，首先，由于每个人被赋予的号码是随机确定的，这意味着 z 也是随机的，从而假设 1 成立；其次，z 是随机决定的，不会直接影响个体的收入，也与个体最终的服兵役状态无关，因而可以保证假设 2 成立；最后，工具变量 z 显然和个体是否服兵役是相关的，这也正是假设 3 所对应的内容。

假设 4： 单调性假设，$D_1>D_0$。

例 10-4：对单调性含义的解释。 在例 10-2 中，z 只能通过遵从者和对抗者影响个体收入。我们将遵从者和对抗者在服兵役和未服兵役两种状态下的收入表示在表 10-2 中，其中，$y(1)$ 表示服兵役状态下的收入，$y(0)$ 表示未服兵役状态下的收入。对于遵从者而言，z 与 s 的变化一致，但对于对抗者而言，z 与 s 的变化恰好相反；对于遵从者而言，“抽签”所产生的收入效应为 $y(1)-y(0)$，对于对抗者而言则是 $y(0)-y(1)$，这意味着 z 的变化对遵从者的因果效应会被对抗者所抵消。因此，我们需要排除对抗者这一群体。在本例中，对于遵从者而言，若 $z=0$，则 $s=0$，若 $z=1$，则 $s=1$；对于对抗者而言，若 $z=1$，则 $s=0$，若 $z=0$，则 $s=1$。单调性假设刚好排除了对抗者，从而保证我们估

计出的效应是针对遵从者的因果效应。

表 10-2　不同类型个体的收入

个体	服兵役的收入	未服兵役的收入
遵从者	$y(1)$	$y(0)$
对抗者	$y(0)$	$y(1)$

在考虑协变量的情况下，结合单调性假设，LATE 可以写为

$$\text{LATE}(X)=E\left(Y^1-Y^0\middle|X,D_1>D_0\right) \tag{10-27}$$

结合 D 和 Y 之间的关系，式（10-27）可写为

$$\text{LATE}(X)=E\left(Y\middle|X,D=1,D_1>D_0\right)-E\left(Y\middle|X,D=0,D_1>D_0\right) \tag{10-28}$$

我们将 $E\left(Y\middle|X,D,D_1>D_0\right)$ 称为局部平均响应函数（local average response function，LARF）。对于遵从者而言，有 $z=D$，且 z 与 Y 不相关，从而有

$$\begin{aligned}\text{LATE}(X)&=E\left(Y\middle|X,z=1,D_1>D_0\right)-E\left(Y\middle|X,z=0,D_1>D_0\right)\\&=E\left(Y^1\middle|X,D_1>D_0\right)-E\left(Y^0\middle|X,D_1>D_0\right)\end{aligned} \tag{10-29}$$

2. 估计

从表面上看，在式（10-29）中我们分别以 $D=1$ 和 $D=0$ 两个子样本为基础，用 Y 对 X 回归就能估计出 LATE(X)。然而实际上，因为我们并不知道在整个样本中哪些个体是遵从者，所以这一估计思路行不通。但是，Abadie（2003）指出，即使我们无法判断出谁是遵从者，仍可以以式（10-29）为基础对 LATE(X) 进行估计。在正式介绍这一方法之前，我们先给出一个定理。

定理：在假设 4 成立的情况下，令 $g(Y,D,X)$ 为关于 Y、D、X 的函数，且期望有效，将 k_0、k_1 和 k 定义如下，

$$\begin{cases}k_0=(1-D)\dfrac{(1-z)-p\left(z=0\middle|X\right)}{p\left(z=0\middle|X\right)p\left(z=1\middle|X\right)}\\k_1=D\dfrac{z-p\left(z=1\middle|X\right)}{p\left(z=0\middle|X\right)p\left(z=1\middle|X\right)}\\k=k_0p\left(z=0\middle|X\right)+k_1p\left(z=1\middle|X\right)=1-\dfrac{D(1-z)}{p\left(z=0\middle|X\right)}-\dfrac{(1-D)z}{p\left(z=1\middle|X\right)}\end{cases} \tag{10-30}$$

则有

$$\begin{cases} E\left[g(Y,D,X)\middle|D_1>D_0\right]=\dfrac{1}{p(D_1>D_0)}E\left[kg(Y,D,X)\right] \\ E\left[g(Y^0,X)\middle|D_1>D_0\right]=\dfrac{1}{p(D_1>D_0)}E\left[k_0g(Y,X)\right] \\ E\left[g(Y^1,X)\middle|D_1>D_0\right]=\dfrac{1}{p(D_1>D_0)}E\left[k_1g(Y,X)\right] \end{cases} \tag{10-31}$$

证明过程如下。

单调性假定意味着

$$\begin{aligned} E\left[g(Y,D,X)\middle|X,D_1>D_0\right]=\frac{1}{E\left(D_1>D_0\middle|X\right)}\Big\{&E\left[g(Y,D,X)\middle|X\right]- \\ &E\left[g(Y,D,X)\middle|X,D_1=D_0=1\right]p\left(D_1=D_0=1\middle|X\right)- \\ &E\left[g(Y,D,X)\middle|X,D_1=D_0=0\right]p\left(D_1=D_0=0\middle|X\right)\Big\} \end{aligned}$$

注意到$E\left(D_1>D_0\middle|X\right)=p\left(D_1>D_0\middle|X\right)$，因而，有

$$\begin{aligned} E\left[g(Y,D,X)\middle|X,D_1>D_0\right]=\frac{1}{p\left(D_1>D_0\middle|X\right)}\Big\{&E\left[g(Y,D,X)\middle|X\right]- \\ &E\left[g(Y,D,X)\middle|X,D_1=D_0=1\right]p\left(D_1=D_0=1\middle|X\right)- \\ &E\left[g(Y,D,X)\middle|X,D_1=D_0=0\right]p\left(D_1=D_0=0\middle|X\right)\Big\} \end{aligned} \tag{10-32}$$

因为在给定 X 的情形下，z 是随机决定的，所以式（10-32）可写为

$$\begin{aligned} E\left[g(Y,D,X)\middle|X,D_1>D_0\right]=\frac{1}{p\left(D_1>D_0\middle|X\right)}\Big\{&E\left[g(Y,D,X)\middle|X\right]- \\ &E\left[g(Y,D,X)\middle|X,D=1,z=0\right]p\left(D=1\middle|X,z=0\right)- \\ &E\left[g(Y,D,X)\middle|X,D=0,z=1\right]p\left(D=0\middle|X,z=1\right)\Big\} \end{aligned} \tag{10-33}$$

同时，考虑条件期望$E\left[D(1-z)g(Y,D,X)\middle|X\right]$和$E\left[z(1-D)g(Y,D,X)\middle|X\right]$，有

$$\begin{aligned} &E\left[D(1-z)g(Y,D,X)\middle|X\right] \\ &=E\left[g(Y,D,X)\middle|X,D=1,z=0\right]p\left(D=1,z=0\middle|X\right) \\ &=E\left[g(Y,D,X)\middle|X,D=1,z=0\right]p\left(D=1\middle|X,z=0\right)p\left(z=0\middle|X\right) \end{aligned} \tag{10-34}$$

$$\begin{aligned} &E\left[z(1-D)g(Y,D,X)\middle|X\right] \\ &=E\left[g(Y,D,X)\middle|X,D=0,z=1\right]p\left(D=0,z=1\middle|X\right) \\ &=E\left[g(Y,D,X)\middle|X,D=0,z=1\right]p\left(D=0\middle|X,z=1\right)p\left(z=1\middle|X\right) \end{aligned} \tag{10-35}$$

根据式（10-34）和式（10-35），有

$$\begin{cases} E\left[g(Y,D,X)\middle|X,D=1,z=0\right]p\left(D=1\middle|X,z=0\right)=\dfrac{E\left[D(1-z)g(Y,D,X)\middle|X\right]}{p\left(z=0\middle|X\right)} \\ E\left[g(Y,D,X)\middle|X,D=0,z=1\right]p\left(D=0\middle|X,z=1\right)=\dfrac{E\left[z(1-D)g(Y,D,X)\middle|X\right]}{p\left(z=1\middle|X\right)} \end{cases} \tag{10-36}$$

将式（10-36）代入式（10-33），有

$$\begin{aligned} &E\left[g(Y,D,X)\middle|X,D_1>D_0\right] \\ &=\frac{1}{p\left(D_1>D_0\middle|X\right)}\left\{E\left[g(Y,D,X)\middle|X\right]-\frac{E\left[D(1-z)g(Y,D,X)\middle|X\right]}{p\left(z=0\middle|X\right)}-\frac{E\left[z(1-D)g(Y,D,X)\middle|X\right]}{p\left(z=1\middle|X\right)}\right\} \\ &=\frac{1}{p\left(D_1>D_0\middle|X\right)}E\left\{g(Y,D,X)\left[1-\frac{D(1-z)}{p\left(z=0\middle|X\right)}-\frac{z(1-D)}{p\left(z=1\middle|X\right)}\right]\middle|X\right\} \end{aligned} \tag{10-37}$$

以式（10-37）为基础，有

$$\begin{aligned} &E\left[g(Y,D,X)\middle|D_1>D_0\right] \\ &=\int E\left[g(Y,D,X)\middle|X,D_1>D_0\right]\mathrm{d}p\left(X\middle|D_1>D_0\right) \\ &=\frac{1}{p\left(D_1>D_0\right)}\int E\left\{g(Y,D,X)\left(1-\frac{D(1-z)}{p\left(z=0\middle|X\right)}-\frac{z(1-D)}{p\left(z=1\middle|X\right)}\right)\middle|X\right\}\mathrm{d}p(X) \\ &=\frac{1}{p\left(D_1>D_0\right)}\int E\left[kg(Y,D,X)\middle|X\right]\mathrm{d}p(X) \\ &=\frac{1}{p\left(D_1>D_0\right)}E\left[kg(Y,D,X)\right] \end{aligned} \tag{10-38}$$

由此我们证明了式（10-31）的第一部分。同时，因为

$$\begin{aligned} &E\left[g(Y,X)(1-D)\middle|X,D_1>D_0\right] \\ &=E\left[g(Y^0,X)\middle|D=0,X,D_1>D_0\right]p\left(D=0\middle|X,D_1>D_0\right) \\ &=E\left[g(Y^0,X)\middle|D=0,X,D_1>D_0\right]p\left(z=0\middle|X,D_1>D_0\right) \\ &=E\left[g(Y^0,X)\middle|X,D_1>D_0\right]p\left(z=0\middle|X\right) \end{aligned}$$

而 $E\left[g(Y^0,X)\middle|X,D_1>D_0\right]$ 可表示为

$$
\begin{aligned}
E\left[g(Y^0,X)\middle|X,D_1>D_0\right] &= E\left[g(Y,X)\frac{(1-D)}{p(z=0|X)}\middle|X,D_1>D_0\right] \\
&= \frac{1}{p\left(D_1>D_0|X\right)}E\left[kg(Y,X)\frac{(1-D)}{p(z=0|X)}\middle|X\right] \\
&= \frac{1}{p\left(D_1>D_0|X\right)}E\left[k_0 g(Y,X)|X\right]
\end{aligned} \tag{10-39}
$$

对式（10-39）进行积分，可得 $E\left[g(Y^0,X)|D_1>D_0\right]=\frac{1}{p(D_1>D_0)}E\left[k_0 g(Y,X)\right]$，类似地，我们也可以证明结论式（10-31）中的第三部分，从而整个定理得以证明。

该定理的作用在于，在不知道谁是遵从者的情况下，我们也可以对局部平均处理效应进行估计。假定有一个独立同分布的样本 $\{Y_i,D_i,z_i,X_i\}$，定义局部平均响应函数 $h(D,X;\theta_0)=E\left(Y|X,D,D_1>D_0\right)$，其中 θ_0 由以下条件决定，

$$
\theta_0=\arg\min_{\theta\in\Theta}E\left\{[Y-h(D,X;\theta)]^2\middle|D_1>D_0\right\} \tag{10-40}
$$

对式（10-40）而言，根据上述定理有

$$
\theta_0=\arg\min_{\theta\in\Theta}E\left\{k[Y-h(D,X;\theta)]^2\right\} \tag{10-41}
$$
①

在式（10-41）中，由于不再依赖于条件 $D_1>D_0$，因此 θ_0 的确定是以整个样本为基础的，在估计局部平均响应函数时也无须关注哪些个体是遵从者。同时，由于式（10-41）类似一个最小化平方和的形式，如果我们能够确定 $h(D,X;\theta_0)$ 的具体形式，如 $h=\mu+\alpha D+X\delta$，那么，对参数 $(\mu,\alpha;\delta)$ 的估计意味着

$$
(\mu,\alpha;\delta)=\arg\min_{(\mu,\alpha;\delta)}E\left[k(Y-\mu-\alpha D-X\delta)^2\right] \tag{10-42}
$$

这类似于一个最小二乘估计量。在实际应用中，具体估计过程可以总结如下。

（1）以对 $p\left(z=1|X\right)$ 的估计为基础，计算权重 k。

（2）以加权最小二乘法为基础，估计式（10-41）中的参数 θ_0，进而对局部平均响应函数进行估计。

但是，上述估计过程也存在两个问题：一是第（1）步估计出的权重 k 是以 k_0 和 k_1 为基础得到的，因而需要考虑其标准误；二是 k 作为权重必须是非负的，但 k 有可能为负。为了解决上述问题，我们可以在估计过程中计算 k 的 bootstrap 标准误。而对于权重可能为负的问题，我们可以用以下权重代替式（10-30）中的权重，

① 需要注意的是，根据该定理，式（10-41）还应当包括 $p(D_1>D_0)$，但因为这并不影响式（10-41）所对应的最小化问题的解，所以我们无须将其写出。

$$E\left(k\middle|Y,D,X\right)=1-\frac{D\left[1-E\left(z\middle|Y,D=1,X\right)\right]}{1-p\left(z=1\middle|X\right)}-\frac{(1-D)E\left(z\middle|Y,D=0,X\right)}{p\left(z=1\middle|X\right)} \tag{10-43}$$

由此，上述估计过程演变为以下两步估计。

（1）以对 $E\left(z\middle|Y,D=1,X\right)$、$E\left(z\middle|Y,D=0,X\right)$ 和 $p\left(z=1\middle|X\right)$ 的估计为基础，计算权重 $E\left(k\middle|Y,D,X\right)$。

（2）以加权最小二乘法为基础，估计式（10-41）中的参数 θ_0，并以 bootstrap 法为基础计算标准误，进而对局部平均响应函数进行估计。

10.5 应用指南

本节我们以一个具体的例子来说明局部平均处理效应的识别及其含义。该例子源于安格里斯特等的研究（Angrist et al.，2002）。

1. 背景

安格里斯特等基于哥伦比亚的数据研究了奖学金对学生成绩的影响，其中，学生成绩对应结果变量，是否获得奖学金为处理变量。为了解决内生性问题，他们在研究中也采用工具变量法对结果进行了估计，其工具变量的获取源于哥伦比亚实施的一个教育券（school vouchers）项目。

该项目全称 the Programa de Ampliación de Cobertura de la Educación Secundaria，简称 PACES，自 1991 年开始实施，其目的是通过政府公共服务的引导促进私人教育投资水平的增加。哥伦比亚政府通过该项目向超过 125000 名学生提供了教育券，平均每名学生获得的教育券的金额覆盖了学生在私立中学就读成本的一半以上。但是，由于预算的限制，该教育券采取随机抽签的方式派发，也就是说是否获得教育券是随机决定的。因此，安格里斯特等用是否获得教育券作为学生是否有奖学金的工具变量，估计了奖学金对学生成绩的影响。

在 PACES 项目中，部分获得了教育券的学生因为放弃使用该教育券而成为没有奖学金的学生，根据安格里斯特等的统计，在获得了教育券的学生中只有 90%的学生使用了奖学金；但一些没有获得教育券的学生因为有其他奖学金项目的资助反而成为有奖学金的学生，这部分学生占比 24%。因此，该教育券的派发存在不完美遵从问题，实际上采用工具变量法估计的是 LATE 。

2. 局部平均处理效应的估计

我们先在不含协变量的情况下对 LATE 进行估计。所使用的数据集的名称为 aerdata_colombia2.dta。主要变量包括：vouch0，表示是否获得了教育券；scholar，表示是否有奖学金；math，表示数学成绩。其他变量包括年龄（age）、性别（sex_name）、调查是否通过电话进行（phone）。

我们通过式（10-26）来估计 LATE 。计算 $\bar{Y}^1$ 的命令如下。

```
su math if vouch0 == 1
scalar mean_math1 = r(mean)
```

计算 $\bar{Y}^0$ 的命令如下。

```
su math if vouch0 == 0
scalar mean_math0 = r(mean)
```

计算 $\bar{D}_1$ 的命令如下。

```
count if scholar == 1 & vouch0 == 1
scalar num_d_z1 = r(N)
count if vouch0 == 1
scalar num_z1 = r(N)
scalar p_1_1 = num_d_z1/num_z1
```

计算 $\bar{D}_0$ 的命令如下。

```
count if scholar == 1 & vouch0 == 0
scalar num_d_z0 = r(N)
count if vouch0 == 0
scalar num_z0 = r(N)
scalar p_1_0 = num_d_z0/num_z0
```

计算 LATE 的命令如下。

```
scalar late = (mean_math1 - mean_math0)/(p_1_1 - p_1_0)
di late
```

计算结果显示，LATE 的估计值为 374.83891。同时，我们也可以采用以下命令进行工具变量估计。

```
ivregress 2sls math (scholar = vouch0)
```

得到的 LATE 的估计值（见图 10-1）与手动计算的 LATE 的估计值相等。

然后，我们考虑引入协变量，并采用两步估计法估计 LATE 。定义全局宏的命令如下。

```
global xvars age sex_name phone
```

```
Instrumental variables 2SLS regression          Number of obs   =      3,663
                                                Wald chi2(1)    =       0.50
                                                Prob > chi2     =     0.4797
                                                R-squared       =          .
                                                Root MSE        =     135.18
```

math	Coefficient	Std. err.	z	P>|z|	[95% conf.	interval]
scholar	374.8389	530.2897	0.71	0.480	-664.5099	1414.188
_cons	-304.5384	450.9617	-0.68	0.499	-1188.407	579.3303

```
Instrumented: scholar
 Instruments: vouch0
```

图 10-1　工具变量估计结果

计算 $E\left(z|Y,D=1,X\right)$ 的命令如下。

```
probit vouch0 math $xvars if scholar == 1
predict p_z1, p
```

计算 $E\left(z|Y,D=0,X\right)$ 的命令如下。

```
probit vouch0 math $xvars if scholar == 0
predict p_z0, p
```

计算 $p\left(z=1|X\right)$ 的命令如下。

```
probit vouch0 $xvars
predict p_z, p
```

计算 $E\left(k|Y,D,X\right)$ 的命令如下。

```
gen Ek = 1 - scholar*(1 - p_z1)/(1 - p_z) - (1 - scholar)*p_z0/p_z
```

丢掉小于 0 和大于 1 的值的命令如下。

```
replace Ek = 1 if Ek >= 1 & Ek != .
replace Ek = 0 if Ek <= 0 & Ek != .
```

进行加权回归的命令如下。

```
regress math scholar $xvars [pweight = Ek]
```

最终的加权回归估计结果如图 10-2 所示。

```
Linear regression                               Number of obs     =      1,568
                                                F(4, 1563)        =    1452.75
                                                Prob > F          =     0.0000
                                                R-squared         =     0.7797
                                                Root MSE          =      8.008

------------------------------------------------------------------------------
             |               Robust
        math | Coefficient  std. err.      t    P>|t|     [95% conf. interval]
-------------+----------------------------------------------------------------
     scholar |   36.83239     .72154    51.05   0.000      35.4171    38.24767
         age |  -3.778167   .2128199   -17.75   0.000     -4.19561   -3.360725
    sex_name |   .5021663    .387042     1.30   0.195      -.25701    1.261343
       phone |  -.7779779   .6314685    -1.23   0.218    -2.016593    .4606369
       _cons |   51.65359   3.142737    16.44   0.000     45.48916    57.81802
------------------------------------------------------------------------------
```

图 10-2　加权回归估计结果

第 11 章 双重差分模型

双重差分（difference-in-differences，DID）是因果推断中常用的方法之一。现实中，我们往往只能观察到处理组个体受影响后的情况，而无法获知这些个体在不受影响时的结果。双重差分则将控制组个体在观察期内发生的变化近似于处理组未受影响时发生的变化，从而通过比较处理组和控制组在时间上的变化差异来估计处理效应。

由于在估计过程中能够有效控制不可观测因素产生的不利影响，因此双重差分法有助于我们获取更为精确的因果关系估计结果。然而，尽管双重差分法具有上述优点，但也受到诸如平行趋势假设等一些前提条件的限制，如果这些假设不成立，那么 DID 模型对因果关系的识别也将存在问题。总体而言，DID 模型自提出以来，已经从一个基本的统计工具发展为一种应用广泛的因果推断方法，在实践中颇受实证工作者的欢迎。

11.1 标准双重差分模型

我们首先讨论最简单的两期 DID 模型。假定存在两个时刻$t=0$和$t=1$，在$t=0$时刻所有个体均未受到政策的影响（均未接受处理），此后部分个体受到政策的影响，这部分个体构成了处理组，相应的处理变量$D=1$，未受到政策影响的个体对应控制组，$D=0$。假定Y为结果变量，且$Y_{t=0}^{0}$为$t=0$时刻控制组所对应的结果，$Y_{t=1}^{0}$为$t=1$时刻控制组所对应的结果，对于处理组在不同时期的结果变量也可做类似定义。

简单来看，在政策介入后，处理组和控制组之间的差异可以归结为两方面的原因：一是干预效应；二是其他因素产生的影响。这意味着我们在$t=1$时刻所观察到的处理组和控制组之间的差异，同时也受到其他因素的影响。由于我们的目的是对政策的实施效果进行估计，因此必须从中剔除其他因素产生的影响。如果在$t=0$和$t=1$时刻，由其他因素所导致的处理组和控制组之间的差异没有发生变化，我们便可以用$t=1$时刻所观察到的处理组和控制组之间的差异，减去$t=0$时刻处理组和控制组之间的差异，从而得到对政策实施效果的估计。双重差分模型的估计通常依赖于一个重要的假设，即平行趋势（parallel trend）或者共同趋势（common trend）假设。

平行趋势假设：若没有政策介入，处理组和控制组具有相同的变化趋势，即

$$E\left[Y_{t=1}^{0}-Y_{t=0}^{0}\middle|D=0\right]=E\left[Y_{t=1}^{0}-Y_{t=0}^{0}\middle|D=1\right] \tag{11-1}$$

该假定的内涵可通过图 11-1 描述。在图 11-1 中，政策发生前处理组和控制组的差异为 A、B 之间的距离，这衡量了其他因素所具有的效应，政策发生后处理组和控制组的差异为 C、D 之间的距离。如果在政策发生后其他因素所具有的影响不发生变化，即平行趋势假设成立，那么，A、B 之间的距离和 D、E 之间的距离相等，C 点和 E 点之间的距离便衡量了政策所产生的影响，对应处理组的平均处理效应，可表示为

$$\text{ATET}=\underbrace{\left[E\left(Y_{t=1}^{1}\middle|D=1\right)-E\left(Y_{t=1}^{0}\middle|D=0\right)\right]}_{\text{干预后处理组和控制组的差异}}-\underbrace{\left[E\left(Y_{t=0}^{1}\middle|D=1\right)-E\left(Y_{t=0}^{0}\middle|D=0\right)\right]}_{\text{干预前处理组和控制组的差异}} \tag{11-2}$$

如果用样本均值来替代式（11-2）中的总体期望，我们就能得到 ATET 的估计值，这便是所谓的双重差分估计量。我们也可以将式（11-2）写为

$$\text{ATET}=\underbrace{\left[E\left(Y_{t=1}^{1}\middle|D=1\right)-E\left(Y_{t=0}^{1}\middle|D=1\right)\right]}_{\text{处理组在干预前、后的差异}}-\underbrace{\left[E\left(Y_{t=1}^{0}\middle|D=0\right)-E\left(Y_{t=0}^{0}\middle|D=0\right)\right]}_{\text{控制组在干预前、后的差异}} \tag{11-3}$$

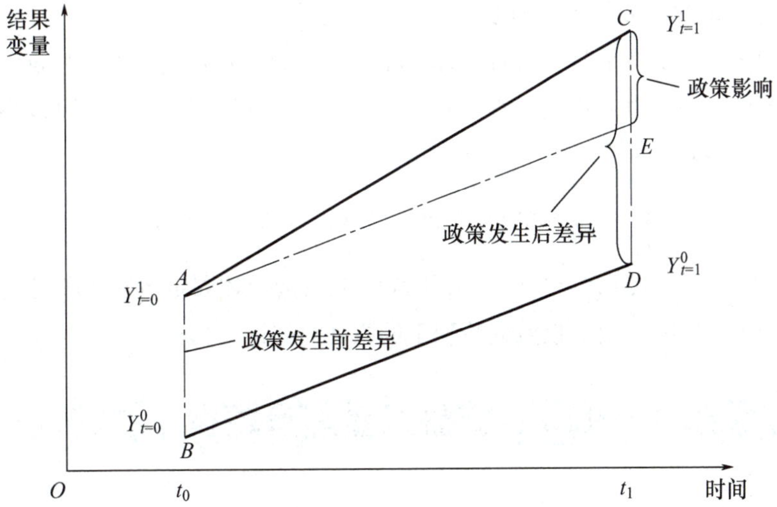

图 11-1　平行趋势假设

例 11-1：平行趋势假设不成立的情况。考虑补课对学生成绩的影响：接受补课的学生在补课之后，学习成绩提高带来的成就感会进一步增强其学习积极性；未参与补课的学生在这个过程中学习积极性未发生变化。因此，学习态度的不同变化将导致平行趋势假设不成立。如图 11-2 所示，在接受补课之前处理组和控制组学生的成绩具有相同的变化趋势，但是在补课之后处理组学生和控制组学生的成绩并不具有相同的变化趋势。

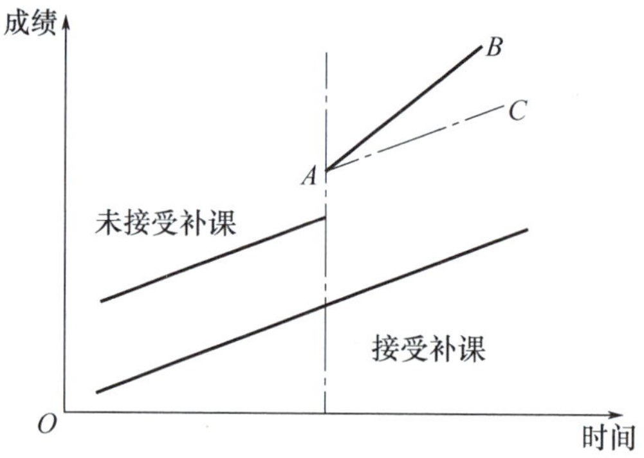

图 11-2　平行趋势假设不成立

通常，在回归框架下，一个标准的 DID 模型可以写为

$$y_{it} = \alpha_0 + \alpha_1 \text{treat}_i \times \text{post}_t + \alpha_2 \text{treat}_i + \alpha_3 \text{post}_t + X_{it}\Gamma + \mu_{it} \tag{11-4}$$

其中，y_{it} 表示结果变量；treat_i 表示处理组虚拟变量，若为处理组则 treat_i 取值为 1，否则取值为 0；post_t 为时间虚拟变量，政策介入前取值为 0，政策介入后取值为 1；X_{it} 为其他控制变量；α_1 的参数估计值即双重差分估计量。

该模型的一个重要特征是，所有个体均在同一时间受到政策冲击，故我们将其称为标准双重差分模型。从模型的设定来看，它是一个面板数据模型，故我们可以将其写为双向固定效应模型的形式，即

$$y_{it} = \alpha_0 + \alpha_1 \text{treat}_i \times \text{post}_t + X_{it}\Gamma + f_i + \lambda_t + \mu_{it} \tag{11-5}$$

相比式（11-4），在式（11-5）中 treat_i 和 post_t 被写成个体固定效应 f_i 和时间固定效应 λ_t 的形式，我们可以直接采用面板数据情形下的方法对其进行估计。

11.2　交叠双重差分模型

1. 基本模型

与标准 DID 模型不同的是，现实中不同个体接受处理的时间往往并不相同，例如，不同儿童在不同时间接种疫苗，不同地方在不同时间受到同一项政策的影响。这类情形下的模型被称为交叠 DID（staggered DID）模型。

在交叠 DID 模型中，因为不同个体接受处理的时间不一致，所以接受处理的时间虚拟变量也因个体不同而存在差异，即式（11-5）中的变量 post 既依赖于时间，也依赖于个体，我们应当将其写为 post_{it}。由此，交叠 DID 模型的具体形式为

$$y_{it} = \alpha_0 + \alpha_1 \text{treat}_i \times \text{post}_{it} + X_{it}\Gamma + f_i + \lambda_t + \mu_{it} \tag{11-6}$$

类似地，对式（11-6）的估计也可以在面板数据的框架下实施。此外，一些介绍 DID 模型的文献也将式（11-6）中的交互项写为一个虚拟变量的形式：$d_{it}=\text{treat}_i\times\text{post}_{it}$，$d_{it}$ 表示个体 i 在时刻 t 是否接受处理，如果接受，则 d_{it} 取值为 1，否则取值为 0。

2. 识别假设

我们接下来介绍 DID 模型的识别假设。

假设 1：条件独立性假设（CIA 假设）。

遗憾的是，现实中大部分政策并不是随机发生的，从而使得处理组和控制组的确定也并不遵循随机分配原则。例如，我国所实施的“西部大开发”和“中部地区崛起”战略，其目的就是促进这些地区的经济发展，政策本身便具有极强的地区倾向性。那么，针对这类政策实施效果的评价就不能采用 DID 模型吗？并非如此，本章第 3 节介绍的 PSM-DID 方法便可帮助我们解决这类问题。

假设 2：平行趋势假设。

如本章第 1 节所述，这是利用 DID 模型估计处理效应的关键假设。该假设意味着在没有政策干预的情形下，处理组和控制组的结果变量在不同时期具有相同的变化趋势。但是，现实中平行趋势假设并不必然成立。随着 DID 模型应用的不断深入，为了解决平行趋势假设不成立所带来的限制，一些新的估计方法陆续出现，如合成控制（synthetic control）法等，本书后续章节将对此进行介绍。

假设 3：个体处理稳定性假设（SUTVA 假设）。

如果在不同个体之间，特别是处理组个体和控制组个体之间存在溢出效应时，就会导致个体处理稳定性假设不成立。更为明确地说，如果个体处理稳定性假设不成立，我们将不能严格地对处理组和控制组加以区分，从而导致对真实因果关系的识别产生偏误。近年来，随着 DID 模型的发展，一些新的模型类型不断被提出，为我们解决这一问题提供了一定的思路，本章后续章节也将对此做简要的介绍。

3. 处理效应的异质性问题

近年来，一些文献注意到了交叠 DID 模型的适用性问题。我们通常假定交叠 DID 模型中不同时点的处理效应是一致的，如果不同时点处理效应的异质性较强，则不适合采用该模型。在交叠 DID 模型中，由于不同个体接受处理的时间不一致，因此不同时点的处理效应不一致可能是一种常见情况。

当个体接受处理的时间不同且处理效应随时间发生变化时，根据交叠 DID 模型所得到的双重差分估计量是多个标准双重差分估计量①的加权平均，其中的权重有可能是负的。因此，当我们在对不同时点的处理效应进行加权时，即使不同时点的处理效应均为正，所得到的估计系数仍有可能是负的，这也导致交叠 DID 模型所得到的单一估计结果并不可信

① 可以认为是交叠 DID 模型中不同时期的处理效应。

（黄炜、张子尧、刘安然，2022）。此外，当个体接受处理的时间不同时，我们也可以借助事件分析（event study）法对不同时点的处理效应进行估计。

11.3 倾向得分匹配-双重差分估计

现实中的政策往往是非随机化实验，或者说是准自然实验，因此在进行政策评估时，DID 模型也难免存在自选择偏误，从而导致条件独立性假设不成立。为此，我们可以将 DID 估计与倾向得分匹配（propensity score matching，PSM）方法相结合，通过 PSM 方法为 DID 估计筛选出可供比较的控制组，即倾向得分匹配-双重差分估计（PSM-DID）。这一方法的优势在于，一方面，可以借助 DID 模型消除不可观测变量的选择偏差；另一方面，可以通过 PSM 方法消除基于可观测变量所产生的偏差。

除了要满足 DID 模型的相关假设，使用 PSM-DID 还要满足以下假设。

假设 4： $(\Delta Y^0, \Delta Y^1) \perp D|X$。

其中，$\Delta Y^0 = Y^0_{t=1} - Y^0_{t=0}$，$\Delta Y^1 = Y^1_{t=1} - Y^1_{t=0}$。该假设意味着在给定变量 X 的情况之下，处理组和控制组的结果变量在政策介入前后的变化与是否接受处理是相互独立的，也就是说，个体无法通过提前对结果变量的变化进行预判来选择是否接受处理。此外，为了保证匹配能够实施，我们同样要求重叠性假设成立，以排除所有个体均接受处理或者所有个体均未接受处理的情形。

假设 5： 在给定 X 的情况下，有 $0 < p\left(D=1|X\right) < 1$。

以两期面板数据为例，在倾向得分匹配和双重差分相结合的情形下，ATET 估计量可写为

$$\widehat{\text{ATET}}_{\text{PSM-DID}} = \frac{1}{N_1}\sum_{i\in T(i)}\left[(Y_{i1}^T - Y_{i0}^T) - \sum_{j\in C(i)} h(i,j)(Y_{j1}^C - Y_{j0}^C)\right] \tag{11-7}$$

其中，T 和 C 分别表示处理组和控制组；$T(i)$ 和 $C(i)$ 分别表示匹配后的处理组和控制组；$t=0$ 和 $t=1$ 分别表示政策实施前和政策实施后；N_1 表示匹配后处理组所包含个体数；$h(i,j)$ 表示在对个体 i 和个体 j 进行匹配时所使用的权重，可采用局部线性回归的方法来确定。从形式上看，该估计量类似于双重差分估计量，不同之处在于实施 DID 估计之前我们预先对控制组个体和处理组个体进行了匹配。

具体而言，PSM-DID 估计的步骤可以总结如下。

（1）估计倾向得分，确定匹配后的处理组和控制组。

（2）针对匹配后的所有处理组个体和控制组个体，分别计算其结果变量的变化 $Y_{i1}^T - Y_{i0}^T$ 和 $Y_{j1}^C - Y_{j0}^C$。

（3）以式（11-7）为基础，结合 $Y_{i1}^T - Y_{i0}^T$ 和 $Y_{j1}^C - Y_{j0}^C$ 的值，便能得到 PSM-DID 估计值。

然而，由于 PSM 估计仅适用于横截面数据，因此，如何将 PSM-DID 估计应用在面板数据的情形下，是一个需要解决的问题。现有研究通常采取两种方法来解决这一问题：一是将面板数据先转换为横截面数据；二是针对每期面板数据直接进行匹配。但需注意的是，前者容易混淆数据的时间特征，后者则不一定能够为 DID 模型筛选出稳定的控制组。

例 11-2：PSM-DID 估计的例子。Galiani、Gertler 和 Schargrodsky（2005）使用 PSM-DID 方法估计了供水服务私有化（privatization of water services）对儿童死亡率的影响。他们以 20 世纪 90 年代阿根廷在推进供水服务私有化的过程中所有权在时间和空间上的变化作为政策冲击，发现在实行私有化的地区，儿童死亡率下降了 8%，而在贫困地区，这一效应达到 26%。

11.4　其他类型 DID 模型

随着 DID 这一估计理念的不断发展，除上述几类模型之外，其在应用中还存在其他类型的模型，我们接下来将对此进行介绍。本节内容部分参考了黄炜、张子尧和刘安然（2022）的研究。

1. 广义 DID

在有些情形下，政策的实施是针对所有个体的，我们无法根据个体是否受到政策影响而得到清晰的处理组和控制组，这种情形下所构建的 DID 模型被称为广义 DID（generalized DID）模型。

现实中，在使用广义 DID 模型时，我们要求个体受到政策影响的强度存在差异，并直接用个体受到政策影响的强度代替是否受到影响来构建 DID 模型，这意味着在式（11-5）中，变量 treat_i 不再是一个严格的二元变量。当然，在使用广义 DID 模型时，一些文献采用了更为简单的处理方法，即事先设定一个临界值，并依据个体接受处理强度的不同将所有个体区分为处理组和控制组，在此基础上展开估计。

例 11-3：土豆种植对人口增长的影响。由于欧洲几乎所有地区都种植了土豆，不存在未种植土豆的地区，因此我们无法根据不同地区是否种植土豆来区分处理组和控制组。Nunn 和 Qian（2011）的选择是将土豆种植适宜度作为处理强度，以 1700 年前后作为处理时点，使用广义 DID 模型估计了土豆种植对人口增长的影响。

2. 队列 DID

在标准 DID 模型中，我们通常有清晰的时间维度，但是，横截面数据并没有时间维度，如果我们要用这类数据来评价某一事件对个体的影响，就只能用个体的出生年份（出生队列）来代替时间，故而我们称之为队列 DID（cohort DID）或者截面 DID。从模型的构建来看，队列 DID 模型以那些未受政策影响的出生队列（年份）所对应的个体作为控制组，受到政策影响的出生队列所对应的个体作为处理组。

例 11-4：新学校建设对受教育年限和工资水平的影响。Duflo（2001）最先通过队列 DID 评价了印度尼西亚政府在 1973 年开始实施的兴建新学校项目（INPERS）的影响。该项目具有两个特征：一是不同地区的新建学校数量存在差异，各地区具体的学校建设数量与 1972 年该地区未入学的小学适龄儿童的数量成正比；二是 1962 年及之前出生的学生不受该项目的影响，当时印度尼西亚的儿童通常在 7～12 岁上小学，当项目启动后第一所学校在 1974 年建成时，所有在 1962 年及之前出生的孩子年龄刚好或已超过 12 岁，因此，这些儿童并未从该计划中受益。Duflo（2001）利用儿童出生队列（出生年份）的不同和不同地区新建学校数量的差异（政策强度的差异）①，建立了一个队列 DID 模型对 INPERS 项目的实施效果进行了评价。

3. 模糊 DID 模型

在标准 DID 模型中，我们能够清晰地区分处理组和控制组。然而，对于某些政策或者冲击所产生的影响我们很难一分为二地进行划分，所谓的“控制组”并非完全不受政策影响，而所谓的“处理组”可能也并没有完全被影响。为了对这类问题进行分析，我们可以采用模糊 DID（fuzzy DID）模型，此时的估计量被称为沃尔德-双重差分（Wald-DID）估计量。

11.5 应用指南

1. 估计命令

DID 模型的估计与固定效应面板数据模型的估计具有较大的相似性，因而在进行实证研究时，我们可以通过在模型中设定恰当的交互项，进而借助面板数据模型中的估计命令得到 DID 估计值及其标准误。Stata 软件中相关的命令包括：估计线性面板数据模型的 xtreg 和 reghdfe 命令；估计动态面板数据模型的 xtabond 和 xtdpdsys 命令；估计面板二元选择模型的 xtlogit 命令；等等。

除此之外，近年来一些用户开发出了专门估计 DID 模型的命令，如 diff 命令。另外，Stata 也推出了估计 DID 模型的官方命令 xtdidregress。相比其他命令，该命令可以帮助我们进行平行趋势检验。我们接下来结合该命令，对 DID 模型的估计做一个简单的介绍，xtdidregress 的基本语法如下所示。

```
    xtdidregress (ovar omvarlist) (tvar[, continuous]) [if] [in] [weight],
group(groupvars) [time(timevar) options]
```

① Duflo（2001）用各个地区新建学校的数量对该地区适龄儿童数量进行回归，将残差大于 0 的地区作为处理组，因为残差大于 0 意味着与适龄儿童数量相比该地区建造了过多的学校。

其中，ovar 用于设定结果变量，omvarlist 用于设定协变量。tvar 设定模型中的处理变量，它既可以是一个二元变量，对是否接受处理加以明确区分，也可以是一个连续型变量，指明处理强度。必选项 group(groupvars)指定计算聚类稳健标准误时的聚类变量，time(timevar)用于指明时间变量，如果只设定一个聚类变量，那么我们同时也需要指明时间变量。

2. 例子

某地为了推广一项新的患者住院服务，选择了部分医院作为试点。我们结合该服务实施前后患者的月度数据，用数据集 hospdd.dta 对其实施效果进行评价。该样本总共包含 46 家医院 7 个月内的 7368 个观测值，其中，结果变量为患者的满意度，用变量 satis 表示，处理变量为是否实施该服务，对应的变量为 procedure 。此外，由于该服务于 3 月开始实施，因此在 3 月之前时间虚拟变量取值为 0，否则取值为 1。

具体估计命令如下。

```
xtdidregress (satis) (procedure), group(hospital) time(month)
```

DID 估计结果如图 11-3 所示。

```
Number of groups and treatment time

Time variable: month
Control:       procedure = 0
Treatment:     procedure = 1
-----------------------------------
             |   Control  Treatment
-------------+---------------------
Group        |
    hospital |        28         18
-------------+---------------------
Time         |
     Minimum |         1          4
     Maximum |         1          4
-----------------------------------

Difference-in-differences regression                   Number of obs = 7,368
Data type: Longitudinal

                            (Std. err. adjusted for 46 clusters in hospital)
------------------------------------------------------------------------------
             |               Robust
       satis | Coefficient  std. err.      t    P>|t|     [95% conf. interval]
-------------+----------------------------------------------------------------
ATET         |
   procedure |
 (New vs Old)|   .8479879   .0320138    26.49   0.000     .7835088    .9124669
------------------------------------------------------------------------------
Note: ATET estimate adjusted for panel effects and time effects.
```

图 11-3　DID 估计结果

ATET 的估计值为 0.848，说明该服务的实施对患者的满意度存在积极影响。在估计结果的附注说明（Note）中，可以看出我们并未控制其他协变量，实际中也可以根据需要控制其他协变量。本例中读者可自行将变量 frequency 作为协变量纳入模型[①]，命令如下。

```
xtdidregress (satis frequency)(procedure), group(hospital) time(month)
```

为了比较，我们也采用 xtreg 命令对处理效应进行了估计，具体命令如下。

```
xtreg satis procedure i.month, fe r
```

其中，我们加入了 i.month，以控制时间效应，固定效应估计结果如图 11-4 所示。

```
Fixed-effects (within) regression               Number of obs     =      7,368
Group variable: hospital                        Number of groups  =         46

R-squared:                                      Obs per group:
     Within  = 0.1232                                         min =         88
     Between = 0.1340                                         avg =      160.2
     Overall = 0.1308                                         max =        232

                                                F(7,45)           =     139.59
corr(u_i, Xb) = 0.0597                          Prob > F          =     0.0000

                           (Std. err. adjusted for 46 clusters in hospital)
```

satis	Coefficient	Robust std. err.	t	P>|t|	[95% conf.	interval]
procedure	.8479879	.0320138	26.49	0.000	.7835088	.9124669
month						
February	-.0096077	.0183753	-0.52	0.604	-.0466174	.0274021
March	.0219686	.0181951	1.21	0.234	-.0146782	.0586153
April	-.0032839	.0220352	-0.15	0.882	-.047665	.0410972
May	-.0094027	.0231687	-0.41	0.687	-.056067	.0372615
June	-.0038375	.019005	-0.20	0.841	-.0421156	.0344406
July	-.0111941	.0229325	-0.49	0.628	-.0573826	.0349943
_cons	3.444675	.0113193	304.32	0.000	3.421877	3.467473
sigma_u	.66213621					
sigma_e	.72384295					
rho	.45556595	(fraction of variance due to u_i)				

图 11-4　固定效应估计结果

可以发现，采用 xtreg 命令和 xtdidregress 命令所得到的估计结果没有差异。

3. 平行趋势检验

一般来说，可以采用两种方法对平行趋势假设进行检验。一是采用事件分析法估计出不同时期的政策干预效应，通过比较政策介入前后的影响效应差异来判断平行趋势假设是否成立，这一方法的应用我们将在第 12 章中进行介绍。二是直接对处理组和控制组随时间

① 估计结果最终并无太大差异，但附注会说明我们有控制其他协变量。

变化的趋势进行检验或者作图，以判断该假设是否成立。在采用 xtdidregress 命令进行估计后，可直接执行以下检验命令①。

```
estat ptrends
```

相应的检验结果如图 11-5 所示。

```
Parallel-trends test (pretreatment time period)
H0: Linear trends are parallel

F(1, 45) =    0.56
Prob > F = 0.4602
```

图 11-5　平行趋势检验结果

图 11-5 中的结果表明，在本例中我们不能拒绝原假设，说明平行趋势假设是成立的。作图检验的命令如下。

```
estat trendplot
```

相应的检验结果如图 11-6 所示。

在图 11-6 中，左图是平行趋势检验图，纵轴表示处理组和控制组每期的满意度均值，右图显示的则是基于一个线性趋势模型所得到的处理组和控制组随时间变化的满意度预测值。由于我们更加关注左图，因此我们可以通过添加选项“omeans”而只保留左图。

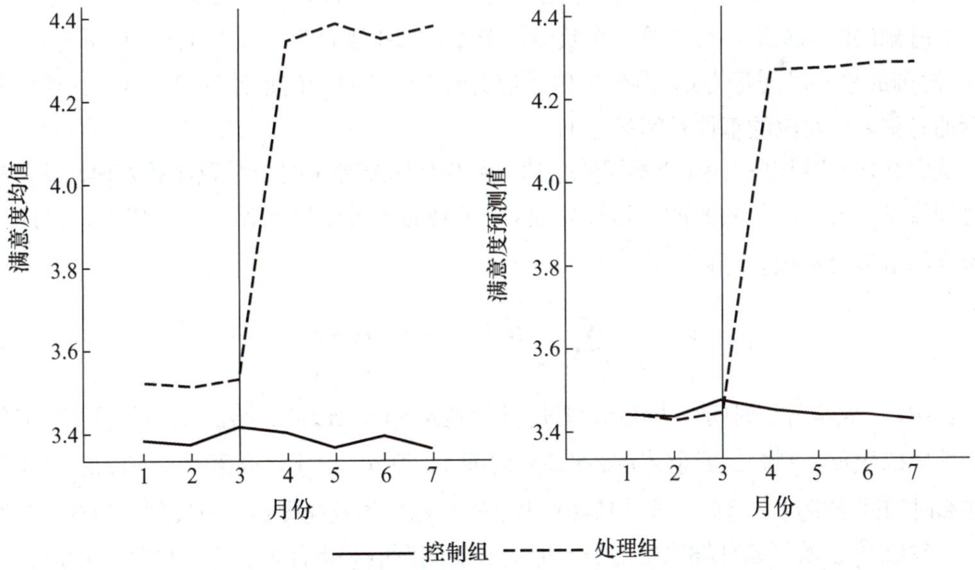

图 11-6　平行趋势的图示检验结果

① Stata 17 的官方手册对该检验的原理进行了说明。

第 12 章　事件分析法

事件分析法作为一种政策评估工具，可以帮助我们回答某一特定事件的发生及政策的冲击如何影响微观个体的行为，并且可以帮助我们对动态处理效应（dynamic treatment effect）进行估计。早期的事件分析法主要被应用在公司金融领域，这可以追溯至 Dolley（1933）针对股票拆分效应的检验。在劳动经济学领域，Jacobson、LaLonde 和 Sullivan（1993）采用事件分析法对失业所带来的收入损失进行了估计。除此之外，在宏观经济、国际贸易等领域，这一方法也得到了广泛的应用。

12.1 基本模型

1. 模型设定

在当前的实证研究中，最常见的事件研究设计都是以双向固定效应模型为基础的，故我们也以此为基础进行介绍。通常，事件分析法涉及两个时间：一是日历时间（calendar time），也就是我们得到某一变量观测值的时间；二是事件时间（event time），指相对于事件发生时刻的时间距离，可以是一个负值。例如，如果事件发生在时刻 t（日历时间），那么，t 时刻的事件时间记为 0，事件发生之前的时刻 $t-1$ 对应的事件时间记为-1，事件发生之后的时刻 $t+1$ 对应的事件时间记为 1。

假定存在 $i(i=1,2,\cdots,N)$ 个不同的个体，所有个体或者在同一时间接受处理，或者在不同时间接受处理。我们关心的是这种处理对 t 时刻的结果变量 y_{it} 所产生的影响，由此，一个标准的事件分析模型可以写为

$$y_{it}=\sum_{j\in\{-m,\cdots,0,\cdots,n\}}\beta_j d_{i,t+j}+\mu_i+\theta_t+\varepsilon_{it} \tag{12-1}$$

其中，t 表示日历时间，j 表示事件时间，且 $m>0$，$n>0$。$d_{i,t+j}$ 对应的是事件时间 j 时刻的虚拟变量，例如，若个体 i 处在事件时间 1，则 $d_{i,t+1}=1$。μ_i 和 θ_t 分别表示个体固定效应和时间固定效应，因此，式（12-1）也是一个标准的双向固定效应模型。根据 j 的不同取值，参数 β_j 反映了事件发生之前 $(j<0)$ 所产生的影响和事件发生之后 $(j\geqslant 0)$ 所产生的影响，其中，事件发生之后的参数反映了事件的动态处理效应。在式（12-1）中，我们省略了其他控制变量，实际中可以根据需要添加。

例 12-1：大学生村官的作用。自 1995 年起我国开始选派大学毕业生赴乡村就职，这

被称为大学生村官项目。结合 2000—2011 年村层面的面板数据，He 和 Wang（2017）采用双重差分模型对该项目的实施效果进行了评价，并基于事件分析法对平行趋势假设进行了检验，模型如下所示，

$$y_{it} = \sum_{k\geqslant -4, k\neq -1}^{k=3} D_{it}^{k}\delta_{k} + \mu_{i} + \rho_{t} + \varepsilon_{it} \tag{12-2}$$

其中，y_{it} 表示第 i 个村第 t 年的结果变量，他们用 4 个变量来加以衡量；D_{it}^{k} 为事件变量，表示第 i 个村第 t 年是否有大学生村官。t 和 k 分别表示日历时间和事件时间。日历时间范围从 2000 年至 2011 年，事件时间定义为：若 s_i 表示 i 村开始出现大学生村官的年份，则 $k = t - s_i$，$k < 0$ 对应 s_i 年之前，否则对应 s_i 年或 s_i 年之后。

由于我国从 2006 年开始较大规模地实施该项目，因此，如果将 2006 年作为事件发生的第 1 年，那么发生前有 6 年，发生后有 5 年，$k \in \{-6, -5, \cdots, 0, 1, \cdots, 5\}$。

2. 数据结构

在事件分析法的应用中，不同的数据结构决定了不同的模型形式。根据是否有可供比较的控制组个体及事件发生的时间是否相同，Miller（2023）将模型区分为四种类型，如表 12-1 所示。

表 12-1 不同的数据结构与模型类型

	无控制组个体	有控制组个体
事件同时发生	无法识别	DID 类模型
事件不是同时发生	基于时间的模型	混合模型

情形 1：事件同时发生且无控制组个体。我们无法将事件产生的效应与其他混杂因素分离，故模型无法识别。[①]

情形 2：事件同时发生但有控制组个体。这类似于双重差分的情形。事实上，如果我们假定在事件发生前处理效应为 0，而在事件发生当期及之后处理效应保持不变，则事件分析模型演变为一个标准的交叠 DID 模型，即

$$y_{it} = \beta \text{treat}_{i} \times \text{post}_{it} + \mu_{i} + \theta_{t} + \varepsilon_{it} \tag{12-3}$$

其中，treat_i 表示在某一特定时刻个体 i 是否接受处理，接受则取值为 1，未接受则取值为 0；post_{it} 表示个体 i 在时刻 t 之后是否接受了处理，接受则取值为 1，未接受则取值为 0。

情形 3：事件不是同时发生且无控制组个体。当所有个体在不同时间受到同一政策的影响时，就属于这种情形。如果事件发生的时间可以视为随机的，在这种情况下那些较早受到

① 在确定某一个体是否为控制组个体时我们需要倍加小心。事实上，若我们在样本期间发现某一个体没有接受处理，并不意味着该个体就可以划归到控制组，因为其可能在样本期之前或之后接受处理，甚至是在尚未到来的将来接受处理。关于这一点，更加一般的结论是：当我们允许事件的发生会影响无限的未来或者影响无限的过去时，没有任何个体可以保证永远不会接受处理。

事件影响的个体就可以作为较晚受到事件影响的个体的控制组。

情形 4：事件不是同时发生但有控制组个体。这是事件分析法中最常见的情形，因为在应用事件分析法建模时，我们通常要求至少有一个个体在某一时刻接受了处理，且不同事件发生的时间不一致。

例 12-2：不同的数据结构。图 12-1 展示了事件分析法中涉及的两种不同类型的数据结构。本例共涉及 5 个个体。图 12-1（a）对应情形 3，表示事件不是同时发生，但是不同个体先后受到了影响，例如最早在事件时间为 0 的时刻，有 2 个个体接受处理，到事件时间为 2 的时刻所有个体均接受了处理。而在图 12-1（b）中，有 2 个个体从始至终都未受到处理，对应情形 4。

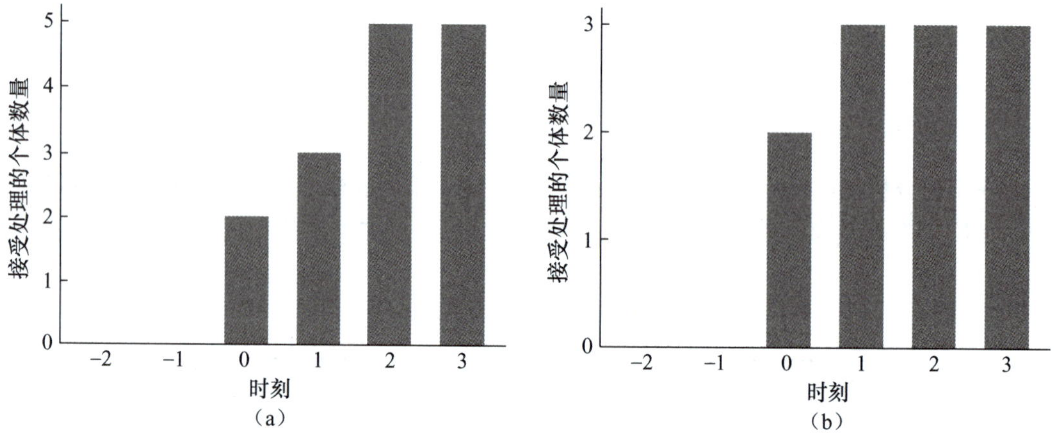

图 12-1　两种不同类型的数据结构

12.2 识别要求

1. 基期的设定

在事件分析法中处理效应 β_j 是相对于某一特定基期而言的，通常我们将事件发生的前一个时期（处理前一期）作为基期。出于比较的目的，基期的系数通常被标准化为 0，即 $\beta_{-1}=0$。在实际应用中，为了避免完全共线性问题，估计时会将基期从模型中剔除，因此，式（12-1）也可写为

$$y_{it}=\sum_{j\in\{0,1,2,\cdots,n\}}\beta_j d_{i,t+j}+\sum_{j\in\{-m,\cdots,-3,-2\}}\beta_j d_{i,t+j}+\mu_i+\theta_t+\varepsilon_{it} \tag{12-4}$$

但是，相比于盲目地将事件发生的前一期作为基期，更为合理的方法应当是在对“基期是否接近反事实比较对象”和“是否有充分的数据进行估计”两者进行权衡后再确定基期。

例 12-3：如何选择基期。根据例 12-1，如果将 2006 年看作是开始大规模实施大学生

村官项目的第 1 年，那么可以选择 2005 年作为基期，原因在于 2005 年各村的环境与 2006 年开始招募大学生村官时各村的环境差异不大，故可作为一个反事实比较对象；然而，如果 2005 年还存在其他政策使得各村也吸收了一些大学毕业生作为大学生村官，那么选 2005 年作为基期就不恰当了。

2. 效应窗口的确定

显然，在式（12-1）中，如果 m 和 n 趋近于无穷大，我们将无法对 β_j 进行估计，而实际中一般也更加关心事件发生前后一段时间内的动态效应，因此，需要对效应窗口加以限制。

实际处理中可采用的限制方法包括归并（binning）和截断（trimming）。归并是指将早于或晚于效应窗口的事件时间分别设定为 $-m$ 和 n，截断则是将效应窗口之外的观测值直接删除。因此，无论是归并还是截断，我们最后均将效应窗口限制在事件时间 $[-m,n]$ 内，即 $j\in[-m,n]$。但是，归并处理隐含着一个关于处理效应的极为重要的前提：对所有的 $j>n$，有 $\beta_j=\beta_n$，对所有的 $j<-m$，有 $\beta_j=\beta_{-m}$。如果该前提不成立，那么归并处理将会导致估计偏误。同时，如果是通过非随机地删除观测值的方法对样本进行截断处理，也有可能导致估计偏误。

例 12-4：例 12-1 中的效应窗口。在例 12-1 中，为了确定事件影响随时间变化的特征，He 和 Wang（2017）将事件时间 k 的取值范围限定在−4 到 3 之间，这意味着他们只关心事件发生前 4 期到事件发生后 3 期的效应，此时具体模型可以写为

$$y_{it}=\alpha_0+\delta_{-4}D_{it}^{-4}+\delta_{-3}D_{it}^{-3}+\delta_{-2}D_{it}^{-2}+\delta_0D_{it}^{0}+\delta_1D_{it}^{1}+\delta_2D_{it}^{2}+\delta_3D_{it}^{3}+\mu_i+\rho_t+\varepsilon_{it} \tag{12-5}$$

如果以贫困家庭数量作为结果变量，那么 δ_{-4}、δ_{-3}、δ_{-2} 表示在有大学生村官的前 4 年、前 3 年和前 2 年贫困家庭数量的变化，δ_0 表示有大学生村官的当年贫困家庭数量的变化，δ_1 到 δ_3 的含义依次类推。式（12-5）的估计结果如图 12-2 所示，很明显，此时我们不能估计出所有事件时间所对应的效应。

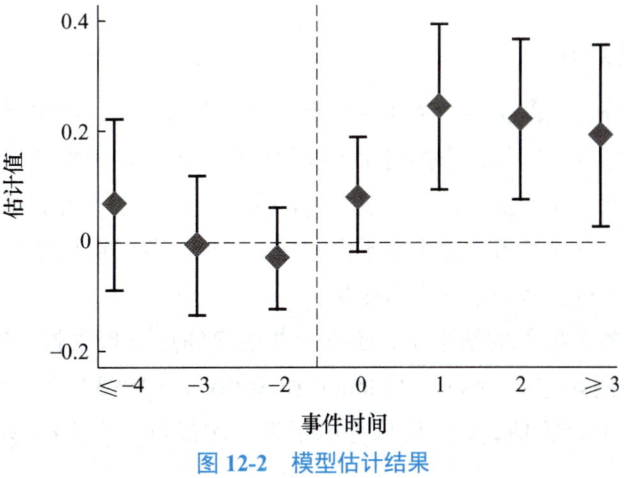

图 12-2　模型估计结果

3. 因果识别假设

事件分析法的因果识别假设主要包括 3 个。在满足以下 3 个假设的情形下，基于双向固定效应的事件分析法能够正确估计出不同时期的处理效应。

假设 1：平行趋势假设。

类似于 DID 模型中的要求，该假设意味着处理组个体和控制组个体在事件未发生时具有相同的时间变化趋势。现实中，我们可以在模型中引入事前项，通过对其系数进行估计来判断该假设是否成立。除此之外，如果怀疑平行趋势假设不成立，或是在事前的趋势受到遗漏变量影响的情况下，我们也可以在模型中控制个体趋势，如加入个体虚拟变量与时间的交互项。

假设 2：无预期（no anticipatory）假设。

该假设意味着在处理前的时期处理效应等于 0。若个体预期到处理将会发生，他们可能会改变自身的行为，从而改变潜在的结果，最终导致该假设不成立。

假设 3：处理效应的同质性。

该假设要求在同一时间接受处理的个体具有相同的处理效应。

12.3 其他问题

1. 事件强度随时间变化

我们所考虑的事件分析法隐含了一个前提，即事件强度不会随时间发生变化。然而，现实中我们所观察到的事件，其强度可能会随时间发生变化，例如，香烟税的税率会随时间而增加，最低工资标准也会随时间而提高。因此，当我们在考虑这些政策的动态影响时，要注意事件强度的变化，使得这些政策所产生的冲击也会随时间发生变化。为了解决这一问题，我们可以在模型中直接引入事件虚拟变量和事件强度变量的交互项。

2. 多个事件的影响

最简单的事件分析法默认每个个体只受到一个事件的影响，但实际上同一个个体可能会受到多个事件的影响。例如，个体健康状况的恶化可能是多种疾病共同作用的结果，地区最低工资标准可能存在反复的调整。直觉上，我们可以将这种情况理解为每个个体对应着多个不同的事件，且这些事件发生在不同时期。因此，我们可以在不同的时间，针对同一个个体，在模型中设置多个事件虚拟变量。

此外，在存在多个事件的情形下，还有一些研究通过直接丢掉一些事件而将模型转变成单事件模型。例如，Jacobson、Lalonde 和 Sullivan（1993）在采用事件分析法对失业所带来的收入损失进行估计时，便只考虑了第一次裁员所产生的影响，后续的裁员事件他们并未加以考虑。但是，这种处理方法很可能导致自选择问题，进而对参数估计值的偏误产生扭曲。

3. 异质性处理效应

我们目前假定处理效应只随时间变化，而在不同个体间不存在差异，但现实中由于外部环境不同，这种处理效应很可能会随个体而发生变化。

我们可以根据处理效应在个体间的差异所依赖的特征，通过在模型中引入交互项来解决这种异质性问题。例如，如果这种异质性差异存在于不同性别群体之间，我们可以引入事件变量与性别虚拟变量的交互项；如果是因不同个体受到事件影响的先后顺序不同而导致了异质性效应，我们可以在模型中引入事件变量与时间变量的交互项。

在当前有关异质性处理效应的文献中，较为流行的做法是通过对不同个体的异质性处理效应进行加权，从而得到一个总体层面的加权结果，这类似于工具变量情形下的局部平均处理效应估计。

4. 事件发生的时间不是日历时间

在一些研究中，事件的发生不是以日历时间来记载的，而是以其他类型的时间来记载，例如，Bailey、Sun 和 Timpe（2021）在分析幼童早年的成长环境优势所具有的长期影响时，所采用的数据对应的时间是幼童的出生年份。

这种情形可能会导致年龄、出生年份以及日历时间之间存在完全共线性问题。如果上述三类与时间相关的变量均是重要的变量，那么我们应当在模型中引入这三类时间变量。此外，我们还可以通过在模型中引入这三类时间变量的两两交互项而对时间固定效应加以控制，即引入年龄与出生年份的交互项、年龄与日历时间的交互项及出生年份与日历时间的交互项。

12.4 应用指南

1. 估计命令

在 Stata 软件中应用事件分析法时可以采用 eventdd 命令，其基本语法如下。

```
    eventdd varlist [if] [in] [weight], timevar(timevar) ci(string) [ method
baseline(#)
    level(#)  accum  lags(#)  leads(#)  noend  noline  keepbal(varname)
absorb(varname)
    wboot wboot_op(string) balanced inrange graph_op(string) ci_op(string)
    coef_op(string)endpoints_op(string) * ]
```

具体解释如下。

Varlist 用于设定被解释变量，以及所有的控制变量、固定效应，但不包括滞后项和前置项。

timevar 用于设定事件时间变量，负数对应事件发生前，正数对应事件发生后。

ci(string)为图形设定选项，不同选项（包括 rarea、rcap、rline）对应不同的图形。

method 用于设定估计模型，其中，ols 对应最小二乘估计（默认），fe 对应固定效应估计，hdfe-reghdfe 表示采用 reghdfe 命令进行固定效应估计。

baseline(#)用于设定基期，默认为事件发生的前一期。

level(#)用于设定置信区间，默认为 95%。

accum 表示对事件窗口进行限制，缺省将纳入所有可能的滞后期和前置期。

lags(#)用于设定最大滞后期，与 accum 同时使用。

leads(#)用于设定最大前置期，与 accum 同时使用。

noend 表示在设定了 accum 选项后，图形上不显示事件窗口的端点。

noline 表示画图时不显示事件时间为-1 处的点。

keepbal(varname)表示只保留不存在时间缺失的个体，即使得面板数据是平衡的，varname 指面板指示变量。

absorb(varname)需要与 hdfe 选项同时设定。

wboot 用于报告聚类 bootstrap 标准误，不能与 hdfe 选项同时使用。

wboot_op(string)用于设定计算 bootstrap 标准误时的相关选项，包括设定种子数、设定聚类等。

balanced 只针对数据平衡的个体作图。

inrange 只针对设定的滞后期和前置期作图。

graph_op(string)用于设定包含在 twoway_options 中的其他作图选项。

ci_op(string)用于设定包含在 twoway_rarea/twoway_rcap/twoway_rline 中的与置信区间相关的图形选项。

coef_op(string)用于设定包含在 marker_options/marker_label_options 中的与系数相关的图形选项。

endpoints_op(string)为针对图形中端点系数的图形设定选项，与 marker_options/marker_label_options 相关。

2. 例子

1969 年，加利福尼亚州成为美国第一个实施无过错离婚法案的州，该法案规定在解除婚姻关系的过程中，不再需要婚姻双方的任何一方提供不当行为证明。随后的 20 年，其他州也陆续开始实施这一法案。Stevenson 和 Wolfers（2006）采用事件分析法检验了无过错离婚法案改革对女性自杀率的影响，其模型设定如下。

$$\text{asmrs}_{st} = \sum_k \beta_k \text{unilateral}_{s,t}^k + \boldsymbol{X\Gamma} + \gamma_s + \lambda_t + \varepsilon_{st} \tag{12-6}$$

其中，γ_s 和 λ_t 分别表示州固定效应和时间固定效应；$\text{unilateral}_{s,t}^k$ 是一个虚拟变量，若 t 时刻 s 州在 k 年前实施了该法案，则 $\text{unilateral}_{s,t}^k = 1$，否则 $\text{unilateral}_{s,t}^k = 0$；$\text{asmrs}_{st}$ 表示 t 时刻 s 州的女性自杀率；$\boldsymbol{X}$ 中包含的控制变量有人均收入 (pcinc)、凶杀死亡率 (asmrh) 及对有子女需要抚养的家庭的援助率 (cases)。

估计的样本涵盖 1964—1996 年美国 49 个州的数据，各州中最早实施该政策的时间为 1969 年，最晚实施的时间为 1985 年。事件时间的最小值为-21，最大值为 27。我们采用 eventdd 命令进行估计，具体命令如下。

```
    eventdd   asmrs   pcinc   asmrh   cases,   hdfe   absorb(i.stfips   i.year)
timevar(timeToTreat) ci(rcap) cluster(stfips) graph_op(ytitle("Suicides per
1mWomen") xlabel(-20(5)25))
```

我们没有展示具体的估计结果，但图 12-3 描绘了处理效应的变化趋势。根据这一变化趋势可以发现，无过错离婚法案的实施显著降低了女性自杀率。根据该图我们还可以发现，在该法案实施前的第 11 期和第 21 期，女性自杀率存在显著的差异，但是，由于这两个时期距离事件发生的时期太远，我们有理由相信这种差异可能主要是由其他因素导致的。

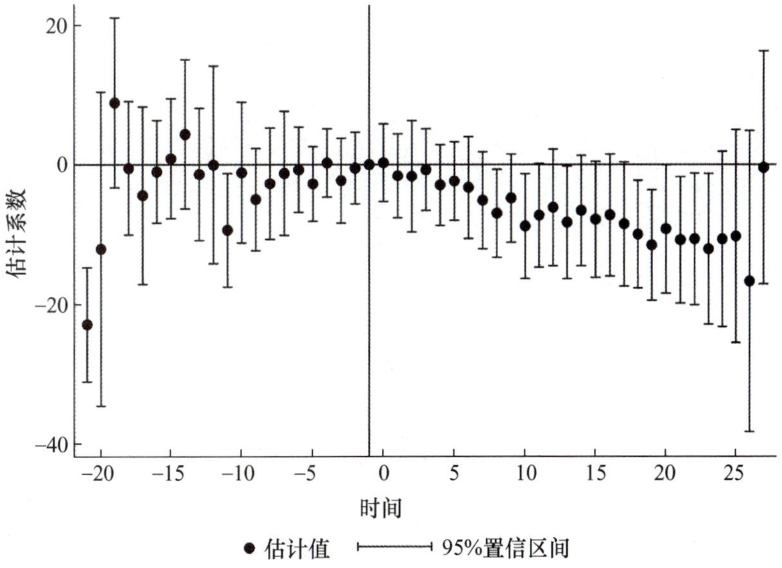

图 12-3　处理效应的变化趋势

我们也可以对事前的系数进行联合显著性检验，原假设和备择假设分别为

$$H_0\text{：}\beta_{21} = \beta_{20} = \cdots = \beta_2 = 0\text{，}\quad H_1\text{：}H_0\text{不成立}$$

相应的 F 统计量为 2.62，P 值为 0.003，说明我们可以拒绝原假设，即事前的系数是联合显著的。如果我们将事件窗口限制在滞后 10 期和前置 10 期之间，处理效应的变化趋势如图 12-4 所示。

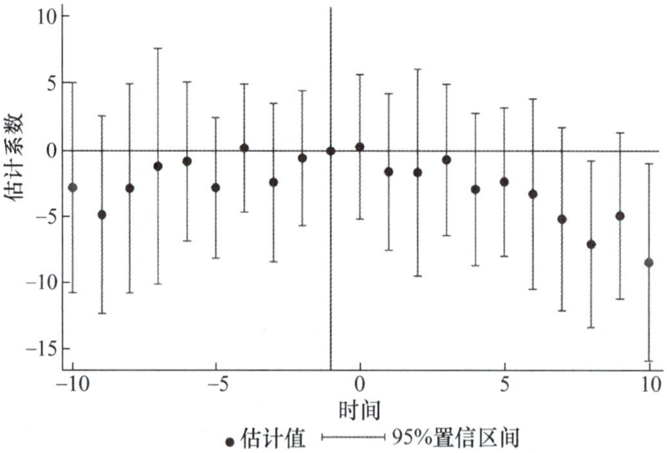

图 12-4 滞后 10 期和前置 10 期之间的处理效应的变化趋势

第 13 章　合成控制法

本章介绍合成控制（synthetic control）法。Abadie 和 Gardeazabal（2003）在对西班牙巴斯克地区恐怖活动所造成的经济损失进行评价时，首次提出并应用了合成控制法，其研究思路类似于比较案例分析（comparative case study），区别在于比较案例分析是“主观”地选择没有受到处理或者干预的对象[①]，而合成控制法则是“合成”几个没有受到处理或者干预的对象。

简而言之，合成控制法构造控制组的基本原理是通过某种加权方法，“人为”地将一些没有受到影响的个体进行“合成”，以保证构造出的控制组与处理组在未受到干预之前具有相同的变化趋势。通过上述方法构造出的控制组可以看作是处理组个体的反事实状态，能够直接与观测到的处理组进行比较。如果两组之间存在显著差异，则说明由干预所导致的因果效应存在。从估计过程来看，这一方法将估计处理效应的重点放在了寻找一组权重上，以便能够将控制组的个体“合成”为一个接近处理组个体的组合体。

13.1　合成控制法的估计原理

1. 背景

我们以对某种政策的干预效果进行评价作为分析对象来阐述合成控制法的基本原理。假定存在 $j(j=1,2,\cdots,J+1)$ 个个体，且政策只影响第 1 个个体 $(j=1)$，而第 2 个到第 $J+1$ 个个体均未受到该政策的影响。同时，假定共有 T 期数据，T_0 对应政策干预发生的时期，也就是说，政策干预在 $t=T_0$ 时发生，如表 13-1 所示。从表 13-1 来看，合成控制法的适用场景类似于双重差分法，即某一时刻前所有个体均未受到政策干预的影响，而在某一时刻之后政策干预只对部分个体产生影响。

表 13-1　合成控制法估计背景

	T_0 之前	T_0 及 T_0 之后	样本量
处理组	干预未发生	干预发生	1
控制组	干预未发生	干预未发生	J

令 Y_{jt}^{N} 表示个体 j 在时刻 t 未受到政策影响时的结果，Y_{1t}^{I} $(t>T_0)$ 表示个体 1 在时刻 t 受

① 比较案例分析要求在所比较的处理组和控制组中，个体之间除存在是否受到处理的差异之外，在其他特征上并不存在差异。在比较案例分析中，个体通常是人为选中的。

到政策影响后所对应的结果，由此，在干预发生后，时刻t的政策干预效应τ_{1t}可表示为

$$\tau_{1t} = Y_{1t}^{\mathrm{I}} - Y_{1t}^{\mathrm{N}} \tag{13-1}$$

由于政策干预所产生的影响可能不会立即显现出来，也可能会随着时间的推移而逐渐减弱或累积，因此在式（13-1）中τ_{1t}是随时间变化的。由于个体 1 在时期T_0之后受到政策干预，故在$t \geqslant T_0$时，有$Y_{1t} = Y_{1t}^{\mathrm{I}}$。但由于$Y_{1t}^{\mathrm{N}}$对应的是在政策干预发生后的一个反事实结果，我们并不能直接观测得到，故以式（13-1）为基础估计τ_{1t}的关键在于如何确定Y_{1t}^{N}，关于这一问题我们在 8.1 节已做过介绍。

2. 估计

为了对τ_{1t}进行估计，比较案例分析试图从未受到政策影响的个体中寻找可供比较的对象来确定Y_{1t}^{N}。但是，我们并不总是能够直接找到可供比较的个体。为此，合成控制法先以未受政策影响的那些个体$(j = 2, \cdots, J+1)$为基础，构建一个“合成池”，再采用加权的方法合成出一个可供比较的“合成体”。

假定个体j在时间t所观测到的结果Y_{jt}由以下线性因子（linear factor）模型所生成，

$$Y_{jt} = \delta_t + \boldsymbol{\theta}_t \boldsymbol{Z}_j + \lambda_t \mu_j + \varepsilon_{jt} \tag{13-2}$$

其中，ε_{jt}为均值为 0 的随机误差项；δ_t为时间固定效应，也称不可观测的共同因子（common factor），$\boldsymbol{Z}_j$为不受政策干预影响、可观测的K维预测向量，$\boldsymbol{\theta}_t$为随时间变化的未知参数向量，表明$\boldsymbol{Z}_j$对Y_{jt}的影响随时间而发生变化。λ_t也是不可观测的共同因子，表示不同个体所面临的共同冲击（common shocks）。由于不同个体对共同冲击λ_t的反应存在差异，故其影响用μ_j表示，$\lambda_t\mu_j$也称交互固定效应。

定义$J \times 1$维权重向量$\boldsymbol{W} = (w_2, \cdots, w_{J+1})'$，其中$w_j \geqslant 0$，且$\sum_{j=2}^{J+1} w_j = 1$。对于任意给定的权重向量$\boldsymbol{W}$，以控制组个体为基础对式（13-2）进行加权后，可得到合成的控制组结果变量，即

$$\sum_{j=2}^{J+1} w_j Y_{jt} = \delta_t + \boldsymbol{\theta}_t \sum_{j=2}^{J+1} w_j \boldsymbol{Z}_j + \lambda_t \sum_{j=2}^{J+1} w_j \mu_j + \sum_{j=2}^{J+1} w_j \varepsilon_{jt} \tag{13-3}$$

用Y_{1t}^{N}减去式（13-3），有

$$Y_{1t}^{\mathrm{N}} - \sum_{j=2}^{J+1} w_j Y_{jt} = \boldsymbol{\theta}_t \left(\boldsymbol{Z}_1 - \sum_{j=2}^{J+1} w_j \boldsymbol{Z}_j \right) + \lambda_t \left(\mu_1 - \sum_{j=2}^{J+1} w_j \mu_j \right) + \sum_{j=2}^{J+1} w_j (\varepsilon_{1t} - \varepsilon_{jt}) \tag{13-4}$$

以式（13-4）为基础，如果能够找到一个$\boldsymbol{W}$使得$Z_1 - \sum_{j=2}^{J+1} w_j Z_j = 0$和$\mu_1 - \sum_{j=2}^{J+1} w_j \mu_j = 0$成立，那么合成控制的结果向量可以作为$Y_{1t}^{\mathrm{N}}$的无偏估计。但是，由于$\mu_j$是无法观测的，我

们无法直接确定 $\mu_1-\sum_{j=2}^{J+1}w_j\mu_j$ 是否为 0，因而现实中我们是通过寻找使得 $Y_{1t}^{\mathrm{N}}-\sum_{j=2}^{J+1}w_jY_{jt}=0$ 及 $Z_1-\sum_{j=2}^{J+1}w_jZ_j=0$ 的 $\boldsymbol{W}$ 来确定最优权重。以式（13-4）为基础，最优权重 $\boldsymbol{W}^*=(w_2^*,w_3^*,\cdots,w_{J+1}^*)'$ 意味着

$$\sum_{j=2}^{J+1}w_j^*Z_j=Z_1,\ \sum_{j=2}^{J+1}w_j^*Y_{j1}=Y_{11},\ \sum_{j=2}^{J+1}w_j^*Y_{j2}=Y_{12},\cdots,\ \sum_{j=2}^{J+1}w_j^*Y_{jT_0}=Y_{1T_0} \tag{13-5}$$

式（13-5）意味着，如果向量 $(Y_{11},Y_{12},\cdots,Y_{1T_0},Z_1')$ 落在了所有控制组个体所对应的向量组 $\left\{(Y_{21},Y_{22},\cdots,Y_{2T_0},Z_2'),\cdots,(Y_{(J+1)1},Y_{(J+1)2},\cdots,Y_{(J+1)T_0},Z_{J+1}')\right\}$ 所形成的凸包中，即存在一组权重向量 $\boldsymbol{W}^*=(w_2^*,w_3^*,\cdots,w_{J+1}^*)'$，满足 $w_j^*\geqslant 0$，且 $w_2^*+w_3^*+\cdots+w_j^*=1$，则凸组合 $w_2^*Y_{2t}+w_3^*Y_{3t}+\cdots+w_{J+1}^*Y_{(J+1)t}$ 可以作为 Y_{1t}^{N} 的反事实结果。此时，$\hat{Y}_{1t}^{\mathrm{N}}=\sum_{j=2}^{J+1}w_j^*Y_{jt}$，且

$$\hat{\tau}_{1t}=Y_{1t}-\hat{Y}_{1t}^{\mathrm{N}}=Y_{1t}-\sum_{j=2}^{J+1}w_j^*Y_{jt} \tag{13-6}$$

特别地，当 $\boldsymbol{W}=(1/J,\cdots,1/J)'$ 时，合成池中每个个体被赋予相同的权重，式（13-6）意味着 $\hat{\tau}_{1t}=Y_{1t}-\frac{1}{J}\sum_{j=2}^{J+1}Y_{it}$；当合成组中只包含个体 m 时，$w_m=1$，τ_{1t} 的估计值为 $\hat{\tau}_{1t}=Y_{1t}-Y_{mt}$。此外，还可以证明，在 T_0 趋近于无穷大时，采用合成控制法得到的估计量满足无偏性要求。

例 13-1：合成控制法的例子。假设一个国家在某一时期针对某一地区实施了一项新的教育政策，如增加学校资金投入。为了评估这项政策的效果，我们可以利用那些没有实施该政策的地区，将其“合成”一个模拟的地区作为实施政策地区的反事实比较对象来对因果效应进行推断。合成地区是其他地区的一个线性组合，不同地区根据相似程度被赋予不同的权重。那么，我们为什么不采用匹配方法来进行估计呢？这里需要注意的是，在样本量比较小时，匹配方法就会显现出局限性，而这也正好体现了合成控制法的优点。

此外，由于当 T_0 趋近于无穷大时，合成控制结果可以作为反事实结果的无偏估计，从本例来看，我们应当保证在该政策实施之前至少有 15 期的观测值。

3. 最优权重的确定

毫无疑问，确定合适的权重是实施合成控制法估计的关键。根据合成控制法的原理，我们希望所选取的权重在作用于合成池中的个体后，在政策干预之前，合成体的特征尽可能地接近于处理组个体的特征。为此，我们的目的是寻求一组权重 $\boldsymbol{W}^*=(w_2^*,\cdots,w_{J+1}^*)'$，以便最小化处理组个体向量与控制组个体向量的凸组合之间的距离，这等价于以下最小化问题，

$$\min_{W}\|X_1 - X_0 W\| = \min_{W}\sqrt{(X_1 - X_0 W)' V (X_1 - X_0 W)} \tag{13-7}$$

式（13-7）实际上衡量的是 X_1 和 $X_0 W$ 之间的马氏距离，由于不同变量对结果变量的预测能力存在差异，为了反映这种差异，我们在式（13-7）中引入一个 $(T_0+K)\times(T_0+K)$ 维对称半正定矩阵 V，其对角线元素反映了相应的变量对结果变量的预测能力。同时，矩阵 X_1 和 X_0 的形式如下所示。

$$X_1 = \begin{bmatrix} Y_{11} \\ \vdots \\ Y_{1T_0} \\ Z_1 \end{bmatrix}_{(T_0+K)\times 1}, \quad X_0 = \begin{bmatrix} Y_{21} & Y_{31} & \cdots & Y_{(J+1)1} \\ \cdots & \cdots & \ddots & \cdots \\ Y_{2T_0} & Y_{3T_0} & \cdots & Y_{(J+1)T_0} \\ Z_2 & Z_3 & \cdots & Z_{J+1} \end{bmatrix}_{(T_0+K)\times J} \tag{13-8}$$

求解式（13-7），便能得到权重向量的最优解 $W^* = (w_2^*, w_3^*, \cdots, w_{J+1}^*)'$。

很显然，在合成控制法的估计过程中，矩阵 V 的选择极为重要，不同的 V 决定了不同的权重向量 $W(V)$ 及由此形成的合成体。Abadie（2021）指出，最简单的办法是根据矩阵 $[X_1 : X_0]$ 每行的方差来确定 V，即令矩阵 $[X_1 : X_0]$ 第 h 行 $(h=1,\cdots,T_0+K)$ 的方差的倒数等于 v_h①。此外，我们也可以借助均方预测误差（mean squared prediction error，MSPE）来确定 V，即最小化干预发生前的 MSPE，

$$\min_{V}\sum_{t=1}^{T_0}\left[Y_{1t} - w_2(V)Y_{2t} - \cdots - w_{J+1}(V)Y_{(J+1)t}\right]^2 \tag{13-9}$$

例 13-2：德国统一的经济影响。1989 年 11 月 9 日柏林墙倒塌向世界表露了德国和平统一的意愿，随后德意志民主共和国（东德）和德意志联邦共和国（西德）于 1990 年 10 月 3 日正式宣布统一。一些观点认为政治统一对西德经济产生了负面影响，但这种影响是否存在以及其具体程度如何尚不为人所知，为此，Abadie、Diamond 和 Hainmueller（2015）采用合成控制法研究了德国统一对西德经济发展的影响。

该研究中的合成池共包括 16 个 OECD 国家，作者除采用式（13-7）所定义的距离来确定“合成西德”之外，还借助回归方法来选择权重。具体而言，他们先以合成池国家所对应的样本为基础，用结果变量 (Y_0) 对协变量 (X_0) 进行回归，得到估计系数 $\hat{B} = (X_0 X_0')^{-1} X_0 Y_0'$，而后以该系数为基础得到“合成西德”的结果变量 $\hat{B}' X_1 = Y_0 X_0' (X_0 X_0')^{-1} X_1 = Y_0 W^{\text{reg}}$，$W^{\text{reg}} = X_0' (X_0 X_0')^{-1} X_1$ 为权重。

具体结果如表 13-2 所示。采用式（13-7）确定的权重所构造的“合成西德”是奥地利、日本、荷兰、瑞士和美国的加权平均，而其他国家的权重均为 0。采用回归方法构造的“合成西德”则包含了除比利时外的所有国家。两种方法所确定的权重存在较大的差异，主要原因在于两种方法的原理不一样，并且回归方法允许进行外推（extrapolation）。

---

① 例如，对于矩阵 $[X_1 : X_0]$ 的第一行 $[Y_{11}, Y_{21}, \cdots, Y_{(J+1)1}]$ 而言，v_1 即 $Y_{11}, Y_{21}, \cdots, Y_{(J+1)1}$ 的方差的倒数。

表 13-2　合成控制法和回归方法确定的权重

国家	合成控制权重	回归权重	国家	合成控制权重	回归权重
澳大利亚	0	0.12	荷兰	0.09	0.14
奥地利	0.42	0.26	新西兰	0	0.12
比利时	0	0	挪威	0	0.04
丹麦	0	0.08	葡萄牙	0	−0.08
法国	0	0.04	西班牙	0	−0.01
希腊	0	−0.09	瑞士	0.11	0.05
意大利	0	−0.05	英国	0	0.06
日本	0.16	0.19	美国	0.22	0.13

4. 假设检验

针对合成控制法的假设检验实际上是一种安慰剂检验，我们可以将其称为截面个体的置换（permutation）检验，其检验思路是从合成池中随机选择一个个体作为伪处理组，假设该个体受到了政策干预，并利用合成控制法估计其政策效应。对于伪处理组个体而言，如果政策干预效应也显著存在，则说明针对真实处理组的估计结果并未反映真实的因果效应。若利用所有控制组个体作为伪干预组均不能得到类似的结果，则说明合成控制法的估计是可信的。设定原假设 H_0 为政策效应不显著，我们将具体的检验过程总结如下。

（1）将处理组个体和控制组个体混合，从中随机选取一个个体，并利用合成控制法估计其政策效应。

（2）对所有个体重复上述步骤，得到 $J+1$ 个估计值，确定估计值的分布。

（3）根据处理组个体因果效应在整个分布中的位置来实施假设检验。[①]

（4）具体而言，若处理组个体因果效应处于分布的尾端，则可以拒绝原假设；若估计的政策效应处在分布的中间位置，则意味着随机选择一个个体也能以较大的概率估计出因果效应，说明无法拒绝原假设。

例 13-3：房产税试点的效果评估（因果效应的检验）。2011 年，上海和重庆开始试点征收房产税。基于这一背景，刘甲炎和范子英（2013）选择重庆的房产税试点改革作为自然实验，采用合成控制法估计了房产税对试点城市房价的影响。他们发现这一改革对试点城市房价的上涨有显著的抑制作用，并采用置换检验对结果的稳健性进行了分析。具体而

---

① Abadie、Diamond 和 Hainmueller（2010）指出，我们也可以用均方预测误差之比（MR）替代此处的因果效应来实施假设检验。该指标的具体形式为 $\mathrm{MR}=\dfrac{\mathrm{MPSE}_{post}}{\mathrm{MPSE}_{pre}}$，对应事后（干预后）均方预测误差与事先（干预前）均方预测误差之比。类似地，采用随机置换的方法，我们可以得到每个个体对应的均方预测误差之比及其精确的分布形式。

言，他们选择了湛江和北京两个城市作为假的处理个体，使用合成控制法分别估计这两个城市的处理效应，图 13-1 显示了相应的估计结果。从图 13-1 来看，在政策发生前后，这两个城市的房价与其所对应的合成城市的房价均无显著差异，说明针对重庆的估计反映的是真实的因果效应。

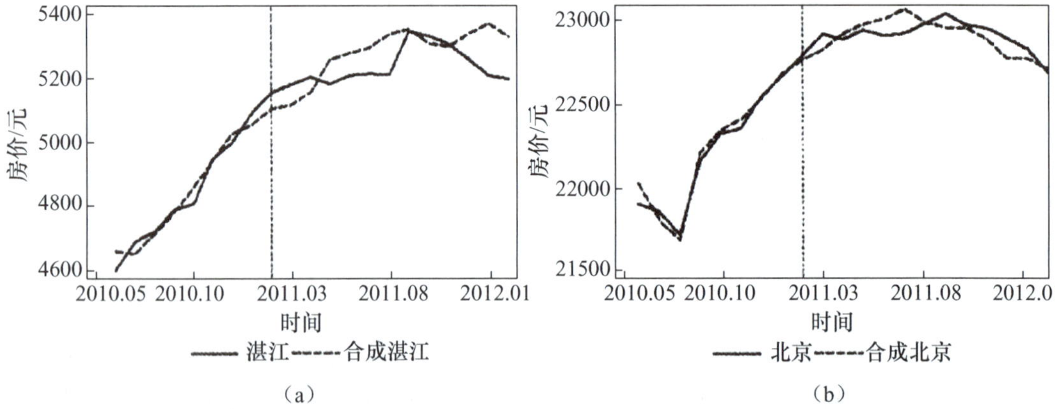

图 13-1　湛江、北京及相应合成城市的房价

此外，刘甲炎和范子英（2013）还将控制组城市看作假想的处理城市，使用合成控制法分析房产税改革对这些城市房价变化的影响，并将这些城市的结果与重庆的结果进行比较，如图 13-2 所示，其中纵轴表示房价变动程度。该图显示，在 2011 年 2 月以前重庆房价的变动程度与其他城市的差距并不大，但是在 2011 年 2 月以后重庆与其他城市的差距变大，说明房产税改革对重庆房价的影响是稳健存在的。

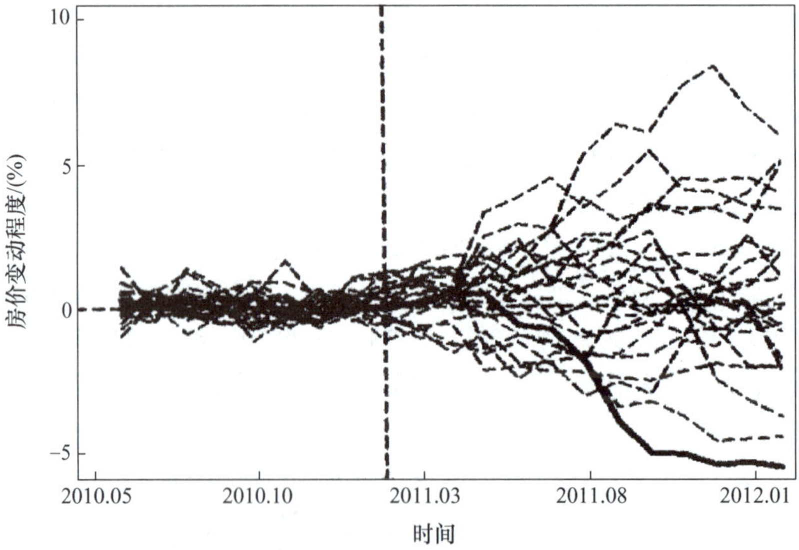

图 13-2　重庆和其他城市的房价变动程度（实线表示重庆）

13.2　多个处理个体的情况

理论上，当处理组存在多个个体时，合成控制法的实施与只有一个个体的情况并无本质差异，我们同样可以通过式（13-7）得到最优权重向量，估计出每个个体的处理效应，进而加总得到整个处理组的处理效应。

然而，此时我们使用合成控制法会面临一些不同于单一处理个体情形下的挑战，其中最重要的问题就是最优权重是非唯一的，特别是当处理组个体的协变量恰好落在合成池个体协变量所形成的凸包内时，可能会存在多个控制组个体的凸组合来完美地拟合处理组个体的反事实状态，从而导致最优权重及估计结果是非唯一的。为了解决这一问题，我们可以采用附带惩罚项的合成控制法。①

简单来说，附带惩罚项的合成控制法就是在传统合成控制法的基础上添加一个惩罚项（penalty），以便对合成池中单个个体的重要程度和整个合成体的重要程度进行权衡。假定样本中有 $I(j=1,\cdots,I)$ 个受到政策影响的个体和 $J(j=I+1,\cdots,I+J)$ 个未受政策影响的个体，那么包含了惩罚项的最小化问题为

$$\min_{\boldsymbol{W}}\left\|\boldsymbol{X}_i-\boldsymbol{X}_0\boldsymbol{W}\right\|^2+\lambda\sum_{j=I+1}^{I+J}w_j\left\|\boldsymbol{X}_i-\boldsymbol{X}_j\right\|^2 \tag{13-10}$$

其中，$\lambda>0$；$i=1,\cdots,I$；$\boldsymbol{W}=(w_{I+1},\cdots,w_{I+J})'$，各分量 $w_{I+1},\cdots,w_{I+J}$ 均为非负数，且 $\sum_{j=I+1}^{I+J}w_j=1$。

在式（13-10）中，$\left\|\boldsymbol{X}_i-\boldsymbol{X}_0\boldsymbol{W}\right\|^2$ 和 $\left\|\boldsymbol{X}_i-\boldsymbol{X}_j\right\|^2$ 分别衡量了处理组个体 X_i 与合成体 $\boldsymbol{X}_0\boldsymbol{W}$ 之间的差异及处理组个体 $\boldsymbol{X}_i$ 与单个控制组个体 $\boldsymbol{X}_j$ 之间的差异。当 $\lambda\to\infty$ 时，合成控制法演变成一对一匹配，当 $\lambda\to0$ 时，则退化成传统的合成控制法。因此，λ 实际上起到一个权衡的作用，其值越大表明我们越重视处理组个体与单个控制组个体的匹配，越小则表明我们越重视处理组个体与合成体之间的差异。

假定 $\boldsymbol{W}_i^*=(w_{i(I+1)}^*,\cdots,w_{i(I+J)}^*)'$ 表示式（13-10）的解，则个体 $i(i=1,\cdots,I)$ 在时刻 $t(t=T_0+1,\cdots,T)$ 的处理效应为

$$\hat{\tau}_{it}=Y_{it}-\sum_{j=I+1}^{I+J}w_{ij}^*Y_{jt} \tag{13-11}$$

整个样本所对应的平均处理效应为

---

① 在只有一个处理个体的情形下，也会存在最优权重非唯一的问题。但是，一方面维度诅咒（curse of dimensionality）会使这种情况较少发生，另一方面即使出现了最优权重非唯一的问题，我们也可以通过增加协变量的个数或者从合成池中剔除与处理组最为相似的那些个体来解决这一问题。然而，在存在多个处理个体的情形下，采用上述解决方法将使问题变得更为复杂。

$$\hat{\tau}_t = \frac{1}{I}\sum_{i=1}^{I}\hat{\tau}_{it} = \frac{1}{I}\sum_{i=1}^{I}\left(Y_{it} - \sum_{j=I+1}^{I+J} w_{ij}^{*} Y_{jt}\right) \tag{13-12}$$

由于在式（13-10）中我们添加了一个惩罚项，因此最优权重的确定还依赖于 λ 的值。我们可以通过两种方法来确定 λ 的值，一种是留一交叉验证法（leave-one-out cross-validation），另一种是留出验证法（hold-out validation）。

此外，在采用合成控制法进行匹配的过程中，可能存在部分处理组个体难以找到恰当的合成体，或者合成体是由一些与其差异较大的个体所形成的情形，这些情形都会导致估计偏误。为了解决上述问题，我们可以采用纠偏（bias correction）合成控制法。对于 $t = T_0 + 1, \cdots, T$ 而言，令 $\hat{\mu}_{0t}$ 表示分别用 $Y_{it}(i = 1, \cdots, I)$ 和 $Y_{jt}(j = I+1, \cdots, I+J)$ 对 $\boldsymbol{X}_i(i = 1, \cdots, I)$ 和 $\boldsymbol{X}_j(j = I+1, \cdots, I+J)$ 进行回归所得到的拟合值①，则对于第 i 个个体而言，采用纠偏合成控制法得到的估计量可写为

$$\hat{\tau}_{it} = \left(Y_{it} - \sum_{j=I+1}^{I+J} w_{ij}^{*} Y_{jt}\right) - \sum_{j=I+1}^{I+J} w_{ij}^{*}\left[\hat{\mu}_{0t}(\boldsymbol{X}_i) - \hat{\mu}_{0t}(\boldsymbol{X}_j)\right] \tag{13-13}$$

整个样本所对应的平均处理效应为

$$\hat{\tau}_t = \frac{1}{I}\sum_{i=1}^{I}\left\{\left(Y_{it} - \sum_{j=I+1}^{I+J} w_{ij}^{*} Y_{jt}\right) - \sum_{j=I+1}^{I+J} w_{ij}^{*}[\hat{\mu}_{0t}(\boldsymbol{X}_i) - \hat{\mu}_{0t}(\boldsymbol{X}_j)]\right\} \tag{13-14}$$

13.3 合成控制法的不足

1. 对样本数据的要求较高

一方面，在样本期内受到其他因素干扰的个体应当被排除在合成池之外。例如，在 Abadie 和 Gardeazabal（2003）的研究中，如果在除巴斯克之外的所有地区中，有一些地区受到了一些特殊政策（如地区特定的经济政策）或者其他冲击（如自然灾害）的影响导致 GDP 增长或者下降，尽管该地区未受到恐怖袭击的冲击，也不能将其放到合成池中。另一方面，我们不仅需要知道在干预发生时所有个体的信息，也需要知道在干预发生之前所有个体的信息，这意味着合成控制法的使用必须以面板数据为基础。

2. 样本数据要具有较长的时间跨度

合成控制法要求在干预发生之前样本数据能够对控制组和处理组进行较好的拟合，但如果干预前的时间跨度较短，就很难对控制组和处理组进行较好的拟合。同时，干预效应通常需要经过一段时间才能显现出来，因此，如果干预后的时间跨度较短，合成控制法也难以将真实的因果效应估计出来。

---

① 这里的回归既可以采用参数化方法，也可以采用非参数化方法。

3. 不一定能构造出有效的控制组

合成控制法要求所构造的控制组在干预发生之前与处理组不存在显著差异，但是，如果控制组个体较少，或者处理组个体本身较为异常时，可能会出现权重参数无解的情况，从而无法确定一个恰当的控制组。

例 13-4：房产税试点的效果评估（处理城市的选择）。在刘甲炎和范子英（2013）的研究中，上海和重庆均属于处理组个体，但是，最终作者只选择将重庆作为处理城市，他们给出的理由是，合成控制法是利用对照组城市来拟合一个处理组的反事实状态，根据处理组和对照组的一些性质进行匹配，该方法要求处理组可以通过对照组加权估计，但是上海地区住宅均价在中国基本处于最高的位置，并且其他经济特征也比较特殊，无法通过其他城市进行加权平均……

13.4 应用指南

1. 估计命令

Stata 软件中由海恩穆尔勒等人开发的 synth 命令可以帮助我们进行合成控制法估计，该命令的语法格式如下。

```
    synth depvar predictorvars, trunit(#) trperiod(#) [counit(numlist)
xperiod(numlist)
    mspeperiod() resultsperiod() nested allopt unitnames(varname) figure
keep(file)
    customV(numlist) optsettings]
```

具体解释如下。

depvar 指明结果变量，predictorvars 用于设定预测变量。

trunit(#)用于设定处理个体的数量。

trperiod(#)指定政策干预开始的时期。

counit(numlist)用于设定控制组个体，默认包含除处理个体以外的所有个体。

xperiod(numlist)指定对预测变量求均值的时间区间，如 xperiod(1980(1)1988)表示在 1980 年至 1988 年间求均值，默认为政策干预前的所有时期。

mspeperiod()指定求解最小化均方预测误差所对应的时期，默认为政策干预前的所有时期。

resultsperiod()用于设定展示估计结果的时间区间，默认包含所有时期，与 figure 选项结合使用。

nested 表示采用数据驱动的回归方法来寻找最优权重，若在 nested 的基础上加上选择项 allopt，则在获取权重的过程中可得到更高的计算精度。

unitnames(varname)用于设定个体名称，其中个体名称只能为字符串变量。

figure 用于对合成控制法估计的结果的时间趋势作图，默认的时间范围为整个样本所涵盖的时间区间。

keep(file)可将合成后的结果（包括权重等）进行存储，以便后续计算处理效应。

customV(numlist)表示采用 V 加权的方法来设定权重，optsettings 用于设定计算权重时的最优化选项。

2. 例子

1988 年 11 月美国加州通过了 99 号法案（Proposition 99），该法案规定将加州的香烟消费税每包增加 25 美分，并于 1989 年 1 月正式实施。结合这一背景，Abadie、Diamond 和 Hainmueller（2010）根据美国 39 个州在 1970—2000 年间的面板数据，采用合成控制法研究美国加州 1988 年的 99 号法案的效果。我们利用该文的数据集对合成控制法在 Stata 软件中的估计进行介绍。

该数据集共包含 7 个变量，除州（stata）和年份（year）之外，其他 5 个变量分别为人均香烟销售量（cigsale）、人均 GDP 对数（lnincome）、人均啤酒消费量（beer）、15～24 岁人口所占比重（age15to24）、香烟价格（retprice）。其中，结果变量为 cigsale，其他变量为预测变量。我们先以其他 38 个州为基础，合成一个“假加州”，命令如下。

```
synth cigsale retprice lnincome age15to24 beer cigsale(1975) cigsale(1980)
cigsale(1988),trunit(3) trperiod(1989) xperiod(1980(1) 1988) figure nested
keep(smoking_synth, replace)
```

在原数据集中，加州代码为 3，故选项 trunit 设定为 3，该法案自 1989 年开始实施，故 trperiod 设定为 1989。然后，我们将合成后的数据集命名为 smoking_synth 并保存，以便后续计算处理效应。上述命令执行完后，会通过图形对加州与“合成加州”的情况进行比较，如图 13-3 所示。

图 13-3 的结果表明，在实施该法案之前，加州和“合成加州”在香烟销售量上并无差异，但是在该法案实施之后两者间存在明显差异。接下来我们以数据集 smoking_synth 为基础计算处理效应，该数据集的具体描述如图 13-4 所示。

其中，_W_Weight 表示权重，_Y_treated 和_Y_synthetic 表示真实加州和“合成加州”的结果变量。执行以下命令可以得到各年份的处理效应。

```
gen effect = _Y_treated-_Y_synthetic
```

在此基础上，我们还可以通过绘图来看看不同年份处理效应的变化趋势，命令如下。

```
line effect _time, xline(1989,lp(dash)) yline(0,lp(dash))
```

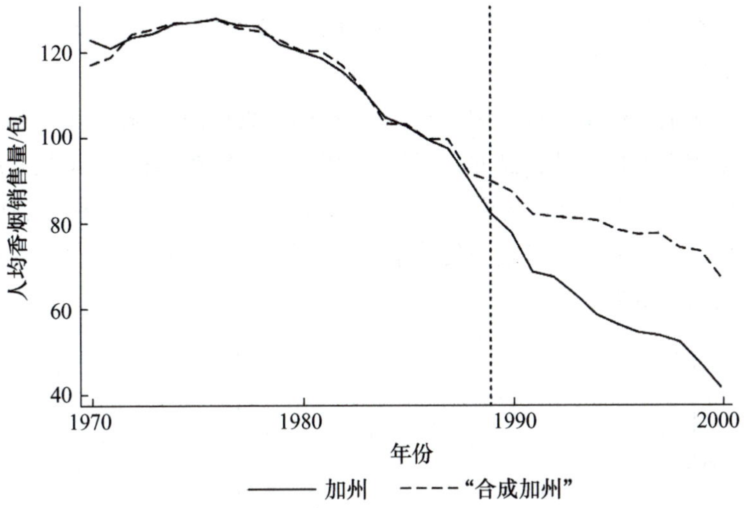

图 13-3 加州与“合成加州”的比较

Variable name	Storage type	Display format	Value label	Variable label
_Co_Number	float	%14.0g	state	Co_No
_W_Weight	float	%9.0g		Unit_Weight
_Y_treated	double	%10.0g		California
_Y_synthetic	double	%10.0g		synthetic California
_time	double	%10.0g		

图 13-4 数据集 smoking_synth 的具体描述

不同年份处理效应的变化趋势如图 13-5 所示。

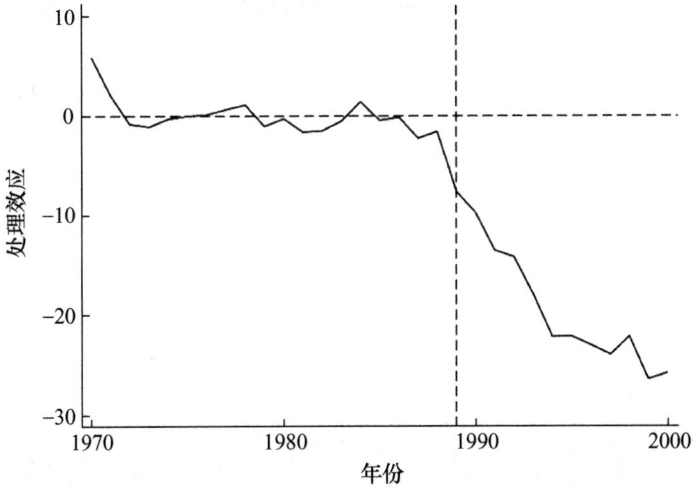

图 13-5 不同年份处理效应的变化趋势

从图 13-5 也可以看出，在该法案实施之前，处理效应在 0 上下波动，可以认为香烟销售量在加州和“合成加州”之间没有差异，但在该法案实施之后，处理效应显著为负，并且其强度随着时间的推移而增大。

我们还可以对估计结果进行安慰剂检验[①]，检验结果如图 13-6 所示。在该图中，实线表示针对加州采用合成控制法得到的处理效应，虚线表示针对其他 38 个州采用合成控制法得到的处理效应，即安慰剂检验结果。将加州的结果与安慰剂检验结果进行比较可以发现，加州的处理效应较大，并且与其他州的结果差异显著，故可知对加州采用合成控制法识别出来的是真实的处理效应。

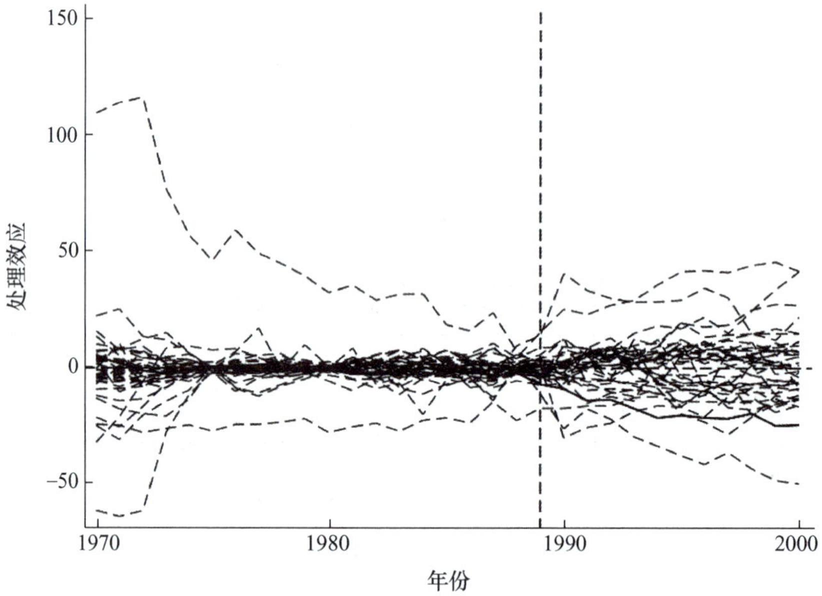

图 13-6　安慰剂检验结果

① 安慰剂检验代码过长，此处未展示。

第 14 章　断点回归设计

本章介绍断点回归设计（regression discontinuity design，RDD）。断点回归是由 Thistlethwaite 和 Campbell（1960）在研究奖学金如何影响学生成绩时首次提出的。但直到 1990 年以后才开始被广泛应用于因果推断的场景之中，近年来逐渐成为政策评估领域的重要研究方法之一。

断点回归本质上是一种基于非随机试验估计因果效应的方法。当我们要对某项特定政策的效果进行评价时，如果个体是否受到该政策的影响取决于某个可观测变量的值是否大于（或小于）给定的临界值，那么，可以认为在该临界值附近（左、右两侧）的个体不存在差异，因而我们就可以利用这部分样本来估计政策实施的处理效应。

14.1　基本思想

简单来说，如果个体选择参与项目的决策 D 受到某一特定变量 s 的影响，我们便可以采用断点回归的分析框架。其中，s 称为驱动变量（forcing variable），以 s 为基础可以定义一个断点（cut-off point）$\bar{s}$，该断点可将所有个体划分为两组：处理组和控制组。位于断点 $\bar{s}$ 附近的个体，可以认为是满足随机指派特征的，因而我们可以以这部分观测值为基础对处理效应进行估计。

断点回归可以分为两种情形。如果在断点的两侧个体是否接受处理的概率严格取值 0 和 1，对应清晰（sharp）断点，此时驱动变量完全决定了处理组和控制组的划分。如果在断点两侧个体是否接受处理的概率并非严格取值 0 和 1，便对应模糊（fuzzy）断点。如图 14-1 所示，如果是清晰断点，那么个体接受处理的概率在断点 $\bar{s}$ 左侧为 0，在 $\bar{s}$ 右侧为 1，对应图中从 A 点到 B 点的跳跃；如果是模糊断点，那么在驱动变量超越断点之前，个体接受处理的概率并不完全为 0，在驱动变量超越断点后，个体接受处理的概率也并不完全为 1，对应图中从 C 点到 D 点的跳跃，此时个体是否接受处理并不完全由驱动变量决定。

在应用中，空间断点和时间断点是常见的两种类型。空间断点利用相邻地区在地理位置上毗邻这一特征，将交界线附近的观测值视为无差异的（除了是否接受处理）；时间断点则利用时间临近这一特征，将某一时间点附近的观测值视为无差异的（除了是否接受处理）。这些被视为“无差异”的观测值也成为我们运用断点回归对处理效应进行估计的基础。例如，戴尔的一系列研究就是运用空间断点的代表性案例，皮诺蒂的研究则是运用时间断点估计处理效应的例子。

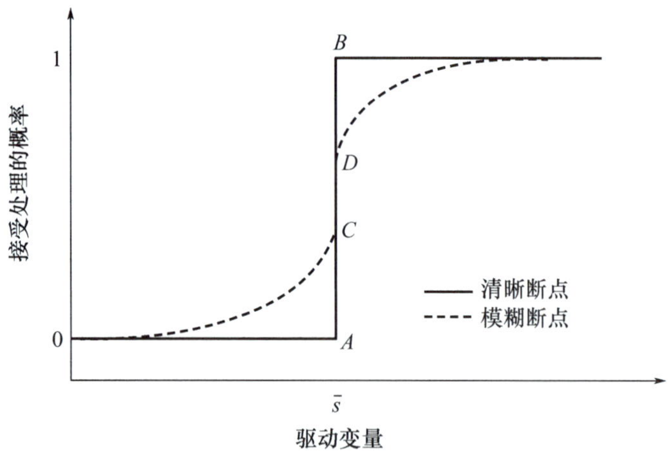

图 14-1　清晰断点和模糊断点

例 14-1：移民获得合法身份是否会减少犯罪？意大利的移民申请以需求为导向，所有申请者分为两类：A 类申请者主要受雇于个人和家庭，B 类申请者是公司雇员（包括 B1 类建筑工人和 B2 类非建筑工人）。2007 年之后的申请流程为：每年年末中央政府根据需求确定下一年的配额，由申请者的雇主在规定时间内通过内政部网页提交申请信息，申请系统于申请当天 8 点开放，申请结果结合申请时间和配额，采取“先到先得”（first come，first served）的原则确定。很显然，对于那些能力较强的申请者，其雇主有更强的激励提早提交申请，从而使得这些申请者更有可能获得合法移民的身份并降低从事非法活动的概率。

Pinotti（2017）发现，在 2007 年的 A 类申请者中，在 8:27:04 之前提交的申请几乎全部被批准，而在此之后的申请几乎全部被拒绝。我们可以认为，在 8:27 左右提交申请的申请者的能力是没有差异的，他们的申请是否被批准仅仅只是因为申请时间不同。如果在 8:27 之前的申请全部被批准，而之后的申请全部被拒绝，对应的便是一种清晰断点情形。如果 8:27 之前的申请并未全部被批准，而之后的申请也并未全部被拒绝，对应的便是一种模糊断点情形。

14.2 清晰断点

对于个体 i 而言，假定 Y_i 为其观测到的结果，Y_i^0 和 Y_i^1 分别对应干预状态为 $D_i=0$ 和 $D_i=1$ 时的结果，根据潜在结果模型，有

$$Y_i = D_iY_i^1 + (1-D_i)Y_i^0 = \begin{cases} Y_i^1 & D_i = 1 \\ Y_i^0 & D_i = 0 \end{cases} \tag{14-1}$$

在清晰断点回归中，个体是否接受干预依赖于一个清晰的处理规则，我们可以运用一个示性函数来进行描述，即

$$D_i = 1(s \geqslant \bar{s}) \tag{14-2}$$

式（14-2）意味着，当 $s \geqslant \bar{s}$ 时，$D_i = 1$，个体 i 进入处理组；当 $s < \bar{s}$ 时，$D_i = 0$，个体 i 进入控制组。清晰断点回归依赖于一些前提假设，我们需要先对这些假设进行说明，简便起见，我们省略下标 i。

假设 1： $p_{s<\bar{s}} = \lim\limits_{s\to\bar{s}^-} E\left(D\middle|s=\bar{s}\right) \neq p_{s\geqslant\bar{s}} = \lim\limits_{s\to\bar{s}^+} E\left(D\middle|s=\bar{s}\right)$

该假设意味着在 $s=\bar{s}$ 的两侧，个体接受处理的概率不相等，从而保证了断点的存在。如果 $p_{s<\bar{s}} = 0$，$p_{s\geqslant\bar{s}} = 1$，说明点 $s=\bar{s}$ 左侧均为控制组个体，右侧均为处理组个体，对应的便是清晰断点的情形。

例 14-2：高考成绩与大学录取。 假定某所大学的录取分数线为 600 分，清晰断点意味着只有高考成绩不低于 600 分的学生才能进入该校。如果 s 表示考生成绩，$\bar{s}$ 表示分数线，D 表示是否被录取（若录取则取值为 1），假设 1 意味着

$$\lim_{s\to\bar{s}^-} E\left(D\middle|s=\bar{s}\right)=0,\quad \lim_{s\to\bar{s}^+} E\left(D\middle|s=\bar{s}\right)=1$$

此时总体由两个子总体构成：被录取者和未被录取者。但也可能存在这样一种情况：有些根据高考成绩应被录取的学生放弃了录取资格，这意味着

$$\lim_{s\to\bar{s}^-} E\left(D\middle|s=\bar{s}\right)=0,\quad \lim_{s\to\bar{s}^+} E\left(D\middle|s=\bar{s}\right)\in[0,1]$$

此时总体由三个子总体构成：被录取放弃了资格者、被录取未放弃资格者和未被录取者①。进一步地，还可能存在以下情形：部分被录取的学生放弃了录取资格，部分学生尽管高考成绩低于 600 分，但因符合特殊加分政策而被录取，这意味着

$$\lim_{s\to\bar{s}^-} E\left(D\middle|s=\bar{s}\right)\in[0,1],\quad \lim_{s\to\bar{s}^+} E\left(D\middle|s=\bar{s}\right)\in[0,1]$$

这实际上是模糊断点要解决的问题，也正是不完美遵从描述的情形。此时总体由四个子总体构成：被录取放弃了资格者、被录取未放弃资格者、根据高考成绩没有被录取者、根据高考成绩没有被录取但加分后被录取者。

假设 2： 在以 s 为条件的情况下，$E\left(Y^1\middle|s\right)$ 和 $E\left(Y^0\middle|s\right)$ 均为连续函数。

根据 $Y = DY^1 + (1-D)Y^0$，有

$$E\left(Y^0\middle|s=\bar{s}\right)=\lim_{s\to\bar{s}^-} E\left(Y^0\middle|s\right)=\lim_{s\to\bar{s}^-} E\left(Y\middle|D=0,s\right)=\lim_{s\to\bar{s}^-} E\left(Y\middle|s\right) \tag{14-3}$$

---

① 反过来，若被录取的学生都未放弃资格，但存在一些按照高考成绩不能被录取而有入学资格的学生时，也可以进行类似的分析，此时 $\lim\limits_{s\to\bar{s}^-} E\left(D\middle|s=\bar{s}\right)\in[0,1], \lim\limits_{s\to\bar{s}^+} E\left(D\middle|s=\bar{s}\right)=1$。

$$E\left(Y^1\middle|s=\bar{s}\right)=\lim_{s\to\bar{s}^+}E\left(Y^1\middle|s\right)=\lim_{s\to\bar{s}^+}E\left(Y\middle|D=1,s\right)=\lim_{s\to\bar{s}^+}E\left(Y\middle|s\right) \tag{14-4}$$

结合假设 2，计算平均处理效应 ATE 最简单的办法便是直接比较断点两侧 $E\left(Y^1\middle|s\right)$ 和 $E\left(Y^0\middle|s\right)$ 之差，即

$$\begin{aligned}\text{ATE}_{\text{srd}}&=E\left(Y^1\middle|s=\bar{s}\right)-E\left(Y^0\middle|s=\bar{s}\right)\\&=\lim_{s\to\bar{s}^+}E\left(Y\middle|s\right)-\lim_{s\to\bar{s}^-}E\left(Y\middle|s\right)\end{aligned} \tag{14-5}$$

这意味着 ATE 是能够识别的。为了进一步理解这一点，假定 $E\left(Y^1\middle|s\right)$ 是连续的，但是 $E\left(Y^0\middle|s\right)$ 非连续，且在 $s=\bar{s}$ 处发生了跳跃，如图 14-2 所示。该图表明 $E\left(Y^0\middle|s\right)$ 在 $s=\bar{s}$ 的左极限和右极限不相等，由此导致对 ATE 的识别是非唯一的。具体而言，当基于 $E\left(Y^0\middle|s\right)$ 的左极限进行估计时，ATE 等于 C 点与 A 点的距离，而基于 $E\left(Y^0\middle|s\right)$ 的右极限进行估计时，ATE 则等于 C 点与 B 点的距离。因此，为了保证识别的唯一性，必须保证 $E\left(Y^1\middle|s\right)$ 和 $E\left(Y^0\middle|s\right)$ 是连续的。

例 14-3：教育资助与学生成绩。考虑一个教育资助项目对学生成绩的影响，假定家庭年收入低于 5000 元的学生将获得政府教育资助，但如果这些学生同时还能获得一项政府贫困基金资助，那么，我们采用断点回归分析得到的将是这两个项目共同作用的效果。如果我们将学生成绩看作是否受到教育资助项目影响的潜在结果，那么假设 2 显然是不成立的。从图 14-2 来看，这相当于 $E\left(Y^0\middle|s\right)$ 在 $s=\bar{s}$ 处从 A 点跳跃到 B 点，而这显然不是教育资助政策的影响。

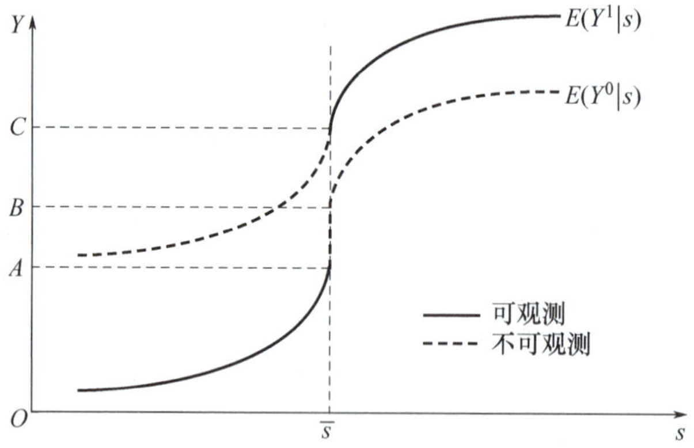

图 14-2　ATE 的识别

在假设 1 和假设 2 成立的情况下，断点 $\bar{s}$ 附近的观测值可以视为随机决定的，因此，可以以这部分观测值为基础直接对式（14-5）中的平均处理效应进行估计。例如，以区间 $[\bar{s}-h,\bar{s}+h]$ 所包含的观测值为基础，ATE 的估计值可写为

$$\widehat{\text{ATE}}_{\text{srd}}=\frac{\sum_{i\in\{R\}}K\left(\frac{s_i-\bar{s}}{h}\right)Y_i}{\sum_{i\in\{R\}}K\left(\frac{s_i-\bar{s}}{h}\right)}-\frac{\sum_{i\in\{L\}}K\left(\frac{s_i-\bar{s}}{h}\right)Y_i}{\sum_{i\in\{L\}}K\left(\frac{s_i-\bar{s}}{h}\right)} \tag{14-6}$$

其中 $\{R\}$ 和 $\{L\}$ 分别表示 $[\bar{s}-h,\bar{s}+h]$ 内小于 $\bar{s}$ 的观测值和大于 $\bar{s}$ 的观测值对应的集合，$K(\cdot)$ 表示核函数。

很显然，h 越小，估计过程中所用到的观测值越少，估计偏误也较小；h 越大，所用到的观测值越多，估计偏误也越大。同时，在给定区间 $[\bar{s}-h,\bar{s}+h]$ 的情况下，离 $s=\bar{s}$ 越远的点对估计偏误产生的影响越大，需要赋予其更小的权重，因此，式（14-6）可以理解为一个加权估计结果，$K(\cdot)$ 对应的便是相应的权重。例如，如果 $K(\cdot)$ 对应的是均匀核函数（rectangular kernel），式（14-6）可写为

$$\widehat{\text{ATE}}_{\text{srd}}=\frac{\sum_{i\in\{R\}}1\left(\frac{s_i-\bar{s}}{h}<1\right)Y_i}{\sum_{i\in\{R\}}1\left(\frac{s_i-\bar{s}}{h}<1\right)}-\frac{\sum_{i\in\{L\}}1\left(\frac{s_i-\bar{s}}{h}<1\right)Y_i}{\sum_{i\in\{L\}}1\left(\frac{s_i-\bar{s}}{h}<1\right)} \tag{14-7}$$

其中，$1(\cdot)$ 为示性函数。

然而，以核函数为基础进行估计也有其缺陷，特别是估计偏误对区间的选择较为敏感。基于核函数的估计偏误可以表示为

$$\text{Bias}(\widehat{\text{ATE}}_{\text{srd}})=\text{ATE}+2hK(\cdot)\left[m_R(\bar{s})-m_L(\bar{s})\right] \tag{14-8}$$

其中，$\text{Bias}(\widehat{\text{ATE}}_{\text{srd}})$ 表示估计偏误，$m_R(\bar{s})=\lim_{s\to\bar{s}^+}E\left(Y\middle|s\right)$，$m_L(\bar{s})=\lim_{s\to\bar{s}^-}E\left(Y\middle|s\right)$。式（14-8）表明估计偏误是关于 h 的一个增函数，即区间 $[\bar{s}-h,\bar{s}+h]$ 的边界值 h 对估计偏误存在较大的影响。为了解决这一问题，我们可以采用局部线性回归（local linear regression）来估计相关参数。具体而言，局部线性回归是分别利用断点两侧的观测值来做以下两种形式的回归，

$$Y_i=\alpha_L+\delta_L(s_i-\bar{s})+\varepsilon_{L,i} \tag{14-9}$$

$$Y_i=\alpha_R+\delta_R(s_i-\bar{s})+\varepsilon_{R,i} \tag{14-10}$$

其中，$\varepsilon_{L,i}$ 和 $\varepsilon_{R,i}$ 是满足零条件均值假定的随机误差项，在估计式（14-9）时，只需要利用 s 在区间 $[\bar{s}-h,\bar{s}]$ 上取值时所包含的观测值，估计式（14-10）时则需要利用 s 在区间 $[\bar{s},\bar{s}+h]$ 上取值时所包含的观测值。在这两种情形下，Y_i 的期望可分别写为

$$E\left(Y_i\middle|s_i\right)=\alpha_L+\delta_L(s_i-\bar{s}) \tag{14-11}$$

$$E\left(Y_i\middle|s_i\right)=\alpha_R+\delta_R(s_i-\bar{s}) \tag{14-12}$$

进一步地，结合式（14-9）和式（14-10），有

$$Y_i = \alpha_L + \text{ATE}_{\text{srd}} D_i + \delta_L (s_i - \bar{s}) + (\delta_R - \delta_L) D_i (s_i - \bar{s}) + \varepsilon_i \tag{14-13}$$

其中，$i \in [\bar{s} - h, \bar{s} + h]$，$\varepsilon_i = \varepsilon_{L,i} + D_i(\varepsilon_{R,i} - \varepsilon_{L,i})$，$\text{ATE}_{\text{srd}} = \alpha_R - \alpha_L$，交互项 $D_i(s_i - \bar{s})$ 是为了允许断点两侧的回归线斜率不同。以式（14-13）为基础，采用最小二乘法便能直接估计出 ATE_{srd} 及其标准误。此模型有一个很直观的图形解释，图 14-3 展示了清晰断点回归情形下的 ATE，即结果变量 Y 在断点 $\bar{s}$ 处的跳跃幅度。

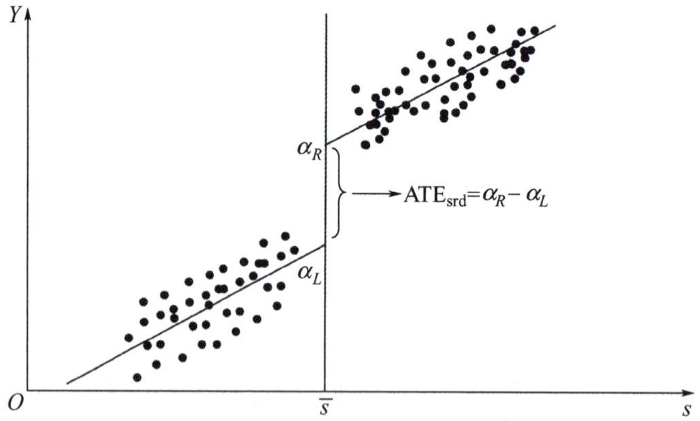

图 14-3　清晰断点回归情形下的 ATE

在式（14-13）中，我们假定结果变量 Y 是关于 s 的线性函数，然而，当 Y 是关于 s 的非线性函数时，将导致估计偏误，图 14-4 描述了这个情况。由于 Y 是关于 s 的非线性函数，因此真实的 ATE 估计值为 BC，但若以线性模型拟合两者的关系，得到的 ATE 估计值为 AD，从而导致了估计偏误。

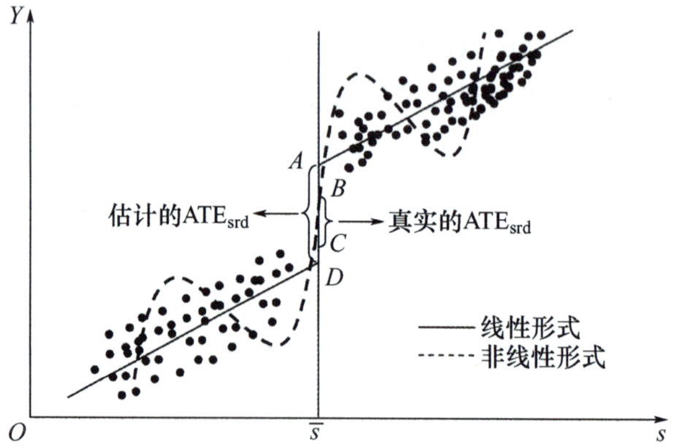

图 14-4　模型误设的估计偏误

为了解决这一问题，我们可以从两个方面对式（14-13）加以改进：一是采用局部多项式进行回归；二是采用以核函数为基础的局部多项式进行回归，这类似于一个加权的局部多项式回归。如果采用局部多项式进行回归，此时式（14-13）变为

$$Y_i = \alpha_L + \text{ATE}_{\text{srd}} D_i + \sum_p \delta_{L,p}(s_i - \overline{s})^p + D_i \sum_p (\delta_{R,p} - \delta_{L,p})(s_i - \overline{s})^p + \varepsilon_i \tag{14-14}$$

其中，$i \in [\overline{s} - h, \overline{s} + h]$，$p$ 表示多项式阶数。

采用以核函数为基础的局部多项式进行回归，类似于在断点的两侧分别做以下最小二乘回归，

$$\min_{\alpha_L, \delta_{L,p}} \left\{ \sum_{i:s<\overline{s}} K\left(\frac{s_i - \overline{s}}{h}\right) \left[Y_i - \alpha_L - \delta_{L,1}(s_i - \overline{s}) - \cdots - \delta_{L,p}(s_i - \overline{s})^p\right]^2 \right\} \tag{14-15}$$

$$\min_{\alpha_R, \delta_{R,p}} \left\{ \sum_{i:s\geqslant\overline{s}} K\left(\frac{s_i - \overline{s}}{h}\right) \left[Y_i - \alpha_R - \delta_{R,1}(s_i - \overline{s}) - \cdots - \delta_{R,p}(s_i - \overline{s})^p\right]^2 \right\} \tag{14-16}$$

根据式（14-5）和式（14-16）可以清楚地看出，在估计 ATE 时，核函数 $K(\cdot)$ 起到加权的作用，那些离断点越近的点被赋予的权重也越大，因此，这种方法也被称为加权局部多项式回归。

14.3　模糊断点

假定个体在断点左右两侧接受处理的概率分别为

$$p\left(D_i = 1 \middle| s_i = \overline{s}\right) = \mu_L + \pi_L(s_i - \overline{s}) \tag{14-17}$$

$$p\left(D_i = 1 \middle| s_i = \overline{s}\right) = \mu_R + \pi_R(s_i - \overline{s}) \tag{14-18}$$

式（14-17）和式（14-18）可以通过一个方程来描述，即

$$p\left(D_i = 1 \middle| s_i = \overline{s}\right) = \mu_L + (\mu_R - \mu_L)T_i + \pi_L(s_i - \overline{s}) + (\pi_R - \pi_L)T_i(s_i - \overline{s}) \tag{14-19}$$

其中，T_i=1$(s_i \geqslant \overline{s})$，在式（14-19）中，如果对应的是清晰断点，则有 $T_i = D_i$。在模糊断点的情形下，因为存在不完美遵从的个体使得 $T_i = D_i$ 并不必然成立，此时，T_i 类似于我们讨论局部平均处理效应时 z_i 所扮演的角色。

由此也可以证明，在模糊断点的情况下，D 对 Y 的影响可以通过局部平均处理效应来估计。此时，对于遵从者而言，有 $T_i = 1$ 时，$D_i = 1$，或者 $T_i = 0$ 时，$D_i = 0$，具体估计过程类似于工具变量估计，其中 T_i 对应 s 的断点所形成的邻域内 D_i 的工具变量。在正式介绍模糊断点情形下平均处理效应的识别方法之前，我们先给出以下假设。

假设 3： $(Y^1 - Y^0) \perp D | s$，且 $D(\overline{s}^+) \geqslant D(\overline{s}^-)$。

其中，$(Y^1 - Y^0) \perp D | s$ 意味着在给定驱动变量 s 的情况下，处理变量 D 与干预的收益 $Y^1 - Y^0$ 相互独立，也就是说不存在决定个体是否接受处理的其他因素。$D(\overline{s}^+) \geqslant D(\overline{s}^-)$ 为单调性假设，保证了我们能够排除掉对抗者这一群体，从而能够识别出遵从者的局部平均处理效应。

例 14-4：预期收益影响是否接受干预的情况。在例 14-3 中，如果那些来自收入超过 5000 元的家庭的学生预测参与该教育资助项目有助于其学习成绩的提高，那么这些学生也有动机接受该项目的干预，从而导致个体是否接受处理并不单纯由家庭收入决定。

以假设 3 为基础，考虑潜在结果模型的另一种形式：$Y = Y^0 + D(Y^1 - Y^0)$，有

$$E\left(Y|s\right)=E\left(Y^0|s\right)+E\left[D(Y^1-Y^0)|s\right]=E\left(Y^0|s\right)+E\left(D|s\right)E\left(Y^1-Y^0|s\right)$$

即

$$E\left(Y|s\right)=E\left(Y^0|s\right)+E\left(D|s\right)\mathrm{ATE}(s) \tag{14-20}$$

以式（14-20）为基础，分别取 $E\left(Y|s\right)$ 的右极限和左极限，有

$$\lim_{s\to s^+}E\left(Y|S=s\right)=\lim_{s\to s^+}E\left(Y^0|S=s\right)+\lim_{s\to s^+}E\left(D|S=s\right)\lim_{s\to s^+}\mathrm{ATE}(s) \tag{14-21}$$

$$\lim_{s\to s^-}E\left(Y|S=s\right)=\lim_{s\to s^-}E\left(Y^0|S=s\right)+\lim_{s\to s^-}E\left(D|S=s\right)\lim_{s\to s^-}\mathrm{ATE}(s) \tag{14-22}$$

因为假设 2 意味着 $E\left(Y^1|s\right)$ 和 $E\left(Y^0|s\right)$ 均为连续函数，所以，有

$$\lim_{s\to s^+}E\left(Y^0|S=s\right)=\lim_{s\to s^-}E\left(Y^0|S=s\right) \tag{14-23}$$

用式（14-21）减去式（14-22）并结合式（14-23），便可得到模糊断点情形下的平均处理效应 $\mathrm{ATE}_{\mathrm{frd}}$，

$$\mathrm{ATE}_{\mathrm{frd}}=\frac{\lim\limits_{s\to s^+}E\left(Y|S=s\right)-\lim\limits_{s\to s^-}E\left(Y|S=s\right)}{\lim\limits_{s\to s^+}E\left(D|S=s\right)-\lim\limits_{s\to s^-}E\left(D|S=s\right)} \tag{14-24}$$

假定 η_i 为独立于 s 的随机误差项，以式（14-19）描述的概率为基础，我们可以建立以下二元选择模型，即

$$D_i=p\left(D_i=1|s_i=\overline{s}\right)+\eta_i \tag{14-25}$$

省略下标 i，根据式（14-25），有

$$E\left(D|S=s\right)=p\left(D=1|S=s\right) \tag{14-26}$$

将式（14-26）代入式（14-24），有

$$\mathrm{ATE}_{\mathrm{frd}}=\frac{\lim\limits_{s\to s^+}E\left(Y|S=s\right)-\lim\limits_{s\to s^-}E\left(Y|S=s\right)}{\lim\limits_{s\to s^+}p\left(D=1|S=s\right)-\lim\limits_{s\to s^-}p\left(D=1|S=s\right)} \tag{14-27}$$

式（14-27）表明，$\mathrm{ATE}_{\mathrm{frd}}$ 的估计量是一个沃尔德估计量。在模糊断点的情形下，我们不能直接以断点附近的观测值为基础来比较其结果变量的期望差异，即不能通过分子直接对 $\mathrm{ATE}_{\mathrm{frd}}$ 进行估计，其原因在于此时部分个体在越过断点后可能并未接受处理，而部分个

体在没有越过断点的情况下可能接受了处理，因此必须排除这些个体对估计结果造成的影响，式（14-27）的分母正好帮我们剔除了这一混淆效应。

同时，式（14-27）还表明，清晰断点情形下的 ATE_{srd} 是模糊断点情形的 ATE_{frd} 的一种特殊情况。在清晰断点情形下，有 $\lim_{s\to s^+} p\left(D=1\middle|S=s\right)=1$， $\lim_{s\to s^-} p\left(D=1\middle|S=s\right)=0$，因而有

$$\lim_{s\to s^+} p\left(D=1\middle|S=s\right)-\lim_{s\to s^-} p\left(D=1\middle|S=s\right)=1 \tag{14-28}$$

此时式（14-27）对应的估计结果为

$$\text{ATE}_{\text{frd}}=\lim_{s\to s^+} E\left(Y\middle|S=s\right)-\lim_{s\to s^-} E\left(Y\middle|S=s\right)=\text{ATE}_{\text{srd}} \tag{14-29}$$

ATE_{frd} 的一致估计量可写为

$$\widehat{\text{ATE}}_{\text{frd}}=\frac{\hat{E}\left(Y\middle|S=s\right)^+-\hat{E}\left(Y\middle|S=s\right)^-}{\hat{p}(D=1|S=s)^+-\hat{p}(D=1|S=s)^-} \tag{14-30}$$

具体估计过程总结如下。

（1）在给定带宽 h 和断点 $\overline{s}$ 的情况下，分别以区间 $[\overline{s}-h,\overline{s}]$ 和 $[\overline{s},\overline{s}+h]$ 确定的观测值为基础，计算结果变量 Y 的均值之差，即计算断点两侧结果变量 Y 的均值之差。

（2）在给定带宽 h 和断点 $\overline{s}$ 的情况下，分别以区间 $[\overline{s}-h,\overline{s}]$ 和 $[\overline{s},\overline{s}+h]$ 确定的观测值为基础，计算断点两侧接受处理的个体频数之差。

（3）由此得到 ATE_{frd} 的估计值，其标准误则可以通过 bootstrap 法获取。

除此之外，通过对 $\hat{E}\left(Y\middle|S=s\right)$ 和 $\hat{p}\left(D=1\middle|S=s\right)$ 的线性化设定，我们也可以采用参数化方法对 ATE_{frd} 进行估计，并得到其标准误，具体过程如下。

（1）估计以下模型，确定 T_i 对 Y_i 的影响 $\alpha_R-\alpha_L$，

$$Y_i=\alpha_L+(\alpha_R-\alpha_L)T_i+\delta_L(s_i-\overline{s})+(\delta_R-\delta_L)T_i(s_i-\overline{s})+\varepsilon_i \tag{14-31}$$

其中，$i\in[\overline{s}-h,\overline{s}+h]$，$\varepsilon_i=\varepsilon_{L,i}+T_i(\varepsilon_{R,i}-\varepsilon_{L,i})$。

（2）估计以下模型，确定 T_i 对 D_i 的影响 $\mu_R-\mu_L$，

$$D_i=\mu_L+(\mu_R-\mu_L)T_i+\pi_L(s_i-\overline{s})+(\pi_R-\pi_L)T_i(s_i-\overline{s})+\nu_i \tag{14-32}$$

（3）计算 ATE_{frd} 的估计值，

$$\widehat{\text{ATE}}_{\text{frd}}=\frac{\hat{\alpha}_R-\hat{\alpha}_L}{\hat{\mu}_R-\hat{\mu}_L} \tag{14-33}$$

式（14-31）和式（14-32）可以看作是一个联立方程系统，其中 Y 和 D 是内生变量，T 是外生变量。在此基础上，式（14-33）的结果也可以看作是一个工具变量估计结果，即用 T 作为 D 的工具变量，对以下模型进行 2SLS 回归，

$$Y_i=\alpha_L+D_i+\delta_L(s_i-\overline{s})+(\delta_R-\delta_L)T_i(s_i-\overline{s})+\varepsilon_i \tag{14-34}$$

此外，由于处理变量 D 对应一个二元变量，因此式（14-33）中的分母也可以通过 Logit 模型或者 Probit 模型进行估计，如果假定

$$\begin{cases} \hat{p}(D=1|S=s)^{+} = G(\theta_R + \gamma_R(s-\bar{s})) & s \geqslant \bar{s} \\ \hat{p}(D=1|S=s)^{-} = G(\theta_L + \gamma_L(s-\bar{s})) & s < \bar{s} \end{cases} \tag{14-35}$$

在基于 Logit 模型或者 Probit 模型对式（14-35）进行估计后，ATE_{frd} 的估计值可写为

$$\widehat{\text{ATE}}_{\text{frd}} = \frac{\hat{\alpha}_R - \hat{\alpha}_L}{\hat{G}_R - \hat{G}_L} \tag{14-36}$$

类似于清晰断点回归的处理方法，我们也可以以局部多项式模型和核函数局部多项式模型为基础，采用工具变量法估计 ATE_{frd}。以局部多项式模型为例，此时式（14-34）可写为

$$Y_i = \alpha_L + \text{ATE}_{\text{frd}} D_i + \sum_p \delta_{L,p}(s_i - \bar{s})^p + T_i \sum_p (\delta_{R,p} - \delta_{L,p})(s_i - \bar{s})^p + \varepsilon_i \tag{14-37}$$

相应地，在采用 T_i 作为 D_i 的工具变量时，第一阶段的回归模型为

$$D_i = \mu_L + (\mu_R - \mu_L)T_i + \sum_p \pi_{L,p}(s_i - \bar{s})^p + T_i \sum_p (\pi_{R,p} - \pi_{L,p})(s_i - \bar{s})^p + \omega_i \tag{14-38}$$

14.4 其他问题

1. 局部线性回归下的最优带宽

断点回归是以某一邻域内的观测值为基础对处理效应进行估计，该邻域的确定与带宽 h 有关。当 h 较大时，选择的观测值较多，估计效率更高，但估计偏误也更大。当 h 较小时，选择的观测值较少，估计偏误也更小，但估计效率更低。因此，带宽的选择是对估计效率和估计偏误进行权衡的结果。通常可以通过两种方法来选择最优带宽：一是插入估计（plug-in estimation）；二是交叉验证（cross-validation）。上述两种方法在大样本情形下是等价的，但是在小样本情形下可能会得到不同的最优带宽，现实中采用较多的是交叉验证。

在介绍这两种方法之前，有必要对最优带宽的含义进行说明。给定回归函数在 x_0 处的值 $m(x_0)$ 及其估计 $\hat{m}(x_0)$，最优带宽就是满足以下条件的 h^*，

$$h^* = \arg\min_h \left\{ \int \text{MSE}[\hat{m}(x_0)] f(x_0) \mathrm{d}x_0 \right\} \tag{14-39}$$

其中，$\text{MSE}[\hat{m}(x_0)] = E[\hat{m}(x_0) - m(x_0)]^2$，被称为均方误差。可以证明

$$\text{MSE}[\hat{m}(x_0)] = \text{Var}\left[\hat{m}(x_0)\right] + \left\{E\left[\hat{m}(x_0)\right] - m(x_0)\right\}^2 \tag{14-40}$$

从式（14-40）可以看出，$\hat{m}(x_0)$ 的均方误差是其方差与估计偏误的平方之和。在式（14-40）中，当样本容量趋于无穷大时，如果方差和估计偏误的平方具有相同的收敛速

度，那么此时对应的带宽便为最优带宽。因此，如果选择的带宽 h 并非 h^*，就意味着要么以方差的收敛速度为代价而增加估计偏误收敛到 0 的速度（$h<h^*$），要么以估计偏误的收敛速度为代价而增加方差收敛到 0 的速度（$h>h^*$）。

（1）采用插入估计方法确定最优带宽。

Imbens 和 Kalyanaraman（2012）给出了清晰断点和模糊断点两种情形下的最优带宽选择。对于清晰断点，最优带宽的估计值为

$$\hat{h}^*_{\text{srd}} = C_K\left(\frac{\hat{\sigma}_R^2(\overline{s})-\hat{\sigma}_L^2(\overline{s})}{\hat{f}(\overline{s})[\hat{m}''_R(\overline{s})-\hat{m}''_L(\overline{s})]^2+\hat{r}_R+\hat{r}_L}\right)^{1/5} N^{-1/5} \tag{14-41}$$

其中，C_K 是由所选择的核函数确定的常数，$\hat{\sigma}_j^2(\overline{s})$ 是方差 $\text{Var}_j\left(Y\middle|s=\overline{s}\right)$ 的估计值，$\hat{m}''_j(\overline{s})$ 是 $\hat{m}_j(\overline{s})$ 的二阶导数，$\hat{f}(\overline{s})$ 是在断点附近对 s 密度函数的估计，$\hat{r}_j$ 是方差 $\text{Var}\left[\hat{m}''_j(\overline{s})\right]$ 的估计值，$j=R,L$。

对于模糊断点，最优带宽的估计值为

$$\hat{h}^*_{\text{frd}} = C_K \times \left\{\frac{[\hat{\sigma}^2_{Y,R}(\overline{s})+\hat{\sigma}^2_{Y,L}(\overline{s})]+\widehat{\text{ATE}}^2_{\text{frd}}[\hat{\sigma}^2_{D,R}(\overline{s})+\hat{\sigma}^2_{D,L}(\overline{s})]-2\widehat{\text{ATE}}_{\text{frd}}[\hat{\sigma}_{Y,D,R}(\overline{s})-\hat{\sigma}_{Y,D,L}(\overline{s})]}{\hat{f}(\overline{s})[\hat{m}''_{Y,R}(\overline{s})-\hat{m}''_{Y,L}(\overline{s})]^2-\widehat{\text{ATE}}_{\text{frd}}[\hat{m}''_{D,R}(\overline{s})-\hat{m}''_{D,L}(\overline{s})]+(\hat{r}_{Y,R}+\hat{r}_{Y,L})+\widehat{\text{ATE}}_{\text{frd}}(\hat{r}_{D,R}+\hat{r}_{D,L})}\right\}^{1/5} N^{-1/5} \tag{14-42}$$

（2）采用交叉验证方法确定最优带宽。

采用交叉验证方法确定最优带宽的步骤总结如下。

（1）预先设定一个带宽 h；

（2）以 h 为基础，考虑观测值 i，分别在断点 $\overline{s}$ 的两侧用 Y 对 s 进行回归，无论在断点左侧还是右侧进行回归，均不考虑观测值 i；

（3）以估计结果为基础得到 Y 在 $s=\overline{s}$ 处的拟合值 $\hat{Y}_{-i}$；

（4）采用不同的观测值 i 重复步骤（2）和（3），并计算以下损失函数，

$$CV_Y(h)=\frac{1}{N}\sum_{i=1}^{N}(Y_{-i}-\hat{Y}_{-i})^2 \tag{14-43}$$

（5）最优带宽是使损失函数最小的 h^*，即

$$h^*=\arg\min_h CV_Y(h) \tag{14-44}$$

对于模糊断点而言，Imbens 和 Lemieux（2007）指出可以在使得 $CV_Y(h)$ 和 $CV_D(h)$ 最小的两个 h^* 中选择较小的作为最优带宽，其中，

$$CV_D(h)=\frac{1}{N}\sum_{i=1}^{N}(D_{-i}-\hat{D}_{-i})^2 \tag{14-45}$$

因为 Imbens 和 Kalyanaraman（2012）及 Calonico、Cattaneo 和 Titiunik（2014）分别对交叉验证方法进行了改进，故现有文献通常将这种方法称为 IK 方法或 CCT 方法。

2. 局部多项式回归下的最优带宽

在局部多项式回归的情形下，最优带宽 h^* 的估计值可以通过下式确定，

$$\hat{h}^* = C_{K,P}\left\{\frac{\hat{\sigma}^2\int w_0(s)\mathrm{d}s}{N\int[\hat{m}^{(P+1)}(s)]^2 w_0(s)\hat{f}(s)\mathrm{d}s}\right\}^{\frac{1}{2P+3}} \tag{14-46}$$

其中，$C_{K,P}$ 是由所采用的核函数和多项式阶数 P 共同决定的常数，$w_0(s)$ 是定义在区间 $[\min(s)+0.05\text{range}(s), \max(s)-0.05\text{range}(s)]$ 上的示性函数，$\hat{\sigma}^2$ 为 Y 对 s 回归得到的残差方差，$\min(s)$、$\max(s)$ 及 $\text{range}(s)$ 分别表示 s 的最小值、最大值和内距，$\hat{m}^{(P+1)}(s)$ 是 $m(s)$ 的 $(P+1)$ 阶导数的估计值，$\hat{f}(s)$ 是 s 密度函数的估计值。

我们可以分别采用断点左侧和右侧的观测值作为样本来对 h^* 进行估计，但最终选择的带宽必须保证左、右两侧一致，因此，通常做法是在估计出左、右两侧最优带宽后取均值。

3. 多项式阶数的选择

在采用多项式回归时，还需要确定最优的多项式阶数。最简单的办法是先选择不同的阶数，然后根据赤池信息准则（AIC）确定最优阶数。如果在阶数为 p 时，对应的 AIC 值最小便选择阶数 p 。AIC 值的计算要以参数化的全局回归为基础，但在断点回归中，往往是局部回归和非参数回归，因此，除了可以采用 AIC 值来判断最优阶数，我们也可以采用以下方法。

先假定模型为

$$Y_i = \alpha_L + \text{ATE}D_i + \sum_{p=1}^{P}\delta_{L,P}(s_i-\overline{s})^p + D_i\sum_{p=1}^{P}(\delta_{R,P}-\delta_{L,P})(s_i-\overline{s})^p + \sum_{k=2}^{K-1}\phi_k B_{k,i} + \varepsilon \tag{14-47}$$

其中，$B_{k,i}=\begin{cases}1 & i\in(b_k,b_{k+1}] \\ 0 & \text{其他}\end{cases}$，$k=1,2,\cdots,K$ 。

然后以式（14-47）为基础，建立原假设并对其进行检验，原假设为 $\phi_2=\phi_3=\cdots=\phi_{K-1}=0$，如果不能拒绝该假设，则需要在模型中考虑更高的阶数。

另外，一些经验方法也有助于我们选择最优阶数。Lee 和 Lemieux（2010）指出，当带宽较大（大于或等于 0.50）时，多项式需要选择的阶数较高；当带宽较小（大于或等于 0.05 且小于 0.50）时，多项式需要选择的阶数较小；当带宽小于 0.05 时，可以直接选择零阶多项式。

4. 是否加入协变量

目前为止，我们讨论的断点回归均未考虑协变量，但我们也可以根据需要在模型中加入

这些变量。需要注意的是，断点是否存在只受驱动变量 s 的影响，而不受所加入的协变量的影响。如果协变量也会对断点是否存在产生影响，那么我们识别的将不是真实的因果效应。

14.5　断点回归的可靠性检验

1. 断点处的拟随机性检验

为了考查断点回归在断点附近的“自然实验”性质，即判断拟随机性要求是否满足，我们可以以协变量为基础，对断点两侧的协变量均值进行比较，如果均值不存在显著差异，就可以认为此时是满足拟随机性要求的。

例 14-5：针对低收入家庭的福利政策。假设存在一项针对低收入家庭的福利政策，该政策规定低于某一特定收入水平的家庭可以享受政府福利帮扶。如果我们以家庭收入水平作为驱动变量，并采用断点回归来评估该政策的实施效果，那么，断点处很可能不满足“自然实验”性质。例如，为了获取政府福利帮扶，一些家庭很可能会瞒报收入来源或者故意降低收入水平，这样的行为会使得在收入临界值 $\bar{s}$ 两侧的家庭在其他特征上（如户主受教育水平、家庭劳动力数量、家庭人口结构等）存在显著差异。

2. 驱动变量的非操纵性检验

在实施断点回归估计时，要求驱动变量 s 不能受操纵。驱动变量的非操纵性意味着个体不能随意设定断点，否则驱动变量将不能被视为外生的。McCrary（2008）指出，我们可以通过检验驱动变量的密度函数在断点处的连续性来进行判断，如果驱动变量的密度函数在断点处是连续的，则可以认为驱动变量未受操纵。

例 14-6：大学英语四、六级考试。以四级考试为例，假定 s 和 $\bar{s}$ 分别表示学生实际成绩（最后一次考试的成绩）和合格成绩，对于那些实际成绩略低于合格成绩的学生而言，他们有强烈的重考动机，这将使得在 $\bar{s}$ 两侧的实际成绩的密度分布是不连续的，即很有可能会在 $s>\bar{s}$ 的一侧密度过大，而在 $s<\bar{s}$ 的一侧密度过小。这是一种典型的驱动变量受到操纵的情况。

3. 估计结果的敏感性检验

由于带宽和多项式阶数会显著影响最终的估计结果，因此，现实中需要通过考虑不同的带宽和不同的多项式阶数，来对估计结果的敏感性进行检验。

14.6　应 用 指 南

1. 估计命令

Stata 软件中由卡洛尼科等人开发的 rdrobust 程序包可以帮助我们进行断点回归估计。

卡洛尼科等人在 2014 年首次发布该程序包，并在 2017 年进行了更新升级。该程序包共包含 3 个命令：rdrobust、rdbwselect 和 rdplot，其中，rdrobust 用于对处理效应进行纠偏估计，rdbwselect 是最优带宽的选择命令，rdplot 则专门用于断点回归中的作图。

rdrobust 的语法如下。

```
rdrobust depvar runvar [if] [in] [, c(cutoff) p(pvalue) q(qvalue) derive (dvalue) fuzzy(fuzzyvar [sharpbw]) covs(covars) kernel(kernelfn) weights (weightsvar) h(hvalueL hvalueR) b(bvalueL bvalueR) rho(rhovalue) scalepar (scaleparvalue) bwselect(bwmethod) scaleregul(scaleregulvalue) vce(vcemethod) level(level) all]
```

rdbwselect 的语法如下。

```
rdbwselect depvar runvar [if] [in] [, c(cutoff) p(pvalue) q(qvalue) derive (dvalue) fuzzy (fuzzyvar [sharpbw]) covs(covars) kernel(kernelfn) weights (weightsvar) bwselect(bwmethod) scaleregul(scaleregulvalue) vce(vcemethod) all]
```

rdplot 的语法如下。

```
rdplot depvar runvar [if] [in] [, c(cutoff) p(pvalue) kernel(kernelfn) weights(weightsvar) h(hvalueL hvalueR) nbins(nbinsvalueL nbinsvalueR) binselect (binmethod) scale(scalevalueL scalevalueR) ci(cilevel) shade support (supportvalueL supportvalueR) genvars graph_options(gphopts) hide]a
```

我们对这 3 个命令中的一些关键设定进行了说明，具体如表 14-1 所示。

表 14-1　关键设定说明

关键设定	作　用
depvar	指明结果变量
runvar	指明驱动变量
c(cutoff)	设定断点位置
p(pvalue)	设定多项式阶数
kernel(kernelfn)	设定核函数形式
h(hvalueL hvalueR)	设定断点左右两侧的带宽
nbins(nbinsvalueL nbinsvalueR)	设定断点左右两侧划分的区间数
binselect(binmethod)	设定最优带宽的选择方法
scale(scalevalueL scalevalueR)	设定多维乘子
ci(cilevel)	设定区间的置信水平

续表

关键设定	作 用
shade	用阴影描述置信区间
q(qvalue)	设定纠偏多项式阶数
fuzzy(fuzzyvar [sharpbw])	设定模糊断点，系统默认为清晰断点
covs(covars)	指明模型中的协变量
bwselect(bwmethod)	选择最优带宽的估计方法

2. 例子

我们使用数据集 rdrobust_senate.dta 来对断点回归的估计和检验进行介绍，Lee（2008）也采用该数据集评价过美国参议院选举中政党所具有的优势。以该数据集为基础，我们运用断点回归来估计民主党赢得美国参议院席位选举对其下一次选举是否具有积极影响。该数据集包含 8 个变量、1297 个完整的观测值，变量的描述性统计如图 14-5 所示。

Variable	Obs	Mean	Std. dev.	Min	Max
state	1,390	40.01367	21.99304	1	82
year	1,390	1964.63	28.05466	1914	2010
vote	1,297	52.66627	18.12219	0	100
margin	1,390	7.171159	34.32488	-100	100
class	1,390	2.023022	.8231983	1	3
termshouse	1,108	1.436823	2.357133	0	16
termssenate	1,108	4.555957	3.720294	1	20
population	1,390	3827919	4436950	78000	3.73e+07

图 14-5 变量的描述性统计

其中，vote 为结果变量，表示民主党在下一次选举中的选票份额；margin 为驱动变量，表示民主党在上一次选举中选票份额与共和党选票份额之差，取值在-100 到 100 之间。

首先，我们观察一下断点效应是否存在，即结果变量在断点处是否存在跳跃。直接采用 rdplot 命令进行线性拟合和二次多项式拟合，命令如下。

```
rdplot vote margin, c(0) p(1) graph_options(title(线性拟合))
rdplot vote margin, c(0) p(2) graph_options(title(二次拟合))
```

相应的估计结果如图 14-6 所示。可以发现，在图 14-6 中，无论是左图还是右图，在断点处结果变量均存在一个明显的跳跃，说明断点效应可能存在。

其次，我们采用 rdrobust 命令来估计处理效应。基于默认选项进行估计，命令为

```
rdrobust vote margin
```

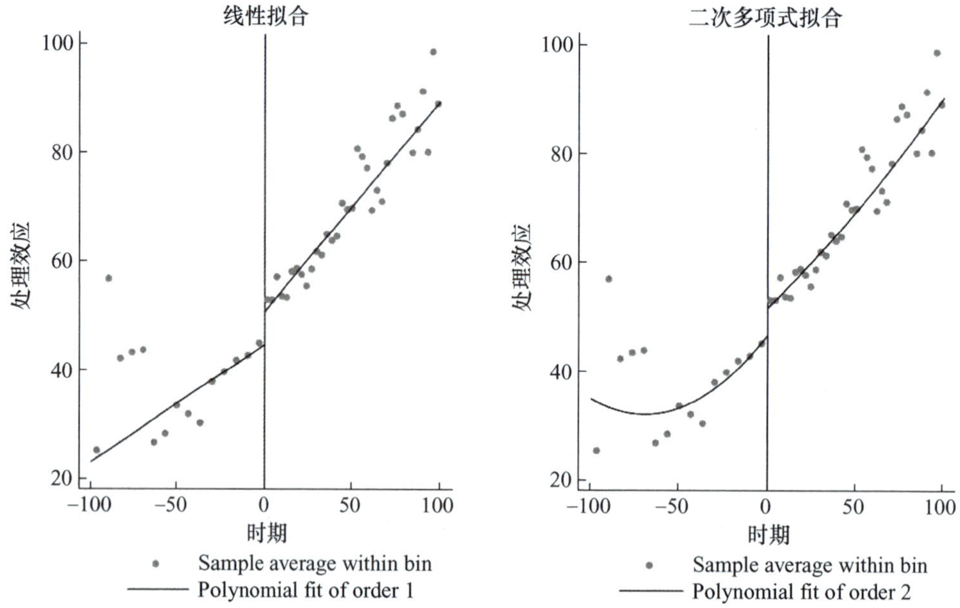

图 14-6　线性拟合和二次多项式拟合的估计结果

相应的估计结果如图 14-7 所示。

图 14-7 左上部分的结果表明，在总共 1297 个观测值中，我们最终利用了左边的 359 个和右边的 322 个观测值来进行估计，估计量通过局部线性回归方法得到，而纠偏估计则对应一个二次多项式回归。无论是在断点左侧还是右侧，最优带宽均为 17.708，相应的点估计结果为 7.416。

```
Sharp RD estimates using local polynomial regression.

      Cutoff c = 0 | Left of c  Right of c            Number of obs =       1297
-------------------+----------------------            BW type       =      mserd
     Number of obs |       595         702            Kernel        = Triangular
Eff. Number of obs |       359         322            VCE method    =         NN
    Order est. (p) |         1           1
    Order bias (q) |         2           2
       BW est. (h) |    17.708      17.708
      BW bias (b) |    27.984      27.984
        rho (h/b) |     0.633       0.633

Outcome: vote. Running variable: margin.
--------------------------------------------------------------------------------
            Method |   Coef.    Std. Err.      z     P>|z|    [95% Conf. Interval]
-------------------+------------------------------------------------------------
      Conventional |   7.416     1.4604     5.0782   0.000    4.55378      10.2783
            Robust |     -          -       4.3095   0.000    4.09441      10.9255
--------------------------------------------------------------------------------
```

图 14-7　基于默认选项的处理效应估计结果

除此之外，我们也可以根据需要选择恰当的选项来进行估计，下面是一些例子。

rdrobust vote margin, kernel(uniform)：采用叶帕涅奇尼科夫核函数进行估计。

rdrobust vote margin, bwselect(IK)：采用 IK 方法选择带宽。

rdrobust vote margin, all：显示所有估计结果。

rdrobust vote margin, fuzzy(t)：采用模糊断点估计，t 表示处理状态变量。

最后，我们确定最优带宽，命令为

```
rdbwselect vote margin, all
```

相应的结果如图 14-8 所示。

Bandwidth estimators for sharp RD local polynomial regression.

Cutoff c = 0	Left of c	Right of c
Number of obs	595	702
Min of margin	-100.000	0.036
Max of margin	-0.079	100.000
Order est. (p)	1	1
Order bias (q)	2	2

Number of obs	=	1297
Kernel	=	Triangular
VCE method	=	NN

Outcome: vote. Running variable: margin.

Method	BW est. (h) Left of c	BW est. (h) Right of c	BW bias (b) Left of c	BW bias (b) Right of c
mserd	17.708	17.708	27.984	27.984
msetwo	16.154	18.009	27.096	29.205
msesum	18.326	18.326	31.280	31.280
msecomb1	17.708	17.708	27.984	27.984
msecomb2	17.708	18.009	27.984	29.205
cerrd	12.374	12.374	27.984	27.984
certwo	11.288	12.585	27.096	29.205
cersum	12.806	12.806	31.280	31.280
cercomb1	12.374	12.374	27.984	27.984
cercomb2	12.374	12.585	27.984	29.205

图 14-8　最优带宽的结果

其中，mse 和 cer 分别表示基于均方误差(mean squared error)和覆盖误差比例(coverage error rate）来确定最优带宽，rd 和 two 分别表示断点两侧的带宽是一致的和断点两侧的带宽是不一致的，sum 表示为回归估计值之和设定一个共同带宽，comb1 表示选择 rd 和 sum 两者中最小的带宽作为断点两侧的带宽，comb2 表示分别以断点左侧（右侧）rd、two 和 sum 对应的带宽中位数作为左侧（右侧）的最优带宽。

参考文献

陈云松，2012. 逻辑、想象和诠释：工具变量在社会科学因果推断中的应用[J]. 社会学研究，27(6)：192-216.

黄炜，张子尧，刘安然，2022. 从双重差分法到事件研究法[J]. 产业经济评论(2)：17-36.

刘甲炎，范子英，2013. 中国房产税试点的效果评估：基于合成控制法的研究[J]. 世界经济，36(11)：117-135.

刘生龙，胡鞍钢，2010. 基础设施的外部性在中国的检验：1988—2007[J]. 经济研究，45(3)：4-15.

刘生龙，张捷，2009. 金融一体化对经济增长的影响[J]. 南开经济研究，19(3)：73-86.

陆铭，高虹，佐藤宏，2012. 城市规模与包容性就业[J]. 中国社会科学(10)：47-66.

陆铭，欧海军，陈斌开，2014. 理性还是泡沫：对城市化、移民和房价的经验研究[J]. 世界经济，37(1)：30-54.

秦蒙，刘修岩，李松林，2019. 城市蔓延如何影响地区经济增长？——基于夜间灯光数据的研究[J]. 经济学（季刊），18(2)：527-550.

阮荣平，郑风田，刘力，2014. 信仰的力量：宗教有利于创业吗？[J]. 经济研究，49(3)：171-184.

伍德里奇，2009. 计量经济学导论：现代观点：第 4 版[M]. 北京：清华大学出版社.

尹志超，宋全云，吴雨，2014. 金融知识、投资经验与家庭资产选择[J]. 经济研究，49(4)：62-75.

张丹丹，李力行，童晨，2018. 最低工资，流动人口失业与犯罪[J]. 经济学（季刊），17(3)：1035-1054.

张平，赵国昌，罗知，2012. 中央官员来源与地方经济增长[J]. 经济学（季刊），11(2)：613-634.

张子尧，黄炜，2023. 事件研究法的实现、问题和拓展[J]. 数量经济技术经济研究，40(9)：71-92.

周广肃，樊纲，李力行，2018. 收入差距、物质渴求与家庭风险金融资产投资[J]. 世界经济，41(4)：53-74.

ABADIE A, 2003. Semiparametric instrumental variable estimation of treatment response models[J]. Journal of econometrics, 113(1): 231-263.

ABADIE A, 2021. Using synthetic controls: feasibility, data requirements, and methodological aspects[J]. Journal of economic literature, 59(2): 391-425.

ABADIE A, DIAMOND A, HAINMUELLER J, 2010. Synthetic control methods for comparative case studies: estimating the effect of California's tobacco control program[J]. Journal of the American statistical association, 105 (490): 493-505.

ABADIE A, DIAMOND A, HAINMUELLER J, 2015. Comparative politics and the synthetic control method[J]. American journal of political science, 59(2): 495-510.

ABADIE A, IMBENS G W, 2006. Large sample properties of matching estimators for average treatment effects[J]. Econometrica, 74(1): 235-267.

ABADIE A, GARDEAZABAL J, 2003. The economic costs of conflict: a case study of the Basque country[J]. American economic review, 93(1): 113-132.

ANDERSON T W, CHENG HSIAO, 1982. Formulation and estimation of dynamic models using panel data[J]. Journal of econometrics, 18(1): 47-82.

ANGRIST J D, 1990. Lifetime earnings and the Vietnam era draft lottery: evidence from social security administrative records[J]. American economic review, 80(3): 313-336.

ANGRIST J D, BETTINGER E, BLOOM E, et al., 2002. Vouchers for private schooling in Colombia: evidence from a randomized natural experiment[J]. American economic review, 92 (5): 1535-1558.

ANGRIST J D, KRUEGER A B, 2001. Instrumental variables and the search for identification: from supply and demand to natural experiments[J]. Journal of economic perspectives, 15(4): 69-85.

ARELLANO M, BOND S R, 1991. Some tests of specification for panel data: Monte Carlo evidence and an application to employment equations[J]. The review of economic studies, 58(2): 277-297.

AZOULAY P, GRAFF ZIVIN J S, WANG J, 2010. Superstar extinction[J]. The quarterly journal of economics, 125(2): 549-589.

BAILEY M J, SUN S, TIMPE B, 2021. Prep school for poor kids: the long-run impacts of head start on human capital and economic self-sufficiency[J]. American economic review, 111(12): 3963-4001.

BAUM C F, 2006. An introduction to modern econometrics using Stata[M]. Texas: Stata Press.

BEHRER A P, BOLOTNYY V, 2022. Heat, crime, and punishment[R]. Washington, DC: World Bank Group.

BLUNDELL R, BOND S, 1998. Initial conditions and moment restrictions in dynamic panel data models[J]. Journal of econometrics, 87(1): 115-143.

BOLLEN K A, 2012. Instrumental variables in sociology and the social sciences[J]. Annual review of sociology, 38: 37-72.

CALONICO S, CATTANEO M D, TITIUNIK R, 2014. Robust nonparametric confidence intervals for regression-discontinuity designs[J]. Econometrica, 82(6): 2295-2326.

CAMERON A C, TRIVEDI P K, 2009. Microeconometrics using Stata[M]. Texas: Stata Press.

CERULLI G, 2015. Econometric evaluation of socio-economic programs: theory and applications[M]. Berlin: Springer.

CHAMBERLAIN G, 1980. Analysis of covariance with qualitative data[J].The review of economic studies, 47(1): 225-238.

CRUCES G, ROSSI M A, SCHARGRODSKY E, 2023. Dishonesty and public employment[J]. American economic review: insights, 5(4): 511-526.

DI TELLA R, SCHARGRODSKY E, 2004. Do police reduce crime? estimates using the allocation of police forces after a terrorist attack[J]. American economic review, 94 (1): 115-133.

DOLLEY J C, 1933. Characteristics and procedure of common stock split-ups[J]. Harvard business review, 11(3): 316-326.

DUFLO E, 2001. Schooling and labor market consequences of school construction in Indonesia: evidence from an unusual policy experiment[J]. American economic review, 91(4): 795-813.

FROLICH M, 2007. Propensity score matching without conditional independence assumption: with an application to the gender wage gap in the United Kingdom [J]. Econometrics journal, 10(2): 359-407.

GALIANI S, GERTLER P, SCHARGRODSKY E, 2005. Water for life: the impact of the privatization of water services on child mortality[J]. Journal of political economy, 113 (1): 83-120.

GREENE W H, 2011. Econometric analysis[M]. 7th ed. London: Pearson.

HAUSMAN J A, 1978. Specification tests in econometrics[J]. Econometrica, 46(6): 1251-1271.

HE G, WANG S, 2017. Do college graduates serving as village officials help rural China?[J]. American economic journal: applied economics, 9(4): 186-215.

HECKMAN J J,1979. Sample selection bias as a specification error[J]. Econometrica, 47(1): 153-161.

HOXBY C M, 2000. Does competition among public schools benefit students and taxpayers?[J]. American economic review, 90(5): 1209-1238.

IMBENS G, KALYANARAMAN K, 2012. Optimal bandwidth choice for the regression discontinuity estimator[J]. The review of economic studies, 79(3): 933-959.

IMBENS G, LEMIEUX T, 2007. Regression discontinuity designs: a guide to practice[J]. Journal of econometrics, 142 (2): 615-635.

JACOBSON L S, LALONDE R J, SULLIVAN D G, 1993. Earnings losses of displaced workers[J]. American economic review, 83 (4): 685-709.

KOENKER R, 2004. Quantile regression for longitudinal data[J]. Journal of multivariate analysis, 91(1): 74-89.

KOENKER R, BASSETT G, 1978. Regression quantiles[J]. Econometrica, 46(1): 33-50.

LEE D S, 2008. Randomized experiments from non-random selection in U.S. House elections[J]. Journal of econometrics, 142(2): 675-697.

LEE D S, LEMIEUX T, 2010. Regression discontinuity designs in economics[J]. Journal of economic literature, 48(2): 281-355.

MCCRARY J, 2008. Manipulation of the running variable in the regression discontinuity design: a density test[J]. Journal of econometrics, 142(2): 698-714.

MCFADDEN D, 1974. The measurement of urban travel demand[J]. Journal of public economics, 3(4): 303-328.

MILLER D L, 2023. An introductory guide to event study models[J]. Journal of Economic Perspectives, 37 (2): 203-230.

MUNNELL A H, 1990. Why has productivity growth declined? Productivity and public investment[J]. New England economic review: 3-22.

NUNN N, QIAN N, 2011. The potato's contribution to population and urbanization: evidence from a historical experiment[J]. The quarterly journal of economics, 126(2): 593-650.

PINOTTI P, 2017. Clicking on heaven's door: The effect of immigrant legalization on crime[J]. American economic review, 107(1): 138-168.

ROSENBAUM P R, RUBIN D B, 1983. The central role of the propensity score in observational studies for causal effects[J]. Biometrika, 70(1), 41-55.

SANDLER D H, SANDLER R, 2014. Multiple event studies in public finance and labor economics: a simulation study with applications[J]. Journal of economic and social measurement, 39 (1): 31-57.

SARGAN J D, 1958. The estimation of economic relationships using instrumental variables[J]. Econometrica, 26 (3): 393-415.

STEVENSON B, WOLFERS J, 2006. Bargaining in the shadow of the law: divorce laws and family distress[J]. The quarterly journal of economics, 121(1): 267-288.

THISTLETHWAITE D L, CAMPBELL D T, 1960. Regression-discontinuity analysis: an alternative to the ex post facto experiment[J]. Journal of educational psychology, 51(6): 309-317.

TOBIN J, 1958. Estimation of relationships for limited dependent variables[J]. Econometrica, 26(1): 24-36.

附 录

AI 伴学内容及提示词

AI 伴学工具：生成式人工智能工具，如 Deepseek、Kimi、豆包、腾讯元宝、文心一言等

序号	AI 伴学内容	AI 提示词
1	第 1 章 绪论	实证研究中常涉及的数据包含哪些类型
2		经典线性回归模型的基本假设有哪些
3		最小二乘法和广义最小二乘法的原理是什么
4		最大似然估计的原理是什么
5		矩估计和广义矩估计的原理是什么
6	第 2 章 离散被解释变量模型	如何理解不同二元选择模型中的系数的含义
7		二元选择模型中的边际效应如何求解
8		多元选择模型中边际效应的含义是什么
9		排序选择模型的估计原理是什么
10		泊松回归的模型形式和估计原理是什么
11	第 3 章 分位数回归模型	分位数回归的优势体现在哪些方面
12		分位数回归的估计原理是什么
13		如何理解分位数回归的拟合优度
14	第 4 章 工具变量法	内生性会导致什么后果
15		内生性的来源有哪些
16		工具变量估计的思想是什么
17		寻找一个恰当的工具变量的途径有哪些
18	第 5 章 受限被解释变量模型	数据截取和断尾的含义是什么
19		当数据存在截取和断尾时，应如何对参数进行估计
20		样本选择模型的两步估计法如何实施
21	第 6 章 面板数据模型 I	面板数据的优势体现在哪些方面
22		什么是固定效应和随机效应
23		静态面板数据模型可以采用哪些方法进行估计
24		动态面板数据模型可以采用哪些方法进行估计
25	第 7 章 面板数据模型 II	面板二元选择模型如何估计
26		面板泊松模型如何估计
27		面板 Tobit 模型如何估计
28		面板分位数模型如何估计
29	第 8 章 处理效应	什么是平均处理效应？
30		什么是处理组的平均处理效应和控制组的平均处理效应

续表

序号	AI 伴学内容	AI 提示词
31		估计处理效应时产生选择偏误的原因是什么
32		举例说明什么是条件独立性假设
33		举例说明什么是个体处理稳定性假设
34		处理效应和偏效应的区别体现在哪些方面
35		什么是不良控制问题
36	第 9 章　匹配方法	匹配估计的识别假设包括哪些
37		举例说明匹配估计的基本原理
38		举例说明什么是协变量匹配和倾向得分匹配
39		举例说明匹配估计包含哪些匹配方法
40		匹配估计有哪些不足之处
41	第 10 章　局部平均处理效应	举例说明什么是局部平均处理效应
42		举例说明局部平均处理效应与工具变量估计的联系和区别
43		存在协变量时应如何对局部平均处理效应进行估计
44		举例说明单调性假设的含义和作用
45	第 11 章　双重差分模型	举例说明平行趋势假设的含义和作用
46		如何对标准的双重差分模型进行估计
47		交叠双重差分模型如何估计
48		倾向得分匹配-双重差分模型如何估计
49		举例说明基于双向固定效应模型对交叠双重差分模型进行估计存在哪些问题
50		举例说明什么是队列 DID 模型
51	第 12 章　事件分析法	举例说明事件分析法的基本模型如何设定
52		事件分析法的识别涉及哪些前提假设
53		如何应用事件分析法进行平行趋势检验
54	第 13 章　合成控制法	举例说明合成控制法的估计原理
55		举例说明运用合成控制法进行估计时应如何确定最优权重
56		如何对合成控制估计结果进行安慰剂检验
57		举例说明存在多个处理个体时如何应用合成控制法
58		合成控制法有哪些不足之处
59	第 14 章　断点回归设计	举例说明断点回归估计的基本思想
60		举例说明清晰断点和模糊断点的异同
61		清晰断点模型如何估计
62		模糊断点模型如何估计
63		进行断点回归时应如何确定最优带宽
64		进行断点回归时应如何选择多项式阶数
65		举例说明断点回归涉及哪些检验